"죽는다는 건 참으로
지루하고도 쓸쓸한 일이다."

거의 모든 죽음의 역사

The Dying Game

KOREAN language edition©2011 by Sungkyunkwan University Press

KOREAN translation rights arranged with Oneworld publications, Oxford, UK
through EntersKorea Co., Ltd., Seoul, Korea.

거의 모든 죽음의 역사

멜라니 킹 지음 | 이민정 옮김

"죽는다는 건 참으로
지루하고도 쓸쓸한 일이다."

시눔의무늬

일러두기

1 본문 내 성서 인용구의 번역은 재단법인 대한성서공회에서 발행한 『새성경』(2003년 초판 10쇄)을 참고했다.
2 본문의 각주는 옮긴이가 달았다.
3 책은 『 』, 논문과 시는 「 」, 신문 및 잡지는 《 》, 노래 및 작품은 〈 〉로 묶어 표기했다.

차례

시작하는
말

죽음의 대안

17세기 중반 독일의 약리학자 요한 슈뢰더$^{Johann\ Schroeder}$는 약품 조제법을 소개하는 책 한 권을 발간했다. 그가 제시한 조제법은 다음과 같다. "낮빛이 불그레한 사람의 시신을 취할 것이며…… 질병이 아닌 혈투를 사인으로 하고, 사망 당시 24세가량으로 피부는 흉터 없이 깨끗해야 하며, 갓 매장된 시신이어야 한다. 입수한 시신은 일단 맑은 날을 택해 하루 밤낮 동안 달빛 아래 둔다. 그런 다음 근육이 잘 발달한 부분의 살점을 잘라내어 몰약(감람과 식물에서 나오는 고무 수지. 향수나 향료의 원료로 사용됨)가루와 약간의 알로에 분말을 뿌리고, 물에 담가 부드럽게 해서 바짝 건조하고 그늘진 곳에 살점을 각각 걸어두고 말린다. 잘 말린 살점은 훈제 처리한 고기와 비슷한 형태이며 냄새도 풍기지 않는다."[1]

이 대목에서 슈뢰더를 식인종으로 오해할 수 있지만, 그는 사실 저명한 약학자로 비소가 일종의 원소임을 최초로 알아낸 인물이기도 하다. 그가 '낮빛이 불그레한 사람의 송장 조제법'을 직접 실행했다는 기록은 찾

---

1 『좋은 약, 불량 식품: 초기 근대의 약학적 식인 풍습과 재료 공급원(Good Physic but Bad Food: Early Modern Attitude to Medicinal Cannibalism and Its Suppliers)』, 리처드 석 저, p. 230

아볼 수 없으나, 당시 유럽에서는 인체의 각 부위를 활용하여 조제한 약제가 흔하게 사용되었다. 예를 들어 사람의 두개골을 빻은 가루는 특히 간질에 효험이 있었고, 이집트 미라의 가루는 피부 질환부터 간 질환에 이르기까지 다양한 증상의 치료약으로 수천 년간 복용되었다. 심지어 미라 가루 복용을 '잔인한 야만 행위'로 일컬으며 개탄해 마지않던 프랑스의 저명한 외과의사 앙브루아즈 파레^{Ambroise Pare}조차 자신도 미라 가루를 백 번 정도 섭취했음을 시인한 바 있다.[2]

수많은 미라를 비롯하여 슈뢰더가 일종의 약제로 소개한, 혈투 중 숨진 불그레한 안색의 24세 청년은 사체의 가장 기이한 활용 방식을 보여주는 예이다. 그런가 하면, 성경은 사후 육신의 향방에 대해 확고한 견해를 드러낸다. "인생에게 임하는 일이 짐승에게도 임하나니 이 둘에게 임하는 일이 일반이라 다 동일한 호흡이 있어서 이의 죽음같이 저도 죽으니, 다 흙으로 말미암았으므로 다 흙으로 돌아가나니 다 한 곳으로 가거니와."(전도서 3:19~20) 그러나 사체라는 문제에서만큼은 '재는 재로, 먼지는 먼지로'라는 공식이 항상 성립되지만은 않는다. 사실 이런 단순한 공식 말고도 여러 가지 색다른 대안이 존재한다. 자가 방부 과정을 거친 후 종교적 숭배의 대상이 된 일본의 수도승이 있는가 하면, 악명 높은 무법자의 시신이 보존된 채 발견되기도 하고, 19세기에 아메리카 원주민들의 시신이 전시품으로 이리저리 끌려 다니고 유명 박물관의 소장품으로 전락한 바 있다. 또 아마존 부족 가운데 일부는 존경의 표현으로 친족의 사체를 먹어치우기도 한다.

한때 마크 트웨인^{Mark Twain}은 '죽음은 훌륭한 평등주의자'라는 말을 남긴 바 있으나[3], 그렇다고 해서 죽음이 민주주의자는 아닐 것이며, 또한 모든

---

2 같은 책 p. 228
3 『마크 트웨인의 편지(Mark Twain's Letters)』 제4권. p. 472

사람이 동일한 죽음을 경험하지는 않는다. 죽음은 실로 우리 각자의 삶만 큼이나 독창적일 수 있으며, 각자의 성격과 문화적 배경에 따라 각기 다른 방식으로 실현된다. 우리는 누구나 어느 정도의 야수성과 더불어 공통된 생물학적 물질을 내포하고 있으며, 미생물과 세균, 곤충 등을 활용하면(9장에서 소개할 것과 같이 이러한 장치의 활용 역시 변수의 개수에 따라 다양해진다) 외양 이면의 진실을 파헤칠 수도 있다. 한편, 이 밖에도 큰 효과와 다양성을 두루 노린 방편이 소개되기도 한다.

어떻게 보면 죽음이란 생물학적 과정과 문화 체험, 법률 자문, 그리고 오늘날에는 특히 첨단 과학 수사의 출발점이라고 할 수 있다. 심지어 죽음의 정의조차 문화 배경과 의료 상황에 따라 달라지는 경향을 보인다. 1960년대 이래 심폐 소생술과 같은 각종 소생 관련 기술이 진보함에 따라 죽음은 재창조되기에 이르렀다. 더욱이 제세동defibrillation(심박을 정상으로 되돌리기 위한 전기 충격 요법)을 계기로 인체의 정확한 사망 순간에 대한 의문이 심화된 바 있으며, 법률 및 의료 기관에서는 사체의 정확한 상태와 관련한 기존의 정의를 바꾸느라 분주해졌다.

곧 살펴보겠지만, 죽음은 두려움과 미신의 소재로 우리 생활 속에 깊숙이 자리하고 있다. 먼 옛날 자신의 유해가 종국에 어떤 상황에 놓이게 될지 우려했던 이들은 조기 매장premature burial과 시신 약탈자, 해부학자의 칼끝과 같은 불상사를 당하지 않을까 전전긍긍했다. 그렇지만 그때보다 기술이 발달하고 법과 윤리가 확고하게 정립된 시대라고 해서 죽음에 대한 불안과 집착이 완전히 사라진 것은 아니다. 조기 매장에 대한 두려움은 오늘날까지도 이어져서 심지어 어떤 이들은 행여나 훗날 지하 6피트(약 1.8미터) 아래에서 깨어날지도 모르는 상황에 대비하고자 자신의 무덤속에 충전된 휴대전화를 함께 넣어달라고 부탁하기도 했다. 이처럼 여전히 시신 약탈자를 두려워하는 것도 무리는 아니다. 그도 그럴 것이 현대판 시신 약탈자들에 대한 보도가 끊이지 않고, 의료업계 연구원과 생의학 조직 공급 업체 직원, 전위 예술가, 성적 일탈자 등이 여전히 당사자의 동의 없이 시신이나 그 일부를 활용하기 때문이다.

이러한 도난 사체들은 암시장으로 흘러들기도 하는데 사체 거래는 일종의 대규모 사업으로 암암리에 성행한다. 장례 관련 사업은 영국 내에서만 매년 10억 파운드(약 16억 달러)의 수익을 올리는데, 이는 연간 60만여 명이 사망한다는 의미이기도 하다.[4] 미국의 경우만 하더라도 매년 240만 명이 사망함에 따라 장례 분야 종사자는 10만 명 이상에 달하고, 연간 110억 달러의 수익이 창출된다.[5] 관 제작 업체와 플로리스트florist, 방부제 제조업체, 묘지 업체, 보험사, 상담원, 화장 업체(영국은 약 200여 곳, 미국은 거의 2천여 곳이 성업 중) 등이 사람들의 죽음에 직접적으로 관여한다면, 장례 전용선은 화장된 유해와 유족을 싣고 바다로 나가 유해가 뿌려질 수 있게 한다. 한편, 생의학 업체에서는 유해의 각 부분을 거두어들여 수십억 달러 규모의 생체 조직 업계를 형성하기도 한다. 해당 업계는 오랜 기간 유명인들을 매료시켰는데 개중에는 뉴욕 버펄로의 블루스카이 영묘靈廟 설계자 프랭크 로이드 라이트Frank Lloyd Wright와 영국의 계관 시인(영국 왕실에서 영국의 가장 명예로운 시인에게 내리는 칭호) 앤드루 모션Andrew Motion도 포함된다. 모션은 2003년에 『표현의 선별: 송덕문 작성 방법(Well Chosen Words: How to Write a Eulogy)』이라는 소책자를 발간했다.

죽음이라는 개념은 흔히 '마지막 금기'의 대상으로 치부되는 한편 인류가 가장 큰 집착을 보이는 대상이기도 하다. 매체를 통해서도 익히 소개된 바와 같이 과학자들이 범죄 현장에서 단서로 섬뜩한 흔적들을 채취하는 것이나 그들이 이야기하는 안락사와 장기 기증을 비롯하여 나노 기술과 유전 공학을 이용한 죽음의 정복(10장), 불멸의 '포스트 휴먼posthumans'

---

4 2006년 1월 18일 《타임스》, '치솟는 장례비용, 61% 급등(Funeral Costs Surge by 61%)', 리처드 콜윌
5 전국 장례 지도자 협회(National Funeral Directors Association), www.nfda.org

족 탄생과 연관된 '초인주의^{trashumanism}'는 언제나 윤리적 이슈의 중심이 된다. 오늘날에는 다양한 웹사이트를 통해서 이러한 '금기' 대상에 대한 음울한 호기심을 채울 수 있다. 이러한 사이트는 매일 10만 명에 이르는 방문객 수를 기록한다. 이제는 온라인을 통해 영국 역사상 마지막으로 교수형을 당한 루스 엘리스$^{Ruth Ellis}$를 비롯해 존 F. 케네디$^{John F. Kennedy, Jr}$에 이르기까지 여러 인사의 사망 진단서를 확인할 수 있으며, 고인이 된 유명 인사들의 잔해도 속속 발견되고 있다.

한편, 죽음이라는 영역은 관광 산업의 활성화에도 기여한다. 켄잘 그린 공원묘지와 하이게이트 공원묘지를 비롯한 런던 내 여러 묘지 측은 정기적으로 개방일을 정해두고 지하 묘지와 무덤 등을 안내하는 투어 가이드도 제공한다. 로스앤젤레스에 있는 '디얼리 디파티드 투어즈$^{Dearly Departed Tours}$'와 같은 업체들은 연일 관광객을 연예인들의 살해, 자살, 음독 현장 등지로 실어 나르는데, 이러한 광경은 마치 고대 성인의 사원을 찾는 순례자들을 연상케 한다.

서머싯 몸$^{Somerset Maugham}$은 임종 당시 조카에게 이렇게 말했다. "죽는다는 건 참으로 지루하고도 쓸쓸한 일이야. 가능하면 엮이지 않는 편이 좋을 거야."[6] 누구도 죽음을 피해갈 수 없다. 그러나 죽음이 항상 따분하고 적적한 것은 아니다. 앞으로 살펴보겠지만, 죽음은 윤리와 경제, 종교, 법률, 오락, 기술 분야를 아우르며 곳곳에서 다양한 접목 형태를 보인다. 살아가는 일과 마찬가지로 죽음에도 종종 모험적 요소가 수반될 수 있다.

---

6 『서머싯에 대하여(Somerset and all the Maughams)』, 로빈 몸 저, p. 212

무덤에서 나는 소리

조기 매장과 대응

2005년 여름, 모노크롬Monochrom이라는 한 '예능 기술 철학 연구회(한때 회원들 자신의 실제 혈액을 첨가해 블랙 푸딩을 만들어 먹기도 했던 오스트리아 전위 단체)'에서는 샌프란시스코 시민을 대상으로 섬뜩한 광고를 내걸었다. 광고는 생매장을 체험할 수 있다는 내용이었다. 이 단체의 홈페이지에 접속하면 다음과 같은 문구가 사람들을 반겼다. "15분 동안 관 속 무덤의 세계를 경험해보십시오."

이 광고는 허풍으로 끝나지 않았다. 단체 회원들은 화물 트럭으로 10톤에 달하는 흙더미를 샌프란시스코 도심의 한 미술관 옆으로 실어 나른 다음, 흙을 파서 구덩이를 만들었다. 마침내 그 안에 소나무 관까지 듬성 듬성 놓이자 주변을 에워싼 구경꾼들의 얼굴에 놀라움이 가득했다. 체험을 희망한 대담한 사람들(지원자는 넘쳐났다)은 기대를 가득 안고 관에 들어가 누웠고, 관 뚜껑은 나사로 단단히 조여져 봉인되었다. 물론 지원자들은 통풍이 전혀 안 되는 나무 관에 들어가 탈출이 거의 불가능한 상태로 60센티미터 두께의 흙더미에 묻힌다는 내용이 자세히 기술된 각서에 이미 서명해둔 터였다. 검은색 복장을 하고 선글라스를 낀 예술가들은 삽질을 계속한 끝에 충분한 양의 흙을 덮어 관을 단단히 묻은 다음, 무덤 봉우리에 십자가까지 꽂아 넣었다. 약속된 제한 시간 15분이 흐른 후 참가자들이 지상으로 끌어올려지자, 이들이 감내한 시련의 증거를 담기라도 하려는 듯 엄청난 카메라 플래시 세례가 퍼부어졌고 캠코더는 정신없이 돌아갔다.

모노크롬 홈페이지에는 다음과 같은 내용이 소개되어 있다. "생매장에 대한 공포는 인류의 가장 근원적인 두려움에 해당합니다. 산 채로 땅속에 묻히는 장면을 생각하기만 해도 오싹한 전율이 느껴지고 심장은 빨리 뛰지요. 고대의 여러 문서에서도 사망 선고가 내려지고 나서 소생한 사람들에 관한 기록을 찾아볼 수 있으며, 화장대에 뉘인 다음에야 의식이 돌아와 끔찍하게도 산 채로 화장되어야만 했던 사례를 담은 문건도 다수 존재합니다."[7]

사실 매장은 다양한 설화와 문학에서 오랫동안 주요 화두였다. 섬뜩한 기담에 귀 기울이는 사람이라면 흔히 생매장 공포증taphephobia(산 채로 땅속에 묻히는 것에 대해 느끼는 공포)에 시달렸을 법하다. 로마의 작가 플리니Pliny the Elder는 서기 77년에 자신의 저서 『자연사Natural History』를 통해 고대 로마인 사이에 행해진 생매장의 사례를 기록으로 남겼고, 이후 셰익스피어도 그의 작품 『페리클레스(Pericles: Prince of Tyre)』에서 수장 형태의 조기 매장을 하나의 문학적 구성 장치로 활용했다. 생매장 공포증이 본격적으로 부각된 시점은 18세기에서 19세기이며, 특히 19세기에 크게 두드러지는 경향을 보였다. 과학의 새로운 분야로 부상한 통계학과 빅토리아 시대의 살육 열풍(대도시를 중심으로 비정상적이고 엽기적인 살인 사건이 난무한

시대), 판매 부수 증대를 겨냥한 각 신문사의 선정적 보도, 정확한 사망 진단의 어려움, 에드거 A. 포Edgar Allen Poe의 단편 『섣부른 장례식The Premature Burial』 등 당시 사회에 부유하던 여러 요소가 한꺼번에 뭉쳐져 유럽과 미국의 무지한 대중을 공포의 도가니로 몰아넣었다.

당시 가족 납골당에 안치되는 것을 당연하게 여기며 통상적 장례방식을 고수하던 이들에게는 매장과 연계된 다음의 통계 수치가 큰 설득력을 발휘하지 못했을 법하다. 성직자였던 J. G. 우슬리J. G. Ouseley는 1895년 간행물 《탄생과 죽음Earth to Earth Burial》에서 잉글랜드 및 웨일스 지방에 거주하는 사람 중 적어도 2,700명이 "매년 생매장의 대상이 되고 있으며 이는 가장 끔찍한 형태의 고통이다."라고 기술했다. 우슬리 외에도 미군 대령이었던 볼룸Edward P. Vollum과 생매장 반대 운동가로 활동한 영국인 윌리엄 텝William Tebb 역시 같은 해에 생매장과 관련한 유사 통계치를 발표한 바 있다. 이들의 책 『조기 매장과 예방Premature Burial and How It Can Be Prevented』에는 그 사실적인 제목에 걸맞게 영국에서 행해진 조기 매장 사례 161건과 이에 못지않게 당혹감을 안겨주는 무덤 탈출 사례 219건, 화형대 위 사망 진단자의 느닷없는 의식 회복에 앞서 진행된 조기 해부 10건과 방부 처리 사례 2건이 소개되어 있다. 미 육군 의무성 소속이었던 볼룸 대령은 군사들이 생매장될 경우를 우려한 나머지, 전사자를 매장할 때 관 속에 일정량의 클로로포름chloroform(표백분에 알코올 또는 아세톤을 넣고 증류하여 얻는 무색의 유독한 휘발성 액체. 유기 화합물의 용제, 프레온의 원료, 마취제 따위로 씀)을 동봉하게 지시하여 행여나 매장된 당사자가 깨어나더라도 스스로 클로로포름을 이용해 목숨을 끊을 수 있게 조치했다. 볼룸은 1천 명 중 1명은 완전히 사망하지 않은 상태로 매장된다고 추정하여 발표한 바 있다.

그런가 하면 일각에서는 바이에른 주 이민자 하트만Franz Hartmann이 생매장에 대한 미국 대중의 공포심 조장에 가담했다. 유럽과 더불어 19세기의 미국 신문들은 하나같이 생매장당한 사람들의 여러 '실화'로 넘쳐났다.

1895년 판 하트만의 저서 『나는 생매장당했다 Buried Alive』 역시 예외 없이 700건 이상의 생매장 사례를 자세히 서술하고 있다. 이중 한 가지 재미있는 사례로 낭트 Nante에서 사망한 익명의 프랑스인 이야기를 살펴보자. 그의 장례식은 사제가 참석하여 망자의 명복을 기원하는 가운데 성대하게 치러졌다. 그러나 땅속으로 관을 내리려는 찰나, 뜻하지 않게도 이 프랑스인은 기적적으로 소생했으며, 결국 사제단과 장의 업체는 그에게 장례 비용을 청구했다. 한편, 조기 매장에 관한 하트만의 관점은 신비주의 및 접신학과 크게 접목되어 종종 평가 절하되었던 탓에 텝과 볼룸과 비교해 하트만은 자신의 의학적 계보가 무색할 정도로 주목을 받지 못했다.

기록된 근대 유럽 최초의 조기 매장 사례로 영국 베이싱스토크 출신의 마담 블런던 Madam Blunden을 들 수 있다. 이 여성의 불운한 이야기는 1674년 간행된 《베이싱스토크 소식 News from Basing-stoak》에 실렸다. 어느 날 복통으로 시달리던 마담 블런던은 아편을 섭취했는데 과다 복용한 탓에 그만 정신을 잃고 영영 의식을 되찾지 못했다(적어도 당시에는 그렇게 보였다). 양조장을 운영하던 그녀의 부유한 남편 윌리엄 블런던 William Blunden은 런던에 머물던 중 부인의 사망 소식을 듣고 자신이 귀가할 때까지 아내를 묻지 말도록 당부하는 전갈을 급파했다. 하지만 시신에서 지독히도 시큼한 악취가 풍기기 시작하자 일가친척들은 즉시 장례를 치르기로 뜻을 모았다. 마침내 마담 블런던의 시신은 성신 예배당 묘지에 안장되었는데, 이곳은 한 남학생 사립학교와 인접해 있었다. 장례식이 끝나고 얼마 지나지 않았을 때, 마담 블런던의 무덤 근처에서 장난을 치던 학생 두 명이 무덤 아래 땅속에서 신음하는 소리가 난다고 어른들에게 이야기했다. 학생들의 증언으로는 흙으로 덮은 지 얼마 되지 않은 무덤에서 "꺼내줘요."라고 괴로운 듯 신음하는 소리가 들렸다고 한다. 소스라치게 놀란 학생들은 곧장 교장에게 달려가 그대로 이야기했지만, 매만 흠씬 두들겨 맞았다. 그러나 호기심 왕성한 사춘기 소년들인지라 다음 날에도 무덤에 들러 보기로 했다. 아니나 다를까, 마담 블런던의 무덤에서는 여전히 희미한 신음이 새어나오고 있었다.

이번만큼은 교장도 학생들의 말을 듣고 곧장 예배당 문지기에게 달려가 무덤을 파보려 했다. 그러려면 교구 담당자의 허가가 필요했는데, 그는 때마침 자리를 비운 상태였다. 그렇게 시간은 허망하게 흘렀고, 어느새 소식을 들은 마을 사람들이 하나둘 모여들기 시작했다. 지루한 기다림 끝에 마침내 담당자의 허락이 떨어지고 인부들이 무덤을 파내려갔다. 관을 열어 확인한 결과, 마담 블런던은 분명히 사망 상태였으나, 자상(自傷)으로 짐작되는 수많은 멍 자국으로 온몸이 뒤덮여 끔찍한 모습이었다. 결국 마담 블런던에게는 두 번째 사망 선고가 내려졌고, 이 광경을 지켜보던 마을 사람들은 한때 이웃이었던 그녀가 산 채로 매장되었다는 사실에 난색을 보이며 조용히 그 자리를 떠났다.[8]

때 이르게 매장된 임신부가 관 속에서 아이를 낳았다는 식의 기담이 난무하던 시기에 무덤에서 사람 목소리를 들었다는 이야기 역시 생매장과 관련된 여러 일화에 흔히 등장하는 소재였다. 또 당시 신문에 소개된 수많은 섬뜩한 기사에 따르면, 발굴된 사체에서는 거의 하나같이 살아나가려 발버둥친 처절한 몸부림의 흔적이 발견되었다고 한다. 몸이 비틀어지거나 손가락과 팔을 뼈가 드러날 때까지 물어뜯은 상태로 발견된 사체에 관한 수많은 일화는 당시 유럽과 미국 전역에서 인기 회화 소재로 응용되기도 했다. 19세기는 이러한 기담괴설의 도가니라고 해도 과언이 아닐 정도로 섬뜩한 일화가 난무했으며, 매장된 시체가 관 속에서야 정신을 차리게 되는 조기 매장에 대한 두려움이 열병처럼 번졌다. 그뿐만 아니라 유명 잡지들까지 여기에 가세해 각종 기사들로 사회적 공포심 조장에 기

---

8 「조기 매장과 예방(Premature Burial and How It Can Be Prevented)」, 윌리엄 텝, 에드워드 페리 볼룸 저. 원 내용은 작자 불명의 소책자 《베이싱스토크 소식》(1674)에 실려 있음.

름을 부었다. 예를 들어, 1895년 9월 14일 판 《스펙테이터spectator》는 다음
과 같은 문구로 조기 매장에 대한 독자들의 공포심을 증폭시켰다. "화형
이나 익사, 또는 열차에 깔려 몸이 절단되는 극히 끔찍한 경우조차 산 채
로 매장되는 고통에 비할 바는 아니다." 이처럼 당시 조기 매장은 실로
죽음보다 더 무시무시한 최후로 여겨졌다.

　다행히 대처 방안이 전혀 없는 것은 아니었다. 사회 전반을 뒤덮은 소
름끼치는 조기 매장 관련 소식에 시달리던 많은 사람이 자신은 땅속 1.8
미터 아래서 깨어나는 일이 없도록 아예 유언장에 별도 지령을 써넣기 시
작한 것이다. 당시 유언장에는 사망한 지 6일이 지나기 전 혹은 주요 동
맥이 절단되기 전까지는 매장할 수 없다는 조항이 흔히 명기되었다. 빅토
리아 시대 소설가이자 하원의원 출신인 에드워드 불워 리튼Edward Bulwer-
Lytton 역시 담당 의사가 자신의 심장에 구멍을 낸 다음 시신을 관 속에 안
치하도록 유언장을 남겼다. 실제로 그의 유언이 실행에 옮겨졌는지 확인
할 길은 없으나, 이처럼 사망을 확실히 하는 절차를 거쳐서 매장이 진행
될 것이라는 기대감은, "어둡고 폭풍우 몰아치는 밤이었다It was a dark and
stormy night"와 "펜은 칼보다 강하다The pen is mightier than the sword" 등의 명구를
남긴 위대한 작가를 어느 정도는 안심시켰을 것이다.

　이처럼 유언장에 사후 처리와 관련한 구체적 지시 사항을 남긴 이는
불워 리튼에 그치지 않는다. 20세기에 이르러서도 사람들은 여전히 사후
에 의사들이 자신의 시신을 절단하도록 유언을 남겼다. 1915년 8월 3일
판 《타임스》의 부고란에는 베이스워터Bayswater에 거주하는 에밀리 해리엇
Emily Harriet이 한쪽 귀에서 반대 귀까지 자신의 목을 베어 가른 다음 사망
을 확인하도록 하는 대가로 스탠리 보스필드Stanle Bousfild 박사에게 20파운
드(현재 기준으로 4,000달러 상당)를 지급했다는 기사가 소개되었다. 몇 년
후, 교육 개혁가이자 저명한 옥스퍼드 여자 고등학교의 전 교장이었던 루
시 소울스바이Lucy Soulsby 또한 해리엇과 유사한 유언을 남겼다. "본인 사

망 시 담당 의사는 경동맥을 절단할 것이며, 혹시라도 착오로 해당 과정이 생략된 경우 본인의 시신을 무덤에서 파내어 제대로 시술하도록 한다." 소울스바이는 1927년 5월에 사망했으며 추정컨대 그녀의 시신이 안치되기 전 담당 의사가 유언에 따라 시술했으리라 짐작된다. 그러나 금전적 보상 측면만 고려해보더라도 당시 의사들이 사후 처리와 관련된 이 같은 요청에 흔쾌히 응했을지는 미지수이다. 그도 그럴 것이, 의사가 손 떨리도록 으스스한 이러한 시술을 한 시점에서 우연히 당사자가 아직 살아 있었다면 해당 의사에게 살인죄가 적용될 수도 있기 때문이다.

어쨌거나 더욱 독창적인 방안이 계속해서 등장했으며, 조기 매장된 이들이 관 속에서 탈출할 수 있는 다양한 방법이 제시되었다. 일례로 1868년 뉴저지 주 뉴어크 출신의 프란츠 베스터Franz Vester는 '매장 케이스burial case'를 고안해냈다. 이 기묘한 고안물에는 사다리가 장착되어 조기 매장의 희생자가 지상으로 올라올 수 있게 했을 뿐만 아니라 종을 함께 넣어 무덤 주변에 있을지도 모르는 사람들에게 종을 흔들어 도움을 요청할 수 있게 했다.

다음으로 1887년에 오스트리아 출신 칼 레들Carl Redl이 발명한 전기 경보기를 들 수 있다. 즉, 전지가 종과 연결되어 있어서 매장된 희생자가 전기 코드를 당기면 종이 울리고 전기판이 자동으로 열리면서 공기가 들어갈 수 있게 한 시스템이었다. 이후 1891년에는 캔자스 토피카Topeka 출신의 윌리엄 H. 화이트William H. White가 매장된 사람이 낀 반지에 전선을 부착하여 전선을 당기면 발성기가 작동하고 도관을 통해 관 속으로 공기가 들어가게 하는 장치를 소개했다. 이것은 또 일정 시간이 지나고 나서도 신호에 대한 반응이 없으면 도관이 닫히게 설계되었다.

한편 1893년 프로이센 출신 아달베르트 키아트코프스키Adalbert Kwiatkowski는 다소 거추장스러워 보이는 장치를 소개하기에 이르렀다. 이 장치는 시신을 일종의 허리 벨트로 둘러싼 다음, 지상으로 연결된 튜브를 관통하는 실을 벨트에 부착하는 시스템이다. 즉, 지상에 나와 있는 실이 심하게 흔들리는 것으로 관 속의 움직임을 감지하는 것이다. 몇 년 후 일리노이 주 로어노크Roanoke 출신 조지 H. 빌렘George H. Wilems은 독특한 거울 장치를 발명하여 특허를 받았다. 이 장치는 교묘한 방식으로 관 속에 부착된 여러 개의 거울을 통해 주의 깊은 통행자나 음침한 호기심이 동한 사람이 실제로 관 속을 엿보고 시신이 평화롭게 안치되어 있는지 혹은 격렬히 구원 요청을 보내고 있는지를 확인할 수 있게 했다.[9]

한 세기가 지난 다음에도 발명가들은 여전히 비상 장치가 장착된 관을 꾸준히 계발하고 있어 21세기형 생매장 공포증에 힘을 싣고 있다. 1990년대 중반, 시계공이자 금세공 기술자, 모조석 브랜드 디자이너로 활동하던 이탈리아 출신의 파브리치오 카셀리Fabrizio Caselli는 조기 매장과 관련한 여러 보도를 접하고 크게 동요되어 일명 '구명 관'bara salvavita이라고 불리는 장치를 발명해 특허를 얻었다. 첨단 기술을 접목한 이 제품은 기존의 소나무 관과 달리 흡사 병원 중환자실의 침상이나 비행기 조종석을 떠올리게 한다. 컴퓨터 장치와 유선 TV 카메라, 경보기, 마이크, 동작 감지기와 심박 감지용 모니터가 장착되어 있다. 카셀리는 다음과 같은 경고성 문구로 자신의 제품을 홍보했다. "실제로 살아 있지만 외적 상태에만 치중한 나머지 섣불리 사망 판정된 시신은 생각보다 훨씬 쉽게 찾아볼 수 있습니다."[10]

9 『발명의 필요는 터무니없는 특허의 어머니가 아닙니다(Inventions Necessity is not the Mother of Patents Ridiculous and sublime)』 스테이시 V. 존스 저. pp. 124-7
10 2004년 10월 8일 판 《라 스탐파(La Stampa)》

망인(亡人)의 쉼터

독일에서는 거의 백 년 전에 소수의 조기 매장 반대 운동가들이 기발한 장치를 갖춘 관에 그치지 않고 규모가 좀더 큰 대비책을 강구한 바 있다. 이들은 '시체 대기 안치소(독일어로는 Leichenhäusers)'라는 공간을 마련하고, 이러한 방식을 통해 '생매장'을 방지할 수 있다고 선전했다. 이 운동가들은 사망을 확인할 수 있는 단 하나의 확실한 표시가 바로 사체의 부패라고 간주하고, 사체가 부패하기 전까지는 매장하지 않는다는 원칙을 고수했다. 이에 따라 사체는 병원 혹은 영안실과 무덤 사이 지점에 자리한 중간 대기소처럼 무덤으로 연결되는 일종의 대기 공간에 우선 안치되었으며, 보초가 옆을 지키면서 시체의 상태를 관찰했다.

시체 대기 안치소는 오스트리아 출신 요한 페터 프랑크^{John Peter Frank}가 1788년에 구상한 공간으로, 그는 본래 자신의 고안물을 '망인의 쉼터 Totenaus'라 칭했다. 그러나 실제로 시체 대기 안치소를 처음 시도한 사람은 내과의이자 자선가로 활동했던 크리스토프 빌헬름 후펠란트^{Christoph Wilhelm Hufeland}이다. 그는 1791년에 자신의 고향 독일 바이마르에 최초의 시체 대기 안치소를 건립했다. 이 공간에는 고인을 위한 침대 여덟 개가 갖춰진 '망자의 방'이 있었고, 경비는 창문을 통해 시신의 부패 여부를 관찰했다. 부엌에는 항상 불을 피워 물이 끓을 때 발생하는 수증기가 지하 관을 통해 망자의 방으로 유입되어 방을 덥힐 수 있게 했다. 이러한 난방 조치는 안락한 환경을 제공하려는 것이 아니라 시신의 부패를 촉진하려는 절차였다.

1795년에서 1828년 사이에 '시체 대기 안치소'는 독일 전역으로 번져나갔으며, 이전보다 더욱 정교한 구조를 갖추기에 이르렀다. 후기의 시체 대기 안치소에서는 흔히 남성과 여성의 공간이 분리되는데, 망자들의 예절과 사생활까지 존중해주려는 의도로 보인다. 그런가 하면 1808년 뮌헨에 세워진 시체 대기 안치소는 부자와 빈민의 방을 따로 구분하여 죽은

후에도 사회 계층 간 구분이 중요했음을 시사한다. 다소 어처구니없게
도, 후기의 여러 시체 대기 안치소에서는 방문객에게 약간의 입장료를 받
고 망자의 방을 둘러보며 부패하는 시신을 직접 확인할 수 있게 하는 '혜
택 아닌 혜택'을 제공했다. 또 시신이 놓인 침대 주변에는 용의주도하게
향이 강한 꽃을 다량 배치하여 당장 매장해도 될 정도로 충분히 부패한
시신에서 풍기는 시큼한 냄새를 완화하려 했다.

당시의 모든 시체 대기 안치소는 전염병이나 재난으로 사망한 인원을
수용할 수 있을 정도로 컸으며, 부엌과 열탕 욕조 및 소생 기구를 갖추었
을 뿐만 아니라 안치소 내에 거주하는 문지기까지 두었다. 일단 시체 대
기 안치소로 이송된 시신에는 종을 달고 손과 발에 전선을 부착하여 문지
기가 되살아난 사체의 호출에 즉각 응할 수 있게 했다. 홀로 외롭게 뜬 눈
으로 밤을 지새우며 부패의 시작을 알리는 악취나 섬뜩하게 울리는 방울
소리를 기다려야 하는 문지기의 고충에 대해서는 더 언급할 필요가 없을
것이다. 종을 이용한 이런 호출 체계의 난점을 한 가지 들자면, 부패가 진
행됨에 따라 사체가 부풀어 오르면서 제 위치를 이탈하게 되는데 이때 의
도치 않게 종이 울릴 수 있다는 점이다. 이처럼 부패하여 팽창하는 사체
를 다루는 것도 문지기 직무의 일부였고, 각종 오물을 치우는 일도 문지
기의 몫이었다. 따라서 장기 근무자를 구하기란 쉽지 않은 일이었다. 부
패하는 사체에서 풍기는 악취는 참기 어려운 정도였으며, 문지기들은 매
시간 사체의 침상을 청소해야 했다. 그뿐만 아니라 문지기는 감독관의 서
면 허가 없이는 해당 구역을 5분 이상 비우지 못했다. 따라서 짐작하건대
시체 대기 안치소의 문지기는 산업 혁명기 '악마의 물레방아(산업 혁명 시
대 노동자를 착취했던 악덕 공장을 일컫는 말)' 시절에도 분명히 선호 대상에
서 제외된 힘든 직업이었을 것이다.

19세기 중반부터 독일 내 시체 대기 안치소의 인기도 점차 사그라졌
다. 그런데 이와는 별개로 1840년 포르투갈 리스본에서는 정부에 민간

시체 대기 안치소의 배당을 요구하는 시민들이 거리 시위를 벌이기도 했다. 한편, 독일에서는 대다수 시민이 망자의 시체 대기 안치소 안치를 거부했는데, 이는 행여 소중한 가족이 해부 대상이 될 수도 있다는 우려에서였다. 사양길로 접어들었다고는 하지만 시체 대기 안치소는 1875년 후반까지 꾸준히 지어졌고, 1959년에 독일 스파이어Speyer에서 발견된 마지막 시체 대기 안치소는 사용되지는 않았지만 아직도 온전한 상태로 보존되어 있었다. 한 가지 흥미로운 점은 최후의 순간까지 시체 대기 안치소 침상에 안치되었던 시신 수천 구 가운데 실제로 살아나 종을 울리고 문지기에게 신호를 보낸 사례는 한 건도 없었다는 점이다.

'관 속에서는 휴대전화를 꺼주세요'

월리엄 텝은 유심론자 아서 러벌Arthur Lovell이 1896년(미군 볼룸 대령과 텝이 공저한 『조기 매장과 예방』이 출판된 이듬해) 설립한 '런던 조기 매장 예방 협회'의 핵심 지도층으로 활약했다. 1830년에 맨체스터에서 태어난 텝은 일찍부터 두각을 나타내어 미국으로 이주해 노예폐지론자가 되기 전, 이미 곡물법(곡물 수입에 중세를 과한 법률)과 보호주의(경쟁력 있는 수입품에 대한 자국 상품 보호 정책)에 반대하는 시위에 가담한 바 있다. 남북 전쟁 후 영국에 귀국하여 백신 접종 반대 운동을 벌인 텝은 천연두 백신은 불필요하며, 청결과 독실한 신앙이 인류의 건강을 유지하게 하는 핵심 요소라고 주장했다. 이러한 관점에서 볼 때 텝은 영국 의료 발전에 큰 걸림돌이었음이 분명하다.

이처럼 텝은 생명 구제에는 일조하지 못했으나 죽은 이들과 관련된 문제에는 큰 관심을 기울였다. 저서 『조기 매장과 예방』에는 망자의 사후 처리와 관련한 텝과 볼룸의 권장안이 일부 제시되어 있다. 당시 영국에서는 의사가 입회하지 않은 상태에서 사망 진단서를 발급하는 경우가 허다했는데, 텝과 볼룸은 의사가 시신을 확인한 후에만 사망 진단서가 발급되도록 제안했다. 또한 이들은 정확한 통계 수치를 근거로 하지는 않았으나 주로 혼수상태와 강직증을 비롯한 기타 일시적 생명 중단 상태를 오인한 탓에 조기 매장 희생자가 양산되는 것으로 추정하고, 의사들도 이러한 일시적 사망 현상과 관련하여 전문적 의료 교육을 받아야 한다고 주장했다. 그뿐만 아니라 부패가 명확히 입증될 때까지는 그 누구도 매장하지 말아야 하며, 영국 전 지역에도 독일의 것과 같은 시체 대기 안치소가 널리 보급되어야 한다고 역설했다. 저서를 통해서 적극적으로 홍보했으나 사실 실제로 반영된 권장안은 그리 많지 않았으며, 텝과 볼룸이 온갖 노력을 기울인 끝에 의사가 시신을 검진한 후에만 사망 진단서를 발급할 수 있게 하는 권장안 하나가 겨우 채택되어 오늘날까지 적용되고 있다.

런던 조기 매장 예방 협회는 윌리엄 텝이 진행했던 대다수 캠페인과 마찬가지로 오래가지 못했다. 20세기로 접어든 전환기에 꽤 많은 이목을 끌었던 런던 조기 매장 예방 협회는 의학 지식의 진보와 함께 1910년경에 걷잡을 수 없는 쇠퇴기로 접어들었고, 사람들의 관심이 끊기자 1936년 해체되었다. 이때는 이미 텝이 사망한 지 18년, 볼룸이 사망한 지 34년째 되는 시점이었다.

한편 일부 증언에 기초해 볼 때 생매장을 단순히 20세기에 접어들어 자취를 감춘 밀실 공포증으로 간주할 수는 없다. 1950년대 프랑스 출신 엔지니어 루이 클로드 빈센트Louis-Claude Vincent 박사는 프랑스와 네덜란드, 벨기에, 룩셈부르크 지역의 미국 전쟁 묘지를 유지하는 데 필요한 하수 공급 시설을 점검하라는 지시를 받았다. 생로랑 쉬르메르Saint-Laurent-sur-Mer 묘지에서 근무하던 그는 어느 날 우연히 무덤을 파는 미국인 관리 한 무리를 목격했다. 이들은 비밀리에 시신 15만 구를 모두 새로 제작한 관으로 옮긴 다음 다시 매장하고 있었다. 빈센트 박사의 주장에 따르면 당시의 이러한 과정은 일급 기밀 사항으로, 생매장된 미군의 수를 파악하기 위한 작전이었다고 한다. 그의 주장이 사실임을 뒷받침하는 증거로 무덤 발굴 당시에 물어뜯긴 손목이나 자세가 일그러진 해골 등이 속속 발견되었으며, 추산 결과 매장된 전체의 4%에 달하는 시신 6천여 구가 생매장의 희생자인 것으로 드러났다[11]. 그런가 하면 베트남 전쟁 말기에 시행된 또 다른 연구 결과에 따르면 미군 2천여 명이 조기 매장의 희생자였을 것으로 짐작된다.[12] 안타깝게도 해당 병사들은 볼룸 대령의 클로로포름 지원 정책으로 다시는 햇빛을 보지 못했다.

오늘날 인터넷 검색 엔진에 생매장 공포증이라는 말을 입력하면, 검색 결과로 웹사이트 1만 4천여 개가 나타난다. 소정의 수수료를 받기는 하지만 이중 다수의 웹사이트에서 생매장 공포증 극복을 위한 지원과 어드바이스를 제공하고 있다. 인터넷 광고를 통해 만나볼 수 있는 처방으로는 최면 요법에서부터 다소 애매하게 들리는 에너지 심리학 해법에 이르기까지 그 종류가 다양하다. 한편, 아일랜드 출신의 장의사 키스 마씨[Keith Massey]의 말로는 최근 많은 사람이 생매장당할 것을 우려한 나머지 사망 후에 자신을 땅속에 묻을 때 휴대전화를 같이 넣어달라고 요청한다고 한다.[13] 마씨는 고인의 일가친척들에게 장례식이 진행되는 중에는 망자의 휴대전화를 꺼두도록 당부한다. 추도사가 이어지는 엄숙한 가운데 관 속에서 〈미친 개구리[Crazy Frog]〉(영국 링톤 차트에서 1위를 차지하며 화제를 낳았던 곡)와 같은 전화벨이 울린다면 등골이 오싹해질 수도 있을 테니까 말이다. 실제로 많은 사람이 자신을 매장한 다음에 관 속에 넣는 휴대전화의 전원을 꺼달라고 요청한다. 이는 행여나 소생할 경우 결정적인 순간에 휴대전화를 사용할 수 있게 배터리를 아껴두기 위함이다. 그러나 약 1미

---

11 『생매장(Buried Alive)』, 페론 오트릿 저, p. 114–15

12 같은 책, p. 13

13 2005년 9월 11일 판 BBC 뉴스 기사 '당신이 호출하는 사람도 밖에서 기다리는 걸 압니다(The Number U are Calling Knows Ur Waiting)……'

터 아래 땅속에 묻힌 상태에서 휴대전화의 안테나 신호가 잡히는지 시험해본 사람은 아직 없거니와 적어도 현재까지 알려진 바로는 무덤에 묻힌 사람에게서 전화나 문자 메시지를 받았다는 제보자도 존재하지 않는다.

어쨌거나 조기 매장이 행해져 온 점은 의심할 여지 없는 사실이며, 2장에서도 살펴보겠지만 사망 진단 과정이 허점투성이일 경우(심지어 현재까지도) 조기 매장의 가능성은 더 커진다. 그러나 18, 19세기 무렵 뚜렷한 근거 없이 떠돌던 예측처럼 생매장이 실제로 그렇게 자주 행해졌는지는 논쟁의 여지가 남아 있다. 켄트Kent에 있는 묘지 발굴 업체의 감독이자 묘지 및 화장터 관리 협회 이사로 재직하는 피터 미첼Peter Mitchell은 매년 시신 수백여 구를 발굴하고 재매장하면서도 결코 조기 매장의 흔적을 보지 못했다고 주장한다.[14] 또 앞서 소개한 미군의 경우와 같이 설령 조기 매장의 징후가 목격되었다 하더라도 그 이면에는 또 다른 배경이 존재할 수 있다. 즉, 일그러진 자세로 발굴된 유골은 관을 묘지로 옮기거나 장례식 도중에 안치할 때 관 속의 시신이 흔들렸을 수 있다는 설명도 가능하다. 또 부패 과정에서 사지가 기이한 모양으로 변형됨에 따라 유골의 형상이 마치 감금된 상황에서 탈출하려고 애쓰는 것처럼 보였을 가능성도 크다. 필사적으로 탈출을 기도한 생매장의 희생자가 자신의 손가락과 팔을 물어뜯어 놓은 듯 보이는 부분도 때에 따라서는 쥐나 기타 해충의 소행으로 해석될 수 있다. 실제로 1859년 폰 로제Von Rosser 박사가 시도한 한 실험에서는 관 속에 살아 있는 쥐 여러 마리를 넣고 관을 땅속에 묻었다. 이틀 후 관을 꺼냈을 때 일부 쥐는 다른 쥐의 살점을 먹으며 생존했으며, 또 다른 쥐 무리는 관을 갉아먹고 지상으로 탈출했다.[15] 이 실험을 통해 유추해볼 수 있는 사실은 쥐들이 관을 뚫고 탈출할 수 있었다면 반대로 밖

---

14 2005년 11월, 피터 미첼과의 대담
15 폰 로제 박사가 자신의 연구 결과를 묶어 1858년에 발행한 연구집 『Sach's Medizinische Jahrbucher』

에서 관 안으로 들어갈 수도 있다는 점이다.

소년들이 갓 매장된 마담 블런던의 무덤에서 소리가 들렸다고 주장한 점에 대해서는, 시신의 창자에 축적된 가스(부패 과정에서 발생하는 자연적 현상의 일부)가 목이나 후두로 빠져나오면서 신음하는 듯한 소리가 발생한 것으로 설명할 수 있다. 『생매장, 근원적 공포에 대한 충격 역사(2002)』의 저자이자 의사로 활동했던 얀 본데손Jan Bondeson이 전하는 바로는 소년들이 "꺼내줘요."라는 마담 블런던의 신음을 들었다는 일화는 독자에게 섬뜩함을 선사하기 위해 《베이싱스토크 소식》의 필자가 단순히 조작한 것이라고 한다.[16]

괴기스러운 이야기가 실제로 판매 부수 증대에 기여한다는 사실이 여러 신문 편집자 사이에 알려지면서부터 하루가 멀다 하고 조작된 조기 매장 일화가 소개되었다. 1846년도 과학상Prix Manni 수상자 유진 부쉬Eugene Bouchut는 1850년경 프랑스 전 지역 시장과 서기관들에게 서신을 보내 당시 사회에 떠돌던 생매장 관련 일화에 대한 검증을 요청했으나 사실로 확인된 일화는 단 한 건도 없었다. 1862년에 알렉산더 반 하셀트Alexander van Hasselt라는 네덜란드 출신 의사는 위트레흐트Utrecht 지역에서 24년간 전문의로 활동하면서 조기 매장 사례를 단 한 건도 보지 못했다고 발표한 바 있다. 그는 설령 조기 매장이 실제로 행해졌다 할지라도 극히 드물게 발생하는 일이라고 주장했다.[17] 이와 마찬가지로 19세기 말 20여 년간 조기 매장 사례를 연구한 프랑스 출신 교수 폴 브루어데트Paul Brouardet도 1902년에 소개한 자신의 저서 『죽음과 급사death and sudden death』에서 자신 역시 조기 매장 사례를 단 한 건도 실제로 검증해내지 못했으며, 조기 매장에 관한 괴담들은 판매 부수 증대를 위해 언론 관계자들이 만들어낸 이

---

16 『생매장, 근원적 공포에 대한 충격 역사(Buried Alive: The Terrifying History of Our Most Primal Fear』, 얀 본데손 저, pp. 244-5
17 『Die Lehre vom Tode und Scheintode』(Brunswick, 1862), A. 반 하셀트 저

야기라고 단정한 바 있다.

　이러한 전문적 견해에도 여전히 근심에 사로잡혔던 빅토리아 시대 사람들과 마찬가지로 생매장에 대한 공포심을 떨칠 수 없다면, 독일의 생리학자 에른스트 헤벤슈트라이트Ernst Hebenstreit의 연구 결과가 어느 정도 안도감을 줄 수 있을 것이다. 헤벤슈트라이트의 1862년도 추정 수치를 보면 일반적으로 인간은 밀폐된 관 속에서 60분을 버티기가 어렵다고 한다.[18] 앞서 소개된 폰 로제 박사는 이러한 주장을 입증하기 위해 유리 덮개로 밀폐된 관 속에 개 한 마리를 넣어두고 관찰했다. 실험 대상이었던 개가 3시간을 버티지 못하고 사망하자 로제 박사는 인간과 개의 체면적을 고려했을 때 헤벤슈트라이트의 주장에 일리가 있다고 동의했다. 따라서 설령 조기 매장된 사람이 있다 하더라도 그의 고통은 오래가지 않을 것이며, 한 시간 안에 질식사할 가능성이 크다고 보아야 한다.

---

18 같은 책, pp. 65-6

생매장에 대한 공포는
인류의 가장 근원적인 두려움에 해당합니다.
산 채로 땅속에 묻히는 장면을 생각하기만 해도
오싹한 전율이 느껴지고 심장은 빨리 뛰지요.
고대의 여러 문서에서도 사망 선고가 내려지고 나서
소생한 사람들에 관한 기록을 찾아볼 수 있으며,
화장대에 뉘인 다음에야 의식이 돌아와 끔찍하게도
산 채로 화장되어야만 했던 사례를 담은 문건도
다수 존재합니다.

살아 계십니까?

사망 진단의 문제점

사망의 징후

정확한 사망 시점 혹은 실제 사망 여부를 정확하게 식별할 수 있을까? 포는 저서 『섣부른 장례식』에서 다음과 같이 썼다. "생사를 구분하는 기준이란 가장 막연하고도 모호한 개념일 것이다. 사실 그 누가 인간의 생이 마감되는 순간과 시작되는 시점을 정의할 수 있을 것인가? 질병에 잠식당하면 육안으로 확인 가능한 모든 신체 기능이 완전히 중단될 수 있으나 이러한 현상이 단지 생사의 갈림길 앞에 선 어중간한 상태라면……."

포의 단편 소설에도 나타나듯이, 조기 매장에 대한 공포는 대개 정확한 사망 진단의 어려움으로 조장된다. 역병, 콜레라, 장티푸스 및 발진티푸스와 같은 온갖 질병은 모두 현대 의학이 발달하여 효과적인 대처가 가능해지기 전까지 당시 유럽에서 자주 발병했으며, 흔히 사망 징후로 간주되는 혼수상태와 심장 박동 및 체온의 저하를 동반함에 따라 당대의 저명한 전문의들조차 종종 진단에 혼돈을 느꼈다.

가장 악명 높은 질병이었던 콜레라는 1817년에 인도 벵골에서 최초로 발병한 것으로 전해진다. 세균이 원인인 이 질병은 오염된 식수나 식품을 통해 전파되며, 복부 통증과 구토, 설사, 체액 감소와 더불어 근육 경련과 체력 저하, 무기력증 등의 증상을 동반한다. 이러한 상태에서는 맥박이 극도로 느려짐과 동시에 체온은 급격히 저하되므로 흡사 이미 사망 단계로 접어든 것처럼 보인다.

그런가 하면 발진티푸스는 사람과의 직접적인 접촉을 통해 번지는 급성 바이러스성 전염병으로, 신체에 기생하는 이蝨가 원인이다. 최초의 발진티푸스는 1643년에 영국에서 출현했으며 주로 교도소나 수용 시설, 노예선과 같이 붐비고 비위생적인 환경에서 창궐한 탓에 흔히 '유치장 열병gaol fever'으로 통했다. 제2차 세계 대전 당시 독일군을 피해서 지붕 아래 거처에 숨어 지내며 일기를 남겨 유명해진 네덜란드 소녀 안네 프랑크Anne Frank 역시 이 병으로 숨졌다. 일단 이 병에 전염되면 체온이 상승하여 열이 나고 흉부와 복부, 손목 등에 발진이 수반되며, 체력 저하는 물론 정신 착란 상태에 빠질 수 있다. 또 사망한 상태나 거의 다를 바 없는 혼수상태에 이르게 되고, 맥박조차 희미해진다. 포는 『섣부른 장례식』에서 에드워드 스테이플턴Edward Stapleton이라는 영국의 변호사에 관한 일화를 소개했다. 스테이플턴은 발진티푸스로 시름시름 앓다가 결국 사망하는데(모든 정황으로 보아), 연구를 위해 해부학자들이 시신을 해부하기 시작하자 느닷없이 의식을 되찾고 수술대에서 내려와 말을 했다고 한다.

장티푸스도 발진티푸스와 관련은 없지만 전염성이 매우 강하고, 오염된 식품이나 식수를 통해 이동하는 바실루스 균bacillus이 원인이다. 장티푸스에 감염되면 혼수상태에 빠질 수 있다. 기원전 323년 32세를 끝으로 사망한 알렉산더 대왕Alexandros the Great의 죽음에 관해서도 수많은 이론이 존재하는데, 이중 흥미로운 이론으로 메릴랜드 대학 병리학 교수 데이비드 올댁David Oldach이 제시한 설을 들 수 있다. 그는 알렉산더 대왕은 흔히 알려진 바와 같이 독살된 것이 아니라 장티푸스로 사망했다고 주장한다. 올댁 박사와 동료들은 알렉산더 대왕이 보였던 증상을 역사적으로 고찰했다. 그 결과 당시 알렉산더 대왕은 오한과 발한, 극심한 피로, 발열 및 격렬한 복부 통증을 호소하며 고통으로 울부짖었다고 한다. 올댁 박사는 장티푸스를 방치한 결과 초래된 내장 천공穿孔(위벽, 복막 등에 구멍이 생김)을 이러한 증상의 원인으로 보았다. 기록에 따르면 알렉산더 대왕의 시신은 사망이 선고되고 나서도 수일간 부패하지 않았다고 한다. 장티푸스에 걸리면 신체 기능이 마비되는데, 미루어 짐작해볼 때 이 위대한 전사를 죽음으로 몰고 간 직접적인 원인은 장티푸스라기보다는 아마도 섣불리 행해진 방부 처리였을 수 있다(사체의 급속한 부패 및 손상을 방지하기 위한 방부 처리).[19]

전해오는 설에 따르면 농후한 사망 징후로 간주되어 조기 매장을 초래한 네 번째 증상은 바로 강직증이다. 강직증이 오면 의식을 잃고 며칠에서 길게는 몇 주 동안 사지 경직이 지속되므로, 경솔한 의료진의 눈에는 흡사 사망 상태로 비칠 수 있다. 이러한 까닭에 이 증상은 『섣부른 장례식』에서도 우려 섞인 문제로 자주 등장한 '희귀병'이다. 그래서 포는 섣부른 사망 진단의 폐해에 대응하고자 가족 묘지에 음식과 물을 준비해두고 적당히 통풍이 되게 조치했으며 조작이 쉬운 탈출 도구도 가져다 놓았다. 흥미롭게도, 포가 사망한 지 150년이 지났을 때 강직증 환자의 생매장 일화에 고무된 카셀리는 1장에서 언급했던 '구명 관'을 발명했다(20쪽 참고).

그러나 시신에 종을 매달거나 부패가 시작될 때까지 시체 대기 안치소에 시신을 안치해두는 행위가 조기 매장을 예방하는 가장 좋은 방법이 아

19 1998년 판 《뉴잉글랜드 의학 저널(New England Journal of Medicine)》 338호 '의문의 죽음(A Mysterious Death)', 데이비드 E. 올댁. pp. 1764-9

니라고 생각한 사람들도 물론 있었으며, 이러한 사람들은 조기 매장의 폐해를 없애려면 실제 사망 여부를 확진할 수 있는 진단 도구를 시급히 발명해야 한다고 주장했다.

담배 연기의 숨은 용도

수세기 동안 사람들은 사망을 진단하고 사망 징후를 보이는 환자를 되살리는 데 도움이 될 만한 다양한 검사법을 고안했다. 로마의 백부장(켄투리온, 로마 군대 중 100명으로 된 조직의 우두머리)은 십자가형을 받은 희생자를 유족에게 내어주기 전, 창槍으로 시신을 찔러 사망을 확인했다. 그러나 이러한 확인 절차는 조기 매장을 예방해보려는 선의에서 비롯된 행위는 아니었다. 단지 그들은 당시 유대인 여성이 맨드레이크 와인(훗날 모리온morion 또는 '죽음의 와인'으로 통칭)에 적신 스펀지로 십자가형을 받아 죽어가는 남편이나 자식을 닦아준다는 사실을 훤히 꿰고 있었을 따름이다. 맨드레이크 와인 성분은 감각을 무디게 해서 고통을 덜 느끼게 하고 마취 기능까지 할 뿐만 아니라 사망과 흡사한 상태를 유도하기도 한다. 그래서 소수의 운 좋은 희생자가 맨드레이크 와인 기운이 가신 후에 다시 소생한 사례도 있었던 것으로 추정된다.[20]

한편 로마인은 시신을 꼼꼼히 씻기는 등 인체 손상이 덜한 방법을 활용했다. 이렇게 시신을 씻기는 행위는 실제로 여러 문화권에서 중요시되어 온 의식이다. 고대 그리스 및 로마에서는 시신을 깨끗이 문질러 씻기고 향수를 뿌린 다음 흰 옷을 입히고, 8일간 'praeficae'라는 한 무리의 로마 여성들이 시신 주변에서 고른 음정으로 시구를 읊고 애도하며 곡을 했다.

---

20 1996년 판 《영국 의학 저널(British Medical Journal)》, '마취와 거짓과 식물(Narcosis and Nightshade)', 앤서니 J. 카터

이러한 행위를 소명의식(conclamatio)이라 칭했으며, 이는 곧 'clamour(항의, 요구 사항 등을 큰 소리로 부르짖음, 외침)'라는 단어의 기원이 되었다. 시신을 정성껏 닦고 주변에서 큰 소리를 내는 행위는 행여나 살아 있을지 모르는 육신을 깨우기 위함이었다. 9일째가 되도록 아무런 소생의 기미가 보이지 않으면 시신은 화장터나 묘지로 보내졌다. 소명의식은 나름대로 과학적 타당성을 수반한다. 즉 알려진 바로는 마사지와 목욕 등 물리적 자극을 받으면 심박과 혈액 순환이 촉진되므로 죽은 사람이 깨어날 가능성이 높아진다고 한다. 이슬람 문화권에서는 여전히 시신을 공들여 씻기는데, 대개는 24시간 안에 매장이 이루어지므로 이는 중요한 의식으로 간주된다.

17세기에는 사망 진단법 관련 분야가 큰 폭으로 발전하지 못하는 대신 온갖 궤변이 난무했다. 덴마크의 야콥 윈슬로우(Jacob Winslow, 1669~1760)는 수많은 기법을 창안했는데, 파리에서 의학을 공부한 그는 두 번이나 생매장될 뻔했다가 간신히 상황을 모면한 바 있으며, 이러한 경험이 훗날 관련 연구에 몰두하게 된 계기로 작용했다. 유년기와 성인기 초기에 혼수상태에 빠져 외관상 사망으로 진단받은 그는 가까스로 의식을 되찾았다. "죽음은 피할 수 없다는 점에서 다분히 확정적이지만, 사망 진단은 종종 부정확하므로 비확정적이기도 하다."[21]라는 말을 남긴 그는 사망 여부의 판가름에 일조하고자 가슴에 물컵 올려두기, 소금이나 자극제, 양파, 마늘 혹은 고추냉이 등으로 콧구멍 자극하기, 깃털로 코 간질이기 등 시신을 대상으로 한 다소 기괴한 실험을 소개했다. 이 외에도 윈슬로우는 쐐기풀로 시신을 휘감고 난폭하게 사지를 당기는 등의 방법도 제시했는데, 아마도 그 어떤 방식보다 별난 처방은 시신의 구강으로 채 온기가 가시지 않은 소변을 흘려 넣는 행위일 듯하다(소변의 출처는 기록되지 않았

---

21 『생매장, 근원적 공포에 대한 충격 역사』, 얀 본데손 저, p. 53

다). 이도 모자라 발톱 아래로 긴 바늘을 찔러 넣거나 펄펄 끓는 스페인산 왁스를 시신의 머리에 붓는 등 윈슬로우가 제시한 다양한 사망 판가름 실험법은 겉보기에 시체 안치소보다는 고문실에서나 자행될 법한 방식들이다. 생매장되는 희생자와 윈슬로우의 수술대에서 온갖 실험의 대상이 되는 사람 중 과연 어느 쪽이 더 안쓰러운지는 선뜻 판별하기 어렵다.

이 밖에도 여러 사람이 제각각 정확한 사망 확인법을 제안했는데, 한 프랑스인 성직자는 뜨겁게 달군 부지깽이를 직장直腸에 찔러 넣는 뜨끔한 방법을 내놓기도 했다.[22] 실제로 18세기 의사들은 사망 여부를 진단할 때 둔부에 중점을 두었다. 앙투안 루이Antoine Louis는 1752년에 풀무와 모양이 매우 흡사하며 파이프가 부착된 묘한 장치를 이용하여 시신의 항문으로 담배 연기를 불어넣는 진단법을 소개했고[23], 이어서 벨기에 출신 의사 프레브나르Previnaire는 1784년에 루이의 풀무보다 한 단계 진보해 이중으로 연기를 불어넣는 '이중 진단법Der Doppel blasser'이라는 장치를 선보였다. 담배를 이용한 관장법은 19세기 네덜란드 의사들이 시신에 통상적으로 적용한 방법으로, 시술자 입장에서도 그다지 유쾌하지 못한 과정이었을 것이다. 어쨌거나 이처럼 유별난 진단을 거친 후에도 시신이 소생했다는 기록은 찾아볼 수 없다.

한편, 이후에 의사들은 둔부보다는 유두乳頭에 치중하여 사망 여부를 판별하려 했다. 1854년에 프랑스 출신의 쥘 앙투안 조재트Jules-Antoine Josat가 일명 '니플 핀처Nipple Pincher'(유두 꼬집개)라 불리는 장치를 개발했는데 이 장치는 얼핏 가학적 도구처럼 보이기도 했다. 커다란 족집게처럼 생긴 니플 핀처는 유두를 세게 비틀어 무의식에 빠진 시신이 놀라서 깨어날 수 있게 하고자 고안된 장치다. 그러나 이러한 자극을 받고 되살아난 시신이

---

22 같은 책, pp. 138-9
23 『Lettres sur la Certitude des Signes de la Mort』(Paris, 1752), 앙투안 루이 저, pp. 153-6

있다는 기록 역시 찾아볼 수 없다.[24]

　그런가 하면, 고문 수준에 가까운 이러한 방법들과 비교해 덜 모욕적인 사망 진단법도 있었다. 소문으로는 나폴레옹의 주치의 래리[Larry] 박사는 출정 시 작은 거울을 소지했는데, 그것은 멋내기 용도가 아니라 전사자의 입 바로 앞에 거울을 대보고 사망 여부를 진단하는 용도였다. 즉, 거울에 김이 서리지 않으면 사망 진단을 내렸다. 분명히 니플 핀처보다는 충격이 덜한 방법이지만, 사망과 혼동할 수 있는 어중간한 무의식 상태에서는 입 앞에 가져다 댄 거울에 김이 서릴 만큼 충분한 호흡이 발생하지 않는다는 점에서 거울을 이용한 이 방법 역시 확실한 사망 진단법이라고 볼 수 없다.

　더 확실한 진단 장치로는 1816년에 라에네크[René Laënnec]가 발명한 청진기를 들 수 있다. 청진기를 이용하면 흉부에서 나는 소리를 들을 수 있는데, 이 도구는 특히 폐렴 환자를 진단할 때 유용하게 사용되었다고 한다. 한 가지 아이러니한 사실은 정작 라에네크 자신은 폐결핵으로 38세에 사망했다는 점이다. 최초로 청진기를 통해 심박을 듣고 심박의 유무를 판별한 사람은 프랑스 출신 의사 유진 부쉬로, 2분 동안 심장 박동 소리가 들리지 않으면 환자의 사망을 확실시했다. 그는 자신의 주장을 뒷받침하기 위해 동물 실험을 수행했고, 해당 진단법을 인정받아 1846년 과학상을 받았다. 그러나 부쉬가 활동하던 시대의 청진기는 지극히 원시적 형태로 목제에다 한쪽 귀에만 꽂을 수 있었고, 병이나 마취제 사용 등으로 희미해진 심박 소리는 잘 들리지 않을 정도로 정교하지 못했다. 부쉬는 의외로 시체 대기 안치소 반대주의자였으며, 조기 매장과 관련된 수많은 보도가 대부분 부풀려진 내용이라고 주장했다.

　히포크라테스(Hippocrates, 기원전 460~370)는 핏기 없는 얼굴과 움푹

---

24 『De la Mort et de Ses Caracteres』(Paris, 1854), 쥘 앙투안 조재트 저

들어간 눈, 깊이 팬 뺨 및 신체 경직도 등을 사망 판단의 기준으로 삼았다고 전해지는데 다소 모호한 그의 사망 진단 지표는 19세기에 들어서도 여전히 활용되었다. 그렇다고 해서 히포크라테스의 기준이 전적으로 정확했다고 볼 수는 없다. 1851년 판 《가제트 메디칼Gazette Medicale》 지에는 프랑스 몽펠리에 임상의학회장 지르발Girbal 박사의 일화가 소개되었다. 어느 날 지르발 박사는 사망한 상태로 추정되는 한 여성을 검진했다. 이 여성은 히포크라테스가 제시한 모든 사망의 징후를 보였으나 지르발 박사는 재차 확인해보고자 몇 가지 검사를 더 진행했다. 그는 우선 스멜링 솔트(smelling salt, 탄산암모늄+향료. 정신을 잃은 사람에게 냄새를 맡게 하여 의식이 돌아오도록 유도하는 일종의 취각제)를 해당 여성의 코 아래에 대고 흔들어보고, 알코올로 부상 부위를 소독한 다음 심장 쪽에 겨자 성분의 연고를 발라두었다. 그러자 한 시간 후 뜻밖에도 이 여성이 재채기를 하기 시작했다고 한다. 이질에 시달리던 그녀가 극도의 탈수 상태에 빠졌을 뿐이라는 사실을 그 누구도 알아채지 못한 것이다. 사실 이 여성은 당시 관습에 따라 '나쁜 기운'을 내보내기 위해 피를 뽑았는데 이 과정에서 혼수상태가 생긴 것이었다.[25]

　무엇보다 가장 기발한 사망 판별법은 아이카드Icard 검사일 듯하다. 플루오레세인(fluorescein, 녹색 형광 용액) 검사라고도 하는 이 진단법은 프랑스 출신 의사 세버린 아이카드Severin Icard가 1905년 발명하여 특허를 취득했다. 아이카드 박사는 한 여성 환자의 생사 여부를 판별하기 위해 그녀의 심장에 바늘을 찔러 넣었다가 그때까지 생존해 있던 여성이 바늘 주입의 충격으로 사망한 사고가 발생하자, 이를 계기로 더욱 신뢰할 수 있는 사망 진단법을 연구하는 데 착수했다고 한다. 격분한 사망 여성의 가족을 간신히 달랜 아이카드는 팔 정맥에 주사할 수 있는 인체에 무해

---

25 「생매장」, 페론 오트릿 저, p. 16

한 유색 플루오레세인 용액을 개발해냈다. 만일 검사 대상자가 생존 상태로 여전히 혈액이 순환한다면 전신이 누렇게 변하고 안구가 짙은 녹색으로 바뀌지만, 사망자라면 이러한 플루오레세인 반응이 나타나지 않는다. 한 가지 다행스러운 점은 생존자에게 나타나는 황색 반응(온몸이 노란빛을 띠는 카나리아에 빗대어 카나리아 룩이라고도 함)과 기괴한 안구 색상이 몇 시간 안에 사라지고 정상으로 돌아온다는 사실이다. 아이카드의 진단 방식에 비할 수 있는 현대의 검사법은 방사성 핵종 혈관 조영술(핵종 혹은 방사성 동위 원소 촬영)로, 뇌사 상태를 판별할 때 사용하는 검사법이다. 이 시술은 인체에 무해한 방사성 염료를 환자의 뇌간腦幹에 주사하여 진행되는데, 뇌 기저에서 혈액이 순환되지 않으면 염료가 흘러나가지 않으므로 해당 환자는 뇌사로 판정된다.

　이렇듯 사망 여부를 단정하는 일은 줄곧 쉽지 않은 절차였음이 분명하다. 사실 직접적인 처형이나 시신의 부패만이 확실한 사망 진단을 가능하게 하는 유일한 입증 방식일 것이다. 그러나 뜻밖에도 처형되었다고 해서 전적으로 사망을 확신할 수는 없는 일이다. 실제로 전해 내려오는 사례들을 살펴보면, 특히 프랑스 혁명 당시 교수형으로 머리가 떨어져 나간 시신이 몇 분간 눈을 깜빡이거나 표정을 띠는 경우가 있었다. 유명한 화학자 앙투안 라부아지에(Antoine Lavoisier, 프랑스의 화학자, 근대 화학의 아버지) 역시 이 경우에 해당하는 희생자로, 그는 친구들에게 자신의 교수형이 집행되면 자신의 죽은 모습을 주시하여 관찰해 달라고 부탁했다. 실제로 그의 최후를 지켜본 이들의 진술에 따르면, 라부아지에는 단두대의 칼날이 목을 내리친 다음에도 적어도 15초 동안 눈을 깜빡였다고 전해진다.[26]

　1994년에 있었던 밀드리드 클라크Mildred Clarke라는 86세 여성의 일화를

---

26 『생매장: 아직 죽지 않은(Buried Alive: Horrors of the Undead)』 로드니 데이비스 저. pp. 201-2

살펴보면 현대의 사망 진단 역시 항상 정확하지만은 않다는 사실을 알 수 있다. 어느 날 밀드리드가 뉴욕 북부의 자택에서 쓰러진 채 구조대에 발견되었는데, 그녀를 진단한 주치의는 맥박이 전혀 잡히지 않자 사망 선고를 내렸다. 결국 밀드리드는 질긴 시체 운반 부대에 담겨 알바니 메디컬 센터 시체 공시소로 보내졌다. 그러나 사실 클라크 부인은 사망한 것이 아니었다. 수위 중 한 명이 시체 안치대에 놓인 부대에서 숨을 쉬는 듯한 움직임을 감지한 덕분에 이 여성은 다행히 중환자실로 급히 후송될 수 있었다.

이 사건 이후 일 년이 지났을 때 영국 케임브리지셔에서는 오스트레일리아 태생의 다프네 뱅크스Daphne Banks가 클라크 부인과 흡사한 운명의 장난에 말려들었다. 61세의 다프네는 40여 년에 걸친 결혼 생활 끝에 우울증을 앓고 있었다. 지병인 간질과 외딴 생활에서 오는 외로움에 시달리던 그녀는 1995년 12월 31일 저녁 자살을 기도했다. 간질약과 수면제, 항우울제를 동시에 삼킨 그녀는 자신을 괴롭히던 모든 고통이 그즈음에 막을 내렸다고 장담했을 법하다. 마침내 의식을 잃은 그녀를 남편이 발견하고 의사를 불러 그녀를 진단하게 했는데, 담당 의사는 그녀가 새해 새벽에 사망한 것으로 판단했다. 사망으로 판명되자 다프네는 지역 영안실로 이송되었고 장의사는 곧 장례 준비에 들어갔다. 마침 장의사 중 한 명이 다프네의 친구였다. 장례 준비 중 시신을 꼼꼼히 살피던 그녀는 다프네의 왼쪽 다리 정맥이 씰룩대는 것을 목격했다. 덕분에 다프네 역시 중환자실로 황급히 후송되어 치료를 받고 건강을 되찾았다고 한다.

다프네에게 성급히 사망 진단이 내려진 원인을 살펴보면, 우선 다프네가 복용한 약에 포함된 최면 성분이 그녀를 과다한 안정 상태로 몰고 감과 동시에 심박과 호흡을 조절하는 뇌간에도 영향을 미쳐 혼수상태를 유발했기 때문으로 추정해볼 수 있다. 한편, 약물 오용 외에도 두부頭部 손상, 세균 감염, 뇌졸중 등이 모두 혼수상태를 유발하는 요인이 될 수 있으며, 이 경우 환자의 생사 구분이 모호해진다.

퇴원 후 다프네와 그녀의 남편은 재산을 정리하고 지방 중소 도시로 이주했다. 새 보금자리에서 완치된 그녀는 자칫 화장터에서 생을 마감할 뻔한 무용담을 이웃과 나누었다.[27]

이탈을 갈망하는 영혼

프랑스 과학 아카데미에서 주관하는 상의 1890년도 수상자 메이즈Maze 박사는 시체 대기 안치소 지지자들과 마찬가지로 가장 신뢰할 만한 사망 진단법은 시신의 부패가 진행되는지를 가만히 지켜보는 길뿐이라고 주장하며[28] 오직 '코'만이 진실을 말한다고 언급했다.

부패는 사후 시신에서 일어나는 일련의 변모 과정 중 가장 마지막 단계에서 관찰되는 현상이다. 부패가 시작되기 전에는 대개 몇 가지 특징적인 신체적 변화가 일어나는데 이 역시 사망 여부를 판가름하는 단서가 되기도 한다. 19세기 중반 유럽의 병리학자들은 인체에서 관찰되는 변화를 세 단계로 나누어 사망을 판단했다. 첫 번째 단계는 사후 강직rigor mortis으로, 사망 시점에서 1시간 안에 신체 근육이 점차 뻣뻣하게 굳는 현상이 나타난다. 그러나 단순한 강직증과 같은 특정 질환도 사지 강직과 매우 유사한 증세가 수반되어 흔히 사망 상태와 혼동할 수 있다. 따라서 이 단계는 항상 사망을 가리키는 명확한 단서가 되지는 않는다.

두 번째 단계에서 나타나는 사망의 징후는 사후 냉각algor mortis으로, 온기가 돌던 시신이 서서히 차가워진다. 이는 사체가 주변 온도와 균형을 유지하게 되면서 발생하는 현상이다. 그러나 냉각 징후에도 오점은 있

27 1996년 1월 9일 판 《인디펜던트(Independent)》, '운명하셨다고 하는데…… 정말 그런가요?(So They Think You Are Dead... But Are You)', 폴 밸리

28 『조기 매장과 예방(Premature Burial and How It Can Be Prevented)』, 윌리엄 텝 외, p. 275

다. 평소와 달리 신체가 차가워져도 여전히 생명이 유지될 수 있기 때문이다. 게다가 글래스고 대학 법의학과 왕립 교수였던 해리 레이니Harry Rainy 박사는 1860년에 시신의 체온을 연구하여 사후에 오히려 체온이 상승할 수 있다고 발표했다. 대체 어찌 된 영문일까? 살아 있는 신체에는 산소가 공급되어야 하며, 체내로 유입된 산소의 25%는 뇌로 공급된다. 그러나 사망 상태에서는 산소의 흐름이 중단됨에 따라 세포가 혐기성 에너지 생산이나 발효醱酵(산소가 없는 상태에서 미생물이 탄수화물을 분해하여 에너지를 얻는 작용) 과정에 의존하게 된다. 그러나 발효 과정이 활발히 진행되지 못하면 저장된 혈당과 녹말, 지방 성분이 모두 고갈되기 때문에 세포는 스스로의 효소와 세포막을 분해하기 시작한다. 그뿐만 아니라 신선한 산소가 공급되지 않으면 발효의 최종 산물이 젖산으로 전환되는데, 세포 내 산은 세포 표면과 인체를 부식시키기 시작하므로 설령 사망 상태라 하더라도 온기가 발생한다. 또, 시신의 체온은 체중이나 체지방, 근육, 의복 등 여러 가지 요인에 따라 달라지며, 의복의 건조 상태나 의복이 시신의 전체 또는 일부를 감싸고 있는지에 따라서도 변동될 수 있다. 이처럼 다양한 체온 변동 요인은 종종 사망 시간을 진단하려는 법의학 전문가를 혼란에 빠뜨리기도 한다. 만일 사망자가 사망 직전 공격 상대와 맞붙어 씨름했다면 신체는 '투쟁 도피 반응(외적인 위험에 저항하기 위해 자율신경계가 활성화되어 호흡과 맥박 증가, 혈관 수축 혈압 상승, 동공 확장 등이 관찰되는 현상)'을 보이게 되므로 이 경우에도 체온이 몇 도씩 상승할 수 있다. 마찬가지로 코카인과 같은 특정 약품 역시 사후 체온 상승을 유발하는 요인이 된다.

사망을 알리는 세 번째 단계는 시반(livor mortis, 屍斑)으로, 납빛에 가까운 적자색 반점이 관찰된다. 이는 혈압이 0으로 떨어지면서 혈액 침착이 발생함에 따라 유도되는 현상이다. 이 단계는 가장 확실한 사망 상태로 여겨지며, 자기 분해(인체 고유의 내부 화학 물질과 효소에 의한 조직 분해)

와 부패(박테리아에 의한 조직 붕괴)가 진행되고 이 두 과정 모두 사체가 부패할 때 필수적으로 수반되는 절차이다. 일단 이 단계에 접어들면 해당 시신은 의심할 여지 없이 사망으로 진단된다.

부패가 진행됨과 동시에 근육은 곤죽이 되고 경직이나 반점 현상도 사라진다. 부패가 시작되면 제일 먼저 사후 24시간에서 28시간 사이에 우측 하단 복부가 온통 엷은 녹색으로 물들고, 이어서 온몸이 붓기 시작한다. 15세기경 프랜시스 베이컨Francis Bacon은 이처럼 시신이 부어오르는 현상을 시체에서 빠져나가려 분투하는 '들뜬 영혼'의 흔적으로 묘사했다. 사실 이렇게 붓는 현상은 미지근한 액상 배설물이 들어 있는 대장 위쪽의 작은 주머니 모양 맹장에 기생하는 박테리아 동물군이 일으킨다. 살아 있는 인체라면 면역 체계에 포함된 백혈구가 박테리아 동물군을 통제하지만, 사후 2~3일이 지나면 백혈구도 사라지고 박테리아가 급증하여 증식하다가 마침내 장벽을 뚫고 터져 나온다. 장을 탈출한 박테리아는 복부와 정지 상태의 순환계를 떠돌고, 이 박테리아가 탈산소 혈액과 반응하여 가스를 생성하는데 이때 기존의 혈관을 따라 깃털 형태의 푸르죽죽한 흔적이 생긴다. 4~5일이 지나면 이러한 흔적이 검은 반점으로 변해 넓게 퍼지는데, 얼굴을 시작으로 온몸과 팔다리로 번진다. 박테리아가 유발하는 가스는 몸통을 붓게 하는데, 이와 동시에 눈과 혀는 튀어나오고 입술이 퉁퉁 부어오르며 가슴과 생식기도 부푼다. 분명히 매력적인 외양은 아니지만 적어도 사망이 확실시되어 이제는 마음 놓고 장례를 준비해도 될 단계라는 사실이 분명해지는 순간이다.

영국의 텔레비전 시청자라면 사후에 포착되는 이러한 현상을 직접 보았을 법도 하다. 2004년 11월 채널 4번 방송국은 자신의 사후 부패 과정 촬영을 희망하는 말기 환자를 모집한다는 광고를 내보냈고, 2006년 1월에 몇 명의 적당한 후보가 나섰다고 보도했다. 이에 분개한 전국 시청자 협회는 해당 프로그램이 최악의 관음증을 대변한다고 개탄했다. 실제로 이 프로젝트에는 어느 정도 미심쩍은 상업적 성격이 가미되었다고 볼 수 있으며, 시체 대기 안치소 소유주들은 병적인 호기심을 채우고자 하는 대중을 이용해 수익을 창출할 수 있었다. 그러나 영국 법의학 협회 및 과학 박물관 대표였던 병리학자 리처드 셰퍼드Richard Shepherd 박사 등은 〈시체의 진화Dust to Dust〉를 꽤 의미 있는 과학 프로그램으로 받아들였다. 채널 4번 방송국에서 역사와 과학 및 종교 프로그램을 담당하는 해미시 미쿠라 Hamish Mykura는 사람들이 죽음에 관한 여러 금기에 당당히 맞서 이를 극복해나가기를 희망했다. 득과 실이 무엇이든 간에 어쨌든 식사 시간에는 이 프로그램을 피하는 편이 좋을 것이다.

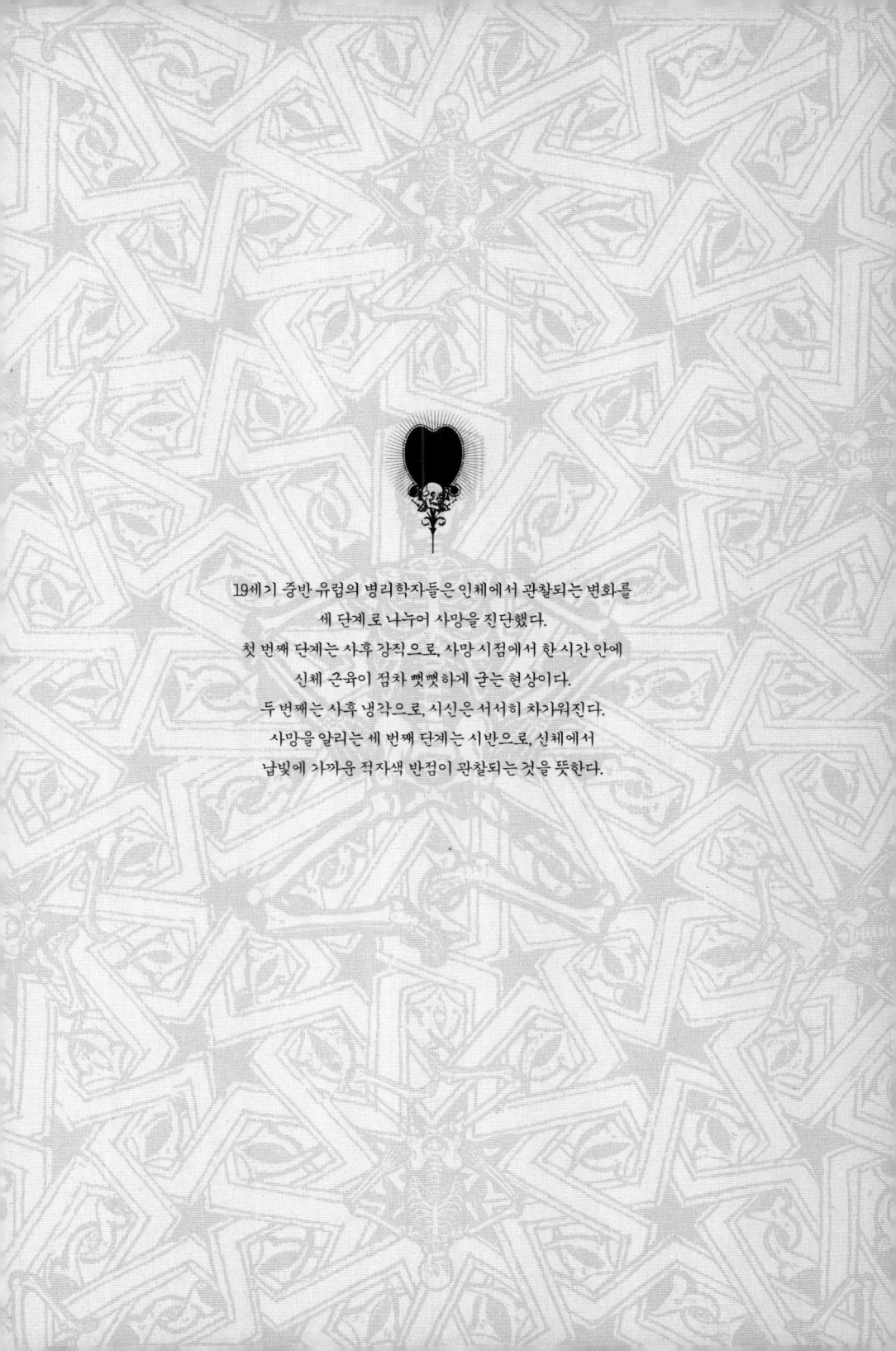

19세기 중반 유럽의 병리학자들은 인체에서 관찰되는 변화를
세 단계로 나누어 사망을 진단했다.
첫 번째 단계는 사후 강직으로, 사망 시점에서 한 시간 안에
신체 근육이 점차 뻣뻣하게 굳는 현상이다.
두 번째는 사후 냉각으로, 시신은 서서히 차가워진다.
사망을 알리는 세 번째 단계는 시반으로, 신체에서
납빛에 가까운 적자색 반점이 관찰되는 것을 뜻한다.

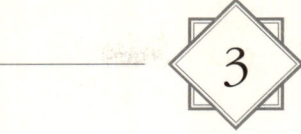

휴식을 방해하는 자

도굴과 이장

벗이여, 부디 잠든 영혼을 건드리지 마옵소서.

그리하는 자에게 은총이,

이 몸을 옮기려는 자에게 재앙이 따를지니.

– 윌리엄 셰익스피어 비문(碑文) 중

"석수나 조선공, 목수보다 튼튼하게 지을 수 있는 자는 과연 누구일까?" 『햄릿』에 등장하는 어느 묘지 인부가 동료에게 묻는다. 이 질문의 정답은 묘지 인부이다. 그 이유는 "그가 지어 올리는 집은 최후 심판일까지 건재할 테니까."라는 동료 인부의 말에서 드러난다. 실제로 관 뚜껑을 조이고 땅속 6피트 아래로 관을 내리는 순간이 오면 사람들은 죽은 이가 영원히 혹은 적어도 부활이 도래하기 전까지 편히 휴식을 취할 것이라 여긴다. 기독교에서는 시신이나 화장한 재를 묻는 행위를 지상 최후의 안식처 마련으로 규정한다.

그러나 실상을 들여다보면 죽은 이라고 해서 반드시 평온히 쉴 수 있는 것만은 아니며 종종 무덤이 최후의 안식처가 되지 못하는 경우도 있다. 각종 범죄 행위와 문화적 관습, 정치적 사건, 법정 판결, 그리고 흡혈귀와 관련된 온갖 미신 등으로 망자가 최후의 안식처에 머물지 못하고 묘지가 파헤쳐지거나 이장移葬되는 경우가 허다하다. 후안 페론Juan Peron은 두 번 도굴된 끝에 현재 세 번째 묘지에 안치되었으며, 에이브러햄 링컨Abraham Lincoln은 17차례 이상 이장을 겪어야 했다. 그렇다고 이장이 유명인들에게만 국한된 풍속은 아니다. 실제로 영국 국교회에서는 '이장 신청서'를 정기적으로 받고 있다. 이는 이사한 가족이 새 보금자리 근처로 죽은 이를 옮겨 데려가고자 할 때 밟게 되는 절차로, 성공회 측에서는 아주 특수한 상황에 한해서만 이장 요청을 수락하고 있다. 성공회 교구뿐만 아니라 이장은 다양한 이유로 곳곳에서 행해져 왔다.

내쫓기는 유해

영국 성공회 측에서는 이장을 신청하는 유족들을 대상으로 사망자의 유해는 '교회 당국에서 보호 관리하며, 이 규정을 위배하지 말 것'을 당부한다.[29] 그러나 역사적으로 볼 때 교회 측의 이러한 방침은 그다지 신뢰를 사지 못했다. 그도 그럴 것이 교회 부속 묘지가 꽉 찰 때면 교회 측은 으레 유골을 파내어 납골당이나 공동묘지로 이장했던 것이다. 특히 중세의 교회 묘지는 너무도 빽빽한 나머지 근처의 다른 무덤을 손상시키지 않고 유골을 발굴하기란 매우 어려운 일이었다. 『햄릿』의 한 장면만 보더라도 묘지 인부가 그들이 짓는 집은 끝까지 건재한다고 대답하고 나서 오래

---

29 2006년 12월 2일 판 《타임스》, '이장은 가능합니다. ……고인에게는 손대지 마세요(Move House… But Thou Shalt Not Take Thy Dead Relatives)', 루스 글레드힐

되지 않아 아이러니하게도 무덤을 파던 그의 삽 끝에 궁정 광대였던 요릭
Yorick의 두개골이 들려 올라온다.

교회 묘지에서 발굴된 유해가 향하게 되는 납골당은 흔히 교회 지하에
자리했으며, 영혼을 달래는 예배가 규칙적으로 진행되었다. 그러나 빼빽
하게 유해가 들어찬 납골당 역시 안식의 종착지는 되지 못했다. 대부분
납골당이 16~17세기 종교개혁 이후 자취를 감추었던 것이다. 한편, 소
수의 납골당이 여전히 잔존하는데, 특히 노샘프턴셔 로스웰Rothwell,
Northamptonshire과 켄트 하이드Hythe, Kent 인근에서 목격된다. 1999년 런던 타
워 햄릿 지역의 알렌 & 오버리Allen & Overy 법률 사무소 지하에서 고고학 발
굴이 진행되었는데, 이 과정에서 본래 세인트 마리 병원 묘지에 세워졌던
납골당이 모습을 드러냈다. 1625년 수도원이 해체되면서 수도원 위층 건
물이 주택으로 개조된 것인데, 아마도 신경이 예민하거나 미신을 신봉하
는 사람에게는 권할 만한 주거지가 못 될 것이다. 어쨌거나 고고학자들은
이곳에서 유해 1만 구 이상을 발굴해 런던 박물관에 기증했다.

때때로 이장은 망자를 위해서가 아닌 살아 있는 사람들의 일상적인 필
요에 따라 진행되기도 한다. 대개 묘지는 고가의 부지에 마련되었는데,
훗날 해당 부지에서 개발이 진행될 경우 안타깝게도 유해는 처리하기 거
추장스러운 대상으로 전락했다. 일례로 1860년대 미들랜드 철도Midland
Railway는 런던의 세인트 판크라스St. Pancras 묘지를 가로질러 건설되었는데,
이처럼 통근 수단의 개척과 함께 유해 수천 구가 자신들의 자리를 내어줘
야 했다. 개중에는 갓 매장된 시신도 여러 구 있었다. 시체 발굴은 일사
천리로 진행되었으나 매장된 지 오래되지 않은 시신의 경우 파헤쳐진 무
덤에서 머리카락이 삐져나오는 등 적나라한 장면이 목격되어 주변 시민
들은 두려움에 떨어야 했다. 한편, 이곳의 묘석들은 보도와 현관 건설용
으로 재활용되었다고 전해진다. 마침내 런던 주교는 이처럼 앞뒤 가리지
않는 무도한 처사에 대응하여 아서 블룸필드Arthur Bloomfield를 현장 감독관

으로 임명하고 발굴된 유해 4만여 구를 예를 갖추어 조심스럽게 처리하도록 명한다. 이후 블룸필드의 조수가 그 뒤를 이었는데 그가 바로 훗날 유명 소설가로 성장한 토머스 하디Thomas Hardy이다. 하디는 1882년에 「묘지의 재탄생The Levelled Churchyards」이라는 시를 발표하여, 당시 묘지에서 추방당한 유해들의 비운을 다음과 같이 음울한 어조로 그려냈다.

　우리는 드디어 이곳에 자리한다
　서로가 부대껴야만 하는 이 비좁은 공간에
　그리고 고통에 찬 외침들
　누가 누구인가!

　150년이 지난 후 세인트 판크라스 묘지 바로 옆 코너에 자리한 캄리 스트리트 묘지에서는 과거의 역사가 재연되었다. 2002년 CTRL(영국 고속철도) 당국은 세인트 판크라스에 건립될 예정인 유로스타 터미널 공사 현장을 신속히 정리하기 위해 불도저 여러 대로 해당 부지와 유해들을 갈아엎었다. 당시 고고학자들은 유해 발굴을 위해 단 3주 동안만 현장 출입이 허락된 상태였다. CTRL 측은 특별 의회법에 따라 묘지 해체 공사에 착수할 수 있었는데, 당시 영국 문화재단에서는 모든 유해가 정중히 예를 갖추어 이장되어야 한다는 조항이 해당 특별법에서 제외되었다고 주장한 바 있다.

　선임 고고학자 데이비드 마일David Miles은 2002년 11월에 《이브닝 스탠다드Evening Standard》지와 인터뷰하면서 정부가 유로스타 터미널 공사를 허락함에 따라 산업 혁명기 런던 거주민에 대한 소중한 정보가 소실되고 말았다고 언급했다. 훗날 CTRL 측은 고고학자들의 참여 범위 확대에 동의했으나, 불도저로 손상된 유해 2천여 구 이상에 대해서는 단 83차례의 세부 조사가 이루어졌을 뿐이다. 화려하게 빛나는 신축 세인트 판크라스 역에서 유로스타로 이동하며 낭만적 유럽 여행을 꿈꾸는 관광객들은 최후의 안식처에서 무자비하게 퇴출당한 망자들의 넋을 대변하고자 했던 하디의 시구를 한번쯤 되새겨봄 직하다.

발굴과 이장의 열기

세인트 판크라스 묘지에서 무자비하게 유해가 발굴된 시점과 거의 동일한 시기에 미국에서도 유해의 발굴 및 이장이 진행된 사례가 있다. 바로 전쟁 용사의 넋을 기리고자 20에이커(약 25,000평)에 달하는 국립묘지를 건립한다는 것이 그 명분이었다.

1863년 가을 어느 날, 일터로 향하던 새뮤얼 위버Samuel Weaver와 그의 동료들이 느꼈을 법한 복잡한 심정을 짐작하기란 쉽지 않다. 불과 수개월 전 게티즈버그 전투 당시 사진작가로 활동하며 이미 수많은 불상사를 목격한 그였지만, 그날 눈앞에서 벌어진 끔찍한 광경에 대해서는 미처 마음의 준비를 하지 못한 터였다. 위버와 동료들이 맞닥뜨린 광경이란 남북전쟁 절정기에 3일간 계속된 게티즈버그 전투에서 사망한 연합군 병사 수천 명의 시신이 수습되는 장면이었다. 시신은 숲과 농지, 관목 사이 여기저기에 나뒹굴었으며 대부분은 흙으로 대충 덮였을 뿐 제대로 가려지지도 않은 상태였다. 개중에는 수일 동안 노출된 채 방치된 시신도 있었다. 설상가상으로 전투가 끝나고 나서 펜실베니아 지역에 유례없는 큰 비가 내려 임시로 어설프게 마련한 전사자의 묘지 수천 개가 씻겨나가, 끔찍하게 썩어가는 시체들이 모습을 드러냈다. 그뿐만 아니라 이처럼 비참한 죽음의 폐허로 수백에 달하는 유족이 몰려들어 가족의 시신 수색에 열을 올렸고, 일부 유족은 서둘러 눈가림식으로 다시 매장될 뻔했던 유해를 발굴해내기도 했다.

불어터지고 썩어 문드러져가는 시신 관련 소식에 충격을 받은 당시 펜실베이니아 주지사 앤드류 커틴Andrew Curtin은 주 정부 기금을 신청하여 게 티즈버그 국립묘지(당초 국군용사 국립묘지로 명명)를 세운다. 한편, 전투 장면을 담았던 최초의 종군작가 위버는 후일 게티즈버그 관할 판사의 임 명으로 연합군의 시신 수습을 담당하게 되었다. 위버가 커틴의 사무관에 게 남긴 기록을 보면 "본인이 출석한 경우에만 무덤을 발굴하고 시신을 수색할 수 있었다."라고 기술되어 있다. 이는 다시 말해 위버가 몸소 3,512건의 발굴 현장을 감독했다는 의미이며, 해당 업무는 10월 27일에 시작되어 이듬해 3월 말까지 계속되었다. 위버는 "시신들은 제각각 부패 가 진행된 상태로 발견되었다."라고 간략하게 언급했다. 당시 많은 시신 이 더위와 강우에 노출된 탓에 위버와 작업반이 당도했을 때는 이미 해골 로 변한 경우가 수두룩했다.

위버의 담당 업무는 연합군 유해 발굴로 한정되었다. 따라서 나머지 남부군의 시신은 1871년까지 방치되어 썩어 갔고, 8년 후 전투가 막을 내리자 노스캐롤라이나와 사우스캐롤라이나, 조지아, 버지니아 주의 여 성 단체들이 기금을 조성하여 방치된 시신들을 찾기 시작했다. 이렇게 수 습된 시신은 버지니아 주 리치먼드의 할리우드 묘지에 안장되었다.

새뮤얼 위버는 종전된 지 12년 후에 사망했다. 1875년에 열차 사고로 두 다리를 심하게 다친 그는 너무 아프다라고 되뇌었다고 전해지며, 과다 출혈로 사망한 후 게티즈버그 국립묘지에 인접한 사유 묘지 에버그린 묘 지에 안치되었다.

죽은 자를 노리는 손길

찰스 디킨스의 소설 『두 도시 이야기』를 보면 소년 제리 크런처Jerry Cruncher가 어느 날 아버지에게 "도굴꾼이 뭐죠?"라고 묻자 아버지는 "장사 치란다."라고 대답한다. 의문이 가시지 않은 소년이 "그럼 뭘 파는 거예

요?"라고 되묻자 잠시 생각에 잠긴 크런처 씨는 "과학적으로 필요한 물건
을 팔아."라고 말한다.[30]

　수많은 영국인과 미국인이 생매장을 두려워한 18~19세기에 일각에서
는 상반되는 성격의 공포가 존재했다. 즉 장례를 치른 지 얼마 되지 않았
을 때 시신이 도굴되는 상황에 대한 두려움이 번졌다. 당시에는 의료 과
학의 진보와 더불어 실험에 필요한 시신의 지속적인 공급이 절실했다. 이
러한 상황에 발맞추어 프랑스와 독일, 오스트리아, 이탈리아 및 네덜란
드 등지에서는 자국의 기독교적 믿음과 과학적 필요성을 철저히 분리하
여 의과 대학에 실험용 사체가 충분히 공급되도록 하는 법안을 통과시켰
다. 대학에 공급되는 이러한 물량은 대개 빈민층이나 병원에 안치되어 있
던 신원 미상의 사체였다. 반면에 영국과 미국에서는 입법 의원들이 이러
한 실용적 조치의 수용을 거부함에 따라 듣기만 해도 섬뜩해지는 신흥 직
업, 즉 '시체 도굴자' 혹은 '시신 약탈자'가 양산되기에 이르렀다.

　제리의 아버지 역시 어느 날 세인트 판크라스 구 교회에서 진행되는
장례식을 목격한 후 삽과 자루, 쇠 지렛대 등을 챙겨서 간밤에 묘지로 돌
아왔다. 이에 앞서 그는 유명한 외과 의사와 미리 접촉해둔 터였다.

　의학적 연구를 위해 시체를 도굴하는 행위는 이전부터 자행되었다. 우
선 14세기로 거슬러 올라가 살펴보면, 1319년 이탈리아 몬디노에서 의학
도 4명이 체포되었는데, 이들은 시체를 도굴하여 해부용 시신이 필요한
의과 대학으로 이송한 혐의를 받았다.[31] 중세 이탈리아에서는 의료 과학
발전을 위한 해부용으로만 시신을 활용한 것은 아니다. 미켈란젤로와 레
오나르도 다 빈치 등 예술가들은 직접 시체를 해부해보고 근육 구조 등을

30 『두 도시 이야기(A Tale of Two Cities)』(London: Penguin Popular Classics, 2005), 찰스 디킨스 저, pp. 155-6
31 해부의 역사에 관해서는 『중세 후기의 장례와 사체의 처리(Death and the Human Body in the Later Middle Ages)
　』, 엘리자베스 브라운 저와 『인체 해부, 고군분투의 현장(Human Dissection: Its Drama and Struggle)』, A. M. 라섹
　저를 참조.

054 • 거의 모든 죽음의 역사

파악함으로써 작품의 사실주의를 강화하고자 했고, 이 경우에는 병원 기관을 통해 합법적으로 시신이 확보되었다. 그런가 하면 미켈란젤로의 벗 루카 시뇨렐리Luca Signorelli는 개인적 연구를 위해 묘지 주변을 어슬렁거리며 시체 동강을 찾아다닌다는 소문을 몰고 다니기도 했다.

영국에서는 1565년 엘리자베스 1세가 교수형 당한 죄수의 시신 4구를 의료 조합, 즉 내외과 의사 협회에 해부용으로 매년 기증하기로 했고, 훗날 1663년 찰스 2세는 기증 시신의 수를 6구로 늘렸다. 그러나 의료 과학의 발전을 꾀하기에는 시신의 수가 턱없이 부족했다. 18세기 말에 이르러서는 런던의 의대생이 200여 명에 달했으며, 한 세기가 지난 1823년경에는 그 수가 1천여 명 이상으로 불어났다. 또한 에든버러 지역에도 의대생 900여 명이 더 있는 것으로 추산되었다. 더욱이 해부학은 필수 과목인데 매년 시신이 단 6구만 합법적으로 공식 기증됨에 따라 해당 과정의 수료가 거의 불가능했다. 한편, 스코틀랜드에서는 의대생들이 시신을 조달할 경우 학비를 납부한 것으로 인정되었다. 이러한 규정 때문에 궁핍한 학생들은 자연히 묘지를 기웃댔을 법하다.

따라서 18세기 말 무렵에는 송장 거래가 꽤 수지맞는 사업으로 여겨졌다. 이론으로 익힌 기술을 실제 인체에 적용해보아야 하는 의료 관계자들은 묘지 도굴범들과 손잡는 수밖에 없었고, 시신 한 구당 현재 가치로 1,800~3,200달러까지 지급했다. 이처럼 불법 시신 거래가 성행하는데도 당시 정부는 이를 확실히 제지하지 못한 것으로 전해진다. 17~18세기 영국 법은 시신 약탈에 대한 처벌을 징역형으로만 국한하고, 때때로 범인을 식민지로 추방하는 데 그쳤다. 이와는 대조적으로 양과 돼지, 송아지나 황소 등 가축을 훔친 자에게는 사형이 선고되었다. 또 최근까지만 해도 "시신에 대한 유일한 합법적 소유자는 대지뿐이다."라는 법령에 따라 묘지 도굴범이라 해도 수의나 장신구 절도라는 명목으로 기소될 뿐 시신 자체를 도굴한 행위는 고발 사유가 아니었다.

한편, 시체 도굴자와 해부학자 양측은 모두 시신 약탈과 관련하여 어느 정도의 위험을 감수해야 했다. 갓 매장된 시신을 서로 차지하려는 갱단들이 묘지 주변에서 혈투를 벌일 때면 한밤중에라도 격렬히 치고받는 소리가 들려왔다. 또 해부학자가 평상시 거래 노선을 벗어나 갱단을 통해서 시신을 확보하기라도 하면, 시체 도굴자가 이에 불만을 품고 해부실에 난입해 시신을 도저히 연구에 이용할 수 없는 상태로 난도질해 망가뜨리기도 했다. 더 나아가 이처럼 불만에 찬 시신 약탈자들은 간혹 익명의 제보를 통해 시신 밀매를 경찰에 알리기도 했다. 이는 오직 자신들과의 거래만이 허락된다는 것을 상대방에게 분명히 경고하는 처사였다. 한편, 심기 불편한 대중도 해부학자들을 궁지로 모는 데 가세해 뉴욕과 볼티모어, 예일 대학 및 오하이오에서는 성난 군중이 의과 대학에 침입해 건물을 훼손하기도 했다. 그 무렵 한 의과 대학생이 위층 창문을 통해 절단된 팔을 흔들며 지나가던 아이들을 조롱하지만 않았더라도 1788년 뉴욕 폭동은 비켜갈 수 있었을 것이다.

시체 도굴자의 생활도 호락호락하지 않았다. 조슈아 네이플스Joshua Napels는 1812년에 발표한 저서 『어느 도굴꾼의 일기Diary of a resurrectionist』를 통해 시체 도굴자들이 겪어야 했던 직업적 고충을 소개했다. 우선 도굴자는 도굴에 앞서 시신이 완전히 매장될 때까지 참을성 있게 기다리며 지루한 시간을 보내야 했고, 도굴 현장이 적발될까 전전긍긍해야 했음은 물론 자신들의 수고를 한입에 삼켜버리는 갱단에 시달려야 했다. 무엇보다 그들의 야간 범죄가 발각되기라도 하는 날에는 분노에 사로잡힌 군중이 어떠한 처벌을 내릴지 아무도 모를 일이었다.

찰스 다윈Charles Darwin의 비글Beagle 호가 오스트레일리아, 남아메리카 탐사를 위해 출항하기 일 년 전, 다윈은 1830년 케임브리지에서 발생한 한 사건을 다음과 같이 일기에 기술했다. "시신 약탈자 두 명이 체포되어 감옥으로 연행되던 중에 난폭한 군중이 진흙과 자갈투성이 길을 따라 죄수의 다리를 질질 끌며 지나갔다. 죄수들은 머리에서 발끝까지 온통 진흙을 뒤집어썼고 심한 발길질이나 돌팔매질로 얼굴이 피범벅이 되어 흡사 송장을 보는 듯했다."[32]

따라서 묘지 도굴범들에게 가장 중요한 덕목은 직업에 대한 철저한 기밀 유지였던 한편 시민들은 이들의 소탕을 최우선 과제로 삼았다. 당시에는 관에 못질이 두 줄로 되어 있었는데 이는 매장된 희생자가 탈출하지 못하도록 방지함과 동시에 시신 약탈자에 의한 도굴을 예방하려는 조치였다. 그런가 하면 일부에서는 금속재 관을 고안하기도 했으며, 이러한 관은 1781년부터 시장에서 판매되었다. 한편 부유층에서는 지하 납골당이나 영묘, 사설 예배당과 같은 장소에 시신을 안치하거나 세 겹으로 제작된 목재 함석 관을 이용해 시신 약탈자를 따돌리고자 했다. 또 묘지에는 흔히 부비 트랩(숨겨진 폭발물)이나 지뢰가 설치되었고, 유족은 하인들에게 일정 금액을 주고서라도 부패가 확실히 진행될 때까지 무덤을 지키게 해 시신이 해부용으로서의 가치가 없어져 넘겨지지 않도록 만전을 기했다.

런던의 수지 양초 제조자였던 에드워드 브리지먼Edward Bridgman은 '기능성 관'의 시장성을 감지하고서 1818년 '최신형 관Patent Coffin'을 만들어냈다. 그리고는 자신의 창작물을 사용하면 시체 도굴자들이 얼씬도 하지 못할 것이라고 호언장담했다. 주철 또는 연철 재질의 이 관은 관 뚜껑 속에 연속 스프링 캐치를 안 보이게 장착하여 외부에서 관 뚜껑을 비집어 열지 못하게 고안되었다. 이뿐만 아니라 브리지먼은 묘석을 관이나 주철 관 뚜껑과 연결하는 기발한 도안에 대한 특허도 획득했다. 이러한 특수 관이나 관 뚜껑에 대한 비용을 감당하지 못할 경우에는 '쟁커즈jankers'라 불리는 관 모양으로 제작된 무거운 금속판이나 석판을 장례 직후 무덤에 올려둠

---

32 『찰스 다윈(Charles Darwin)』, F. 다윈 편저. 찰스 다윈의 삶은 자서전과 단행본 서신 모음집(London: 1892)을 통해 기술된다.

으로써 시신을 노리는 손길로부터 고인을 보호하고자 했다. 이 고안물에 '쟁커즈'라는 명칭이 부여된 이유에 관해 근거를 찾아볼 수는 없으나, 이 용어는 인도의 영국 식민 통치 기간에 구금이나 징벌을 의미하는 군대의 속어로 사용된 바 있다. 한 가지 흥미로운 사실은 브리지먼이 최신형 관을 발명한 그해 때마침 영국에서는 시신 약탈자를 다룬 소설류가 큰 인기몰이를 하며 독자들을 충격으로 몰아넣었다. 시신 약탈자에 대한 불안 심리는 메리 셸리Mary Shelley가 1818년에 발표한 작품 『프랑켄슈타인Frankenstein』을 통해 잘 드러난다. 작품 속에서 빅터 프랑켄슈타인 박사가 대담한 실험을 강행할 수 있었던 것은 그가 납골당과 자칭 '불온한 묘터'에서 사체의 여러 부위를 거둬 들여올 수 있었기 때문이다. 셸리의 애독자들은 머리에 전극 봉을 꽂은 괴물이 비틀대며 스위스 알프스를 떠도는 장면 못지않게 빅터 박사가 밤중에 묘지를 어슬렁대는 모습에 오싹함을 느끼며 진저리를 쳤다.

　부유층은 나름의 기발한 고안물을 활용하여 도굴에 어느 정도 대비할 수 있었으나 빈민층은 시신 약탈자들에게 상대적으로 취약한 대상이었다. 따라서 빈민들은 종종 힘을 모아 묘지에 초소를 세우거나 돈을 거두어 묘지 내에 체계적으로 램프를 여러 개 배치해 시신 약탈자가 어둠을 틈타고 쉽게 도굴하지 못하게 했다(오늘날 주차장에 가로등과 CCTV를 설치해 자동차 도난을 방지하는 방식에 비유할 수 있겠다). 이러한 움직임과 맥락을 같이하여 1819년 세인트 존 인권 협회에서는 영국 내 최대 극빈자 묘지로 시체 도굴자들이 가장 빈번하게 출몰하는 더블린 병원 묘지에 경비를 제공하기로 한 바 있다. 한편, 시신 보호를 위한 이러한 사회적 움직임은 항의를 불러일으키기도 했는데, 당시 더블린 소재 트리니티 대학에서 해부학을 가르치던 매카트니Macartney 교수는 불만이 가득한 굳은 어조의 서신 한 통을 더블린 신문사에 보냈다. 매카트니 교수는 편지에서 이러한 묘지 경비 조치가 의과 대학에 초래할 치명적 결과에 대해 개탄하며 당시의 실상을 지적했다. "중상류층의 고매하신 분들께서는 해부 시술을 저지하는 자신들의 행위가 사회 전반에 미칠 심각한 영향력에 대해 전혀 이해하지 못하고 계신 듯합니다. 사실 어르신들 입속을 지탱해주는 치아는 한때 병원 묘지에 묻혀 있었지요."[33] 사실 매카트니의 이 같은 꺼림칙한 발언은 전혀 과장되지 않은 것으로, 당시 시체 도굴자들은 시신을 해부학자 측에 인도하기 전에 우선 치아를 따로 뽑아 치과의사들에게 팔아넘기기도 했다. 따라서 부유층이 잇몸으로 식사해야 하는 희생을 감내해야만 더블린 빈민들의 시신도 보존될 수 있을 법했다.

스코틀랜드 지방 부유층은 일명 '안전한 죽음mortsafe'이라는 쇠 격자나 틀을 사용했는데 이 장치는 관 위쪽 지상의 콘크리트에 세우거나 관과 함께 땅속에 묻었으며, 이중 몇 개는 오늘날까지 에든버러 프란체스코 수도회 교회 묘지에 남아 있다. 그런가 하면, 스코틀랜드인 역시 이른바 '시체 보관소'를 선호했다. 이 공간은 독일식 시체 대기 안치소와 유사한 개념이나 그 의도는 사뭇 달랐는데, 바로 시신을 해부용으로 이용할 수 없는 상태로 만드는 것이 목적이었다. 즉 이곳에서 완전히 썩어 문드러진 시신만 무덤으로 옮겨지게 했다. 이러한 공간을 제공하는 스코틀랜드 교회에서는 소정의 비용을 받았고, 그나마 그 금액을 감당할 여유가 있는 유족은 가족이 해부 실험 대상으로 전락하지 않아도 된다는 사실에 안심할 수 있었다. 에든버러에서 북쪽으로 55마일 거리인 파이프 주 크레일Crail, Fife 지방에는 이러한 형태의 시체 보관소가 아직도 보존되어 있다. 두꺼운 담과 흙벽으로 둘러싸인 이곳은 시체 도굴자들을 물리칠 최후의 방패막이라도 되는 양, 흡사 미니어처 요새처럼 보이기도 한다.

---

33 『외과의 지침: 부활의 역사(Things for a Surgeon: A History of the Resurrection Men)』, H. 콜 저, p. 83

'해골 수프' 사건

당시 하층민들 사이에는 정부와 의료 관계자들이 모의하여 부족한 해부 실험용 시신을 '자신들의 시신'으로 충당하려 한다는 인식이 팽배했다. 이러한 불안 심리가 만연한 가운데 영국 전역에 산재한 구빈원에서는 주기적으로 폭동이 일어났다. 그러던 중 런던 타워 햄릿 부근 셰드웰 Shadwell 지역의 세인트 폴 구빈원에서 새 입소자 한 명이 수프에 사람의 유해를 섞어 끓였다는 혐의로 해당 구빈원장을 고소하면서 구빈원 거주자들이 크게 동요했다. 이 사건은 재판에 회부되었고, 결국 구빈원장은 자신의 수프를 증거물로 제출했다. 여러 신문 매체는 일제히 '해골 수프 Nattomy Soup'라는 제목으로 해당 사건을 대대적으로 보도했다. 마침내 고소인에게는 21일간의 감화원 형이 선고되었는데, 그는 분명히 그곳에서도 해골 수프를 먹게 되지 않을까 염려했을 듯하다.

애버딘과 인버레스크, 헤리퍼드, 그리니치, 뎁포드 등지에서 연일 해부 실험 반대 폭동이 일어났으나 의회에서는 1832년 해부법을 통과시켰다. 해부법 조항에는 구빈원에 있는 신원 미상 사체의 경우 48시간(종전 78시간)이 지나면 해부 실험용으로 기증할 수 있다는 내용이 포함되었다. 한편 구빈원 거주자는 본인의 시신을 해부용으로 이용하지 말도록 서면 요청할 수 있다는 예외 조건도 마련되었다. 그러나 대다수 사람들은 윌리엄 로버츠William Roberts가 운동을 벌이기 전까지 이러한 조항을 전혀 알지 못했다. 런던에서 외과의로 활동하던 로버츠는 해부법에 반발하며 빈민들과 달리 중상류층 시신들은 생전의 본인 의사와 관계없이 해부 실험 대상에서 제외되고 있다는 사실을 알렸다. 동시에 구빈원 거주자들이 시신 기증 거부 성명에 서명하도록 촉구하는 운동을 벌여 수많은 하층민의 시신이 해부실로 직행하는 것을 막았다. 흥미롭게도, 일부 교구에서도 이러한 운동에 뜻을 같이하여 시신들의 의료기관행을 막았다. 1832 ~ 1842년 사이 세인트 자일스St. Giles 교구에서는 신원 미상 시신 709구를 기증한 한편,

메릴리본Marylebone 지구의 교구는 고작 58구, 이웃 교구에서는 단 82구를 기증했다.[34] 어쨌거나 로버츠의 주장에는 일리가 있었다. 1832년에서 1932년 사이 런던의 여러 의과 대학에서 해부용으로 사용한 시신 5만 7천여 구 가운데 구빈원 외에 다른 공급처에서 들여온 시신은 단 0.5%에 지나지 않았다. 런던 빈민들은 '해골 수프'의 재료로 전락하지 않았을지는 몰라도 스스로 원했든 원치 않았든 죽은 후 시신으로 의료 과학 발전에 공헌했음은 피할 수 없는 사실이다.

해부법의 제정은 시체 도굴자라는 직업의 종식을 의미했다. 그러나 이러한 법적 보호책에도 시신들의 안녕은 여전히 보장될 수 없었다. 의료 과학 발전의 대열에 합류한 시체 도굴자만이 장례 후 시신을 위협하는 유일한 대상이 아니었던 것이다. 망자가 유명인이거나 부유층과 연고가 있을 경우라면 해당 시신의 살점과 유골까지도 상당한 돈벌이가 되었다.

알렉산더 T. 스튜어트Alexander T. Stewart는 미국에 최초의 백화점을 세우고 1846년 노동자들을 위해 롱아일랜드에 그 유명한 전원도시 '가든 시티Garden City'를 설립한 인물로 유명하다. 1876년에 사망할 당시 그는 미국 최고 부자 중 하나였다. 그의 시신은 맨해튼 바워리 가 세인트 마크 교회St. Mark's-in-the-Bowery에 안치되었지만, 아니나 다를까 장례 후 얼마 지나지 않아 시신이 도난당했고, 절도범들이 시신의 몸값을 요구했다. 스튜어트 부인은 2만 달러(현재 기준으로 30만 달러 상당)를 주고 남편의 유해를 되찾아 왔다. 이후 스튜어트의 유해는 가든 시티 내 강림 성당Cathedral of the incarnation에서 관리하고 도난 경보기가 설치되는 등 감시가 철저한 납골당에 재안치되었다.

사체 도난과 몸값 요구를 우려한 이들에게 시신의 보호는 매우 중요한 문제였다. 1901년 링컨 대통령의 아들 로버트 토드 링컨Robert Todd Lincoln은

---

34 『죽음과 해부, 그리고 빈민들(Death, Dissection and the Destitute)』, 루스 리처드슨 저, p. 247

부친의 시신 보호를 위해 엄격한 조치가 단행되어야 한다는 결론을 내렸다. 당시 링컨의 시신을 약탈하여 몸값을 요구하려고 시도한 사건이 이미 한 번 발생했으나 다행히 검찰국에서 저지한 덕분에 2만 달러의 몸값 요구는 무산되었다. 그리고 유죄로 판정된 한 위조범의 석방을 꾀하려던 음모 또한 실패했다. 이런 일을 겪자 로버트는 부친의 관을 철근으로 둘러싸고 지하 10피트(약 3미터) 아래에 매장했으며, 그것도 모자란 듯 수십 톤의 시멘트가 덮인 신형 대리석 석관에 안치했다.

링컨의 유해는 유독 불안한 여정을 겪었다. 1865년 워싱턴에서 암살된 후 방부 처리된 그의 시신은 일리노이에 안장되기 전까지 볼티모어, 필라델피아, 뉴욕, 올버니, 버펄로, 클리블랜드, 콜럼버스, 신시내티, 인디애나폴리스, 시카고를 비롯한 기타 여러 소도시로 약 2,700킬로미터를 떠돌며 국민에게 마지막 인사를 건넸다. 링컨의 부검 담당 의사 중 한 명이 공개한 산산이 부서진 링컨의 두개골 중 작은 조각 7개와 상처를 감쌌던 붕대, 그리고 피 묻은 소매는 워싱턴 소재 국립 의료 박물관에 기증되어 위인의 자취로 보존되었다. 한편, 일리노이 주 오크리지 묘지Oak Ridge Cemetery에 자리한 링컨의 나머지 유해는 약탈자들을 교란할 목적으로 해당 묘지 구역 내에서만 적어도 17번 이상 이장되었으며, 후일 그를 기리기 위해 세워진 영묘는 또 한 번 개조를 거쳤다. 여기서 그치지 않고 1865년과 1901년 사이에는 감정을 목적으로 링컨의 관을 5번 더 열었다. 이제는 그가 더 이상 방해받지 않고 오크리지 묘지에서 편히 쉴 수 있기를 희망할 따름이다.

제아무리 성능이 뛰어난 도난 경보기라 해도, 알렉산더 T. 스튜어트의 유해가 잠든 납골당은 지켰을지 모르나, 1974년에 서거한 아르헨티나의 전 대통령 후안 페론까지 지키지는 못했을 것이다. 페론 대통령의 유해는 방부 처리를 위해 모스크바로 이송되었다가 부에노스아이레스에 있는 조부의 묘소에 안장되었다. 유해의 보안 유지를 위해 온갖 예방 조치가 취해졌는데, 그 일환으로 그의 영묘에는 다이얼식 잠금 장치 12개와 방탄 유리가 설치되었고 연중무휴로 보초병까지 배치되었다. 그러나 이러한 대비책에도 불구하고 1987년 절도범들이 묘지에 침입하여 페론 대통령의 유해와 함께 안장했던 예도禮刀를 훔치고 시신의 두 손을 잘라 갔으며, 이후 800만 달러를 주지 않으면 훔쳐간 손을 훼손할 것이라고 협박했다. 페론주의자들이 잇달아 시위를 벌이고 군중집회를 열었으나 몸값은 지급되지 않았고, 결국 페론의 두 손은 다시 볼 수 없게 되었다. 그로부터 거의 20년이 지난 2006년 10월경 페론의 유해는 발굴되어 부에노스아이레스 외곽에 있는 웅장하고 세련된 영묘로 이장되었다. 100만 달러 이상이 들어간 이 무덤은 링컨의 그것과 마찬가지로 지능적 시신 약탈자를 향해 단호한 도전장을 내밀 것이다.

페론의 경우와 같이 모든 유족이 거액의 몸값 요구를 쉽게 감당할 수 있는 것은 아니다. 1978년에 찰리 채플린Charlie Chaplin이 사망한 지 얼마 지나지 않아 스위스 묘지에 안치되었던 그의 유해가 도굴되었고, 도굴범들은 몸값으로 65만 달러를 요구했다. 채플린의 아내 우나Oona는, 만약 남편이 그 소식을 들으면 말도 안 되는 액수라고 빈정댈 것이라며 몸값 지급을 거부했다. 시신은 결국 11주가 지나고 나서 발견되었고, 시신 약탈범인 24세의 폴란드 출신 로먼 월더스Roman Wardas와 불가리아 출신의 38세 간쵸 가네브Gantscho Ganev에게 유죄가 선고되었다. 이후 찰리 채플린은 스위스에 재안치되었고 이번에는 도난 방지용 관 속에 잠들었다.

몸값 착취를 목적으로 무덤을 파헤치고 유해를 훔쳐내는 장면은 단순히 머릿속에 떠올리기만 해도 불쾌감을 유발하지만, 도굴 행위의 동기가 이보다 악랄하고 불량한 경우라면 과연 어떠할 것인가? 2006년 9월 5일 21세의 알렉산더 그런크Alexander Grunke와 그의 쌍둥이 동생 니콜라스Nicholas, 그리고 니콜라스의 단짝 더스틴 라드케Dustin Radke는 삽을 차에 싣고 위스콘신 주 카스빌에 있는 세인트 찰스 묘지로 향했다. 특이하게도 이들은 마치 데이트 상대라도 만나는 듯 도중에 약국에 들러서 콘돔을 샀다. 그 후 우연히 묘지 근처를 지나던 경찰관이 차량 주변을 수상하게 서성이는 알렉산더를 목격하고 심문하기 시작했다. 알렉산더는 결국 자신들 일당이 얼마 전 오토바이 사고로 숨진 20세 여성의 무덤을 파던 중이라고 실토했다.

나중에 드러난 사실이지만, 이 일당 중 누구도 숨진 여성과 안면이 없었다. 단지 지역 신문 부고란에서 그녀의 사진을 보았을 뿐이었다. 그런데 어이없게도 사진 속 여성에게 반해버린 니콜라스는 도굴을 결심하고 콘돔까지 준비해 간 것이었다. 다행히 이 일당의 도굴 행위는 관 뚜껑에 삽이 닿는 정도에서 그쳤다. 그러나 이 같은 부류의 불온한 사건이 이번 한 건만 발생한 것은 아니었다. 몇 주 후 노스캐롤라이나에 거주하는 가르시아Garcia라는 남성은 징역 20년 형을 선고받고 성범죄자로 낙인찍혔는데, 그 역시 신문 부고란에서 사망한 12세 소녀의 사진을 보고 무덤을 파헤치려다 발각된 것으로 알려졌다.

정치적 음해와 망자의 수난

의료 과학에 대한 호기심이나 사리사욕과 마찬가지로 정치 이념 역시 도굴과 신성 모독의 촉매제가 될 수 있다. 아무리 정치적 상황이 시시때때로 변동한다고 하지만, 1280년대에 저명한 천문학자이자 교황 호노리우스 4세의 주치의로도 활동한 예언가 베드로조차 자신이 1317년에 사망한 후 발생할 당국과의 충돌은 예견하지 못했다. 베드로는 생전에 나사로Lazarus(신약 성경에 나오는 인물로, 죽은 지 4일 만에 예수가 회생시켰다)의 죽음을 인정하지 않고 그리스도가 나사로의 무덤을 방문할 때까지 나사로가 죽은 것이 아니라 단지 혼수상태에 빠져 있을 뿐이라고 주장한 바 있다. 그래서 베드로는 사망 후 곧바로 진행된 종교 재판의 결과에 따라 무덤 속에서 고이 잠들지 못하고 유해가 파헤쳐지기에 이르렀다. 아이러니하게도 베드로는 나사로와 같이 무덤에서 부활하지 못했고, 유해 발굴 역시 나사로의 그것과 달리 유쾌한 의식이 아니었다. 그의 유골은 종교 재판 후 불태워졌다.

정치적 적의敵意에 약간의 미신이 더해질 경우 고인의 유해는 좀처럼 평온을 찾지 못한다. 1478년 부유한 은행가였던 야코포 드 팟지Jacopo de' Pazzi는 조카 리나토Rinato와 손잡고 당시 피렌체의 통치자 로렌초Lorenzo 대군의 암살을 기도했다. 그러나 암살 모의는 결국 실패로 끝나고(로렌초 대군은 무사했으나 그의 동생이 죽임을 당했다), 야코포와 리나토는 교수형을 당했다. 피렌체 내 최고 세도가 중 한 사람이었던 야코포는 조상이 잠들어 있는 산타크로체 성당 묘지에 안장되었다. 이후 로렌초 대군의 추종자들은 야코포가 사망하기 직전에 '악마에게 영혼을 바쳤다'는 유언비어를 퍼뜨렸고, 때마침 야코포의 장례를 치른 후 4일간 줄곧 폭우가 쏟아졌다. 이에 민심은 크게 동요했고, 지역 거주민들조차 피렌체로 밀어닥쳐 시위에 가담하며 믿음을 저버린 반역자가 신성한 땅을 더럽혀 신의 분노를 샀으니 자신들의 유해에도 저주가 내릴 것이라고 연일 개탄했다. 행여 폭동이라도 일어날까 염려한 산타크로체 성당의 수도사들은 결국 야코포의 유해를 발굴하여 신성하지 않은 구역에 그를 재안치했다. 전해지는 말에 따르면, 그의 유해를 이장한 후 신기하게도 곧 날씨가 갰으나 모든 상황이 제자리를 찾은 것은 아니었다. 즉 야코포의 새 묘지에서는 구슬프게 울부짖는 소리가 들려왔고(성문으로 공기가 통과하면서 소리가 나는 현상 때문으로 추정), 인근 주민들은 새로 이장된 영혼 때문에 해당 묘지가 악마의 땅으로 변모했다고 생각하며 공포에 떨었다.

한낱 암살 기도자 때문에 수많은 재앙이 초래되었다고 여기고 격분한 로렌초 대군의 추종자들은 마침내 부패해가는 야코포의 시신을 무덤에서 들어냈다. 그리고는 그대로 피렌체 거리로 끌고나가 생전 그의 저택 현관에 두개골을 내리치며 "주인님을 모셔왔는데 아무도 나와 보지 않는 게냐?"라고 조롱했다. 이처럼 소름끼치는 한바탕 소동 끝에 야코포의 시신은 폐기물 덩어리라도 되는 양 아르노 강에 내던져졌다. 후일 니콜로 마키아벨리Niccolo Machiavelli는 이 유감스러운 사건에 대해 다음과 같이 논했다. "누구도 부럽지 않은 부와 번영을 누리던 세도가가 그토록 불행히 몰락하여 치욕의 나락으로 빠져버렸으니 부富의 덧없음을 상기시키는 인상적 사건이다."[35]

200년 후에 영국에서도 세력 다툼이 가미된 이 같은 성격의 사건이 또다시 발생하는데, 올리버 크롬웰Oliver Cromwell이 정치적 우위에서 밀려난 시점과 맞물린다. 1658년 사망한 크롬웰은 한때 그가 몰아낸 귀족들과 마찬가지로 방부 처리되어 국장을 거치고 선대 왕족들과 나란히 웨스트민스터 대성당에 안장되었다. 그러나 왕정복고가 일어난 후 1661년 크롬웰은 대역 죄인으로 매도되었고, 청교도 열풍이 영국 사회를 휘감았다. 마침내 크롬웰과 측근들의 시신이 발굴되어 런던 거리를 끌려 다니다가 범죄자들의 교수형이 집행되던 사형장에 다다랐다. 이미 무덤 속에서 본격적으로 부패가 진행된 크롬웰의 머리는 오물이 잔뜩 묻은 채 웨스트민스터 홀의 쇠 장대에 매달려 대역죄를 꾀하는 자들에게 본보기가 되었다.

영국 내 정황으로 미루어볼 때, 시체 발굴은 여전히 정략적으로 탐탁하지 않은 행위에 대한 징계 수단으로 활용되고 있다. 크리스 홀Chris Hall은 스태퍼드셔 뉴처치에 자리한 달리 오크스 농장Darley Oaks Farm에서 동생과 함께 30년이 넘도록 의학연구용 기니피그guinea pig를 사육했다. 그러던 중 농장 내 열악한 환경에서 사육된 가니피그들이 잔인한 실험 대상으로 거래되고 결국 사망에 이른다는 실상을 들춰낸 동물 보호 운동가들이 크리스 형제를 고발했다. 이후 수년간 농장 주변에서는 동물 보호가들의 시

---

35 『피렌체의 역사(The History of Florence)』 제8권 9장. 니콜로 마키아벨리 저

위를 비롯해 화염병 투척이나 우편함에 분뇨 넣어두기, 자동차에 페인트 박리제 칠하기 등 극단적인 공격 행위가 잇따랐다. 이러한 움직임은 해당 농장을 폐쇄하게 하려던 시위대 내 과격파 동물 보호 운동가들이 2004년 10월에 크리스의 장모인 글래디스 해먼드^{Gladys Hammond} 여사의 유해를 도굴해 빼돌린 사건을 계기로 최악의 정점으로 치달았고, 마침내 반대 운동은 결실을 보았다. 10개월 후인 2005년 8월 마침내 크리스는 기니피그 농장 폐쇄를 발표했다. 그러나 2006년 5월 도굴범 일당 네 명이 체포되고 해먼드 여사의 유해 행방이 드러낸 다음에야 농장은 완전히 폐쇄되었다(도굴범들은 스태퍼드셔 케녹체이스 지역에 해먼드 여사의 유해를 묻어 두었던 것으로 알려졌다).

죽지 않은 자에 대한 응징

가장 빈번히 거론되는 대중문화의 소재이자 흔히 떠올리는 시체 발굴의 중심 대상은 아다도 뱀파이어일 것이다. 이처럼 섬뜩한 대상의 발굴 행위는 단지 심야 동시상영 영화의 소재로만 등장하는 것은 아니다.

사실 드라큘라 백작이 동유럽권을 배경으로 탄생한 데는 그만한 이유가 있다. 18세기 초 세르비아와 왈라키아 일부 지역이 오스트리아에 합병되면서 해당 지역에 새롭게 파견된 담당 관리들은, 유해를 발굴해 예리한 나무 말뚝으로 찔러보는 기괴하고도 거북살스러운 지역 관습을 접하고 소스라치게 놀랐다. 오스트리아 관리들을 당혹스럽게 한 유명한 사례 중에 1725년 62세를 일기로 사망한 농부 피터 플로고요히츠^{Peter Plogojowitz}의 경우를 살펴보자. 플로고요히츠는 키실로바 마을의 풍습에 따라 사망한 지 며칠이 지나서야 현재의 세르비아 땅에 묻혔다. 그런데 생전에 그가 말썽꾼이었다는 실마리는 전혀 찾아볼 수 없었음에도 불구하고 사후 그에 대한 평판은 크게 곤두박질쳤다. 그도 그럴 것이, 플로고요히츠가

사망하고 나서 몇 주 사이에 마을 주민 9명이 숨을 거둔 데다, 임종을 목
전에 둔 시점에서 9명 모두 플로고요히츠가 간밤에 자신을 찾아와 목 졸
라 죽이려 했다고 주장했기 때문이다. 그래서 마을 사람들은 플로고요히
츠에게 의심의 시선을 보냈고, 플로고요히츠가 행여 장래의 뱀파이어로
서 특징적 기미를 보인 적이 있는지 알아내려 혈안이 되었다. 마침내 투
표를 진행한 결과 플로고요히츠의 유해를 발굴해보기로 뜻이 모이자 사
람들은 우선 해당 지역 담당 사제와 정부 대리인(정부 측 대표로 빈에 있는
상관에게 회의적 태도로 사건의 전모를 보고했다)을 불러들였다.

　모두가 입회한 가운데 드디어 관이 열린 순간, 정부 대리인과 마을 주민
들은 대리인이 언급한 '사체에서 풍기는 특유의 냄새'가 전혀 느껴지지 않
자 겁에 질렸다. 이상한 점은 이뿐만이 아니었다. 놀랍게도 코를 제외한
플로고요히츠의 신체는 생전의 상태를 그대로 유지하고 있었다. 머리카락
과 수염, 손톱과 발톱이 여전히 자라고 있었고 피부마저 한꺼풀 벗겨지고
있어 마치 다시 발육하는 생명체처럼 보였다. 이상한 현상은 여기서 그치
지 않았다. 플로고요히츠의 시신에서 뚜렷한 발기가 목격되었다는 것이
다. 뱀파이어는 성욕이 매우 강한 존재라는 통념에 비추어볼 때, 이러한
현상은 플로고요히츠가 뱀파이어로 변모했음을 알리는 분명한 신호로 여
겨지기 충분했다. 이보다 결정적인 단서는 플로고요히츠의 입 주변에 생
생하게 피가 묻어 있었고, 얼핏 보기에 사람을 죽여 그 피를 빨아먹은 듯
보였다는 점이다. 이러한 정황을 파악한 후 광분한 주민들은 플로고요히
츠를 틀림없는 뱀파이어로 단정하고, 뱀파이어 퇴치를 위한 극단적인 조
치를 했다.

　너도나도 쇠스랑 같은 연장을 휘두르며 구름떼처럼 몰려든 군중은 곧
장 할리우드 B급 영화에나 등장할 법한 장면을 연출했다. 원성 어린 함
성이 곳곳에서 터져 나오면서 날카롭게 다듬어진 나무 말뚝이 플로고요
히츠의 가슴에 깊숙이 박혔고, 그와 동시에 시신의 입과 귀에서는 선명한

피가 흘러나왔다. 한껏 고조된 분위기에 동화된 주민들의 고함과 절규가
뒤섞인 가운데 관습에 따라 플로고요히츠의 시신은 묘지에서 끌려나와
한 줌의 재로 불살라졌고, 이후에 신성하지 못한 구역에 재매장되었다고
정부 대리인은 기록했다. 이처럼 섬뜩한 일련의 의식에 겁을 집어먹은 담
당 관리는 상관에게 다음과 같이 보고한 것으로 전해진다. "이 사건의 처
리 과정에서 혹여 착오가 발생한다고 해도 본인의 책임 사항과는 전혀 관
련이 없으며, 두려움에 사로잡혀 이성을 잃고 날뛴 저 폭도들을 탓해야
할 일입니다."[36]

사실 주민들은 그렇게까지 두려움에 떨 필요가 없었다. 부패 과정에
대한 지식이 조금만 있었다면 소위 뱀파이어 발굴 당시 포착되었던 현상
들이 단지 자연스러운 부패 과정에서 관찰되는 징후가 조금 늦게 나타나
는 것이라는 걸 알아차릴 수 있었을 것이다. 즉 고인이 완전히 사망하지
않아 나타난 현상이라기보다는 생물학적 혹은 환경적으로 특정한 조건에
서는 플로고요히츠처럼 사후에도 놀라울 정도로 생기 있는 외모를 유지
할 수 있으며 발기 현상도 나타날 수 있다.

실제로 특이한 환경 조건이 한 가지만 존재하더라도 부패는 지체될 수
있다. 사체의 부패 정도는 공기, 습도, 온도, 미생물과 곤충의 존재 여부
에 따라 달라질 뿐만 아니라 매장되는 장소의 온도가 매우 낮은 경우 등
기타 변수도 작용한다. 플로고요히츠의 사례 역시 이 경우에 해당했던 것
으로 추정된다. 수겹의 목판과 함석으로 제작된 관을 점토에 묻거나 시신
을 석회로 덮어두면(생석회와 달리) 시신의 영구 보존이 가능하다. 플로고
요히츠의 피부가 생장하는 듯 보이는 현상 역시 뱀파이어가 되어가는 과
정으로 매도될 필요는 없었다. 희끄무레해진 피부색은 사체 내 지방 혹은

---

36 『뱀파이어와 매장, 그리고 죽음: 민속과 생활 (Vampires, Burial, and Death: Folklore and Reality)』, 폴 바버 저, pp.
309

시랍屍蠟(시체가 밀랍처럼 변함) 현상에 의해 쉽게 초래되는 증상으로, 사체를 습기 찬 장소에 묻게 되면 흙 속 화학 물질이 사체 내 단백질, 지방과 반응하는 과정에서 뺨과 가슴, 복부 및 엉덩이 등지에 푸석푸석하면서도 희끄무레하고 창백해 보이는 물질이 생성된다. 시랍 상태에서는 부패를 유발하는 박테리아의 번식이 억제되므로 사체 부패가 지연된다.

키실로바 주민들이 '생존'의 징표로 오인한 또 다른 현상 중 시신의 손톱이 자라나고 '새살'이 돋는 듯한 모습 역시 탈수로 유발되는 수축 때문에 느껴지는 환상에 불과하다. 정상적 부패 과정의 일부로 피부 상피가 분리되면 아래쪽의 불그스름한 속살이 드러난다. 이와 마찬가지로 기존의 손발톱이 떨어져 나가고 피부가 수축하면서 지금까지 피부 밑에 가려져 있던 손발톱이 드러난다. 일찍이 고대 이집트 사람들은 이러한 원리를 파악하여 고인을 방부 처리할 때 손발톱을 손가락, 발가락 끝에 붙들어 매거나 철제 골무를 씌웠다.[37]

또 시신의 안면에 묻어 있거나 사체를 꿰뚫어 찔렀을 때 흘러나온 피에 대해서도 과학적 설명이 가능하다. 일단 혈액 순환이 멈추면 중력의 영향을 받아 혈액이 쉽게 한 곳에 고이는데 가령 시신이 엎드린 자세라면 기관氣管(숨 쉴 때 공기가 흐르는 관)에 혈액이 차올라 결국 코나 입으로 배출된다. 발굴 당시 플로고요히츠의 자세에 대한 언급은 어디에서도 찾아볼 수 없으나, 수의로 둘러싸인 그가 엎드린 자세로 발견되었을 가능성이 크다. 한편, 자연스러운 부패 과정에서 복부에 가스가 차고, 그 결과 폐압肺壓이 올라가 폐가 위로 떠밀리면 혈액도 위로 솟구쳐 코나 입으로 이동할 수 있다. 플로고요히츠가 뱀파이어로 탈바꿈했다는 주장을 뒷받침할 또 다른 증거로 간주된 발기 현상은 박테리아가 발생시키는 가스가 활성화됨에 따라 성기가 비대하게 부풀어 오른 것으로 설명할 수 있다.

---

37 『이집트 미라(Egyptian Mummies)』, G. 엘리엇 스미스 외, p. 88

대다수 뱀파이어 발굴 일화가 그러하듯 뱀파이어로 의심받은 플로고 요히츠의 가슴에 말뚝을 박고 불태우자 마을 분위기는 안정을 되찾았다. 그러나 이러한 사례가 18세기 유럽 슬라브족 지역에서만 제한적으로 발생한 것은 아니다. 뱀파이어 발굴과 관련된 내용이 마지막으로 기록된 시기는 20세기 직전으로, 뉴욕과 고작 240킬로미터 떨어진 로드아일랜드 엑서터Exeter 지역이 그 배경이다.

머시 브라운Mercy Brown이라는 여성은 폐결핵을 앓다가 1892년 19세를 일기로 요절했다. 당시에는 폐결핵이 사망자 4명 중 1명의 사망 원인일 정도로 빈발했다. 머시의 모친과 언니 역시 유사한 병으로 9년 전에 사망했으며, 남동생 에드윈도 수년간 폐결핵과 씨름해왔다. 머시는 에드윈과 달리 급속히 진행되는 변종 폐결핵에 시달리다가 수개월을 넘기지 못하고 사망에 이르렀다. 머시의 장례를 치른 지 얼마 지나지 않아 에드윈마저 상태가 크게 악화되자, 남매의 아버지 조지 브라운은 크게 상심한 나머지 이성을 잃고 가족에게 들이닥친 잇단 불행이 뱀파이어의 기운 때문이라는 헛소문에 귀 기울이기 시작했다.

이후 엑서터에서 일어난 일은 170여 년 전 키실로바 마을에서 벌어진 풍경과 별반 다르지 않았다. 체스트넛 힐Chestnut Hill 묘지 지하 납골당에 머시가 잠시 매장된 후(묘터의 땅이 너무 얼어 있어서 그녀를 묻어두기에 적합하지 않았으므로) 몇 가월이 지난 어느 날, 조지 브라운은 몇몇 지인을 대동하고 묘지로 찾아가 딸의 유해를 발굴했다. 당시, 냉동고처럼 얼어붙은 납골당 내부 조건을 고려하면 당연한 일이지만, 부패의 흔적을 찾아볼 수 없을 정도로 멀쩡한 머시의 시신은 뱀파이어에 관한 소문을 사실로 증명하는 듯했다. 브라운은 아직 살아 있는 아들에 대한 부성의 발로로 죽은 딸 머시의 배를 가르고 심장을 꺼내 태운 다음 그 재를 물과 섞어 아들에게 마시게 했다. 유럽 이주민들 사이에 전해오는 설에 따르면 머시처럼 사후에 심장이나 간에서 혈액이 발견되면 해당 장기를 태워 환자(본 사례의 경우 에드윈)에게 먹임으로써 뱀파이어를 무력화할 수 있다고 믿었다.

이런 믿음에 따르면 에드윈은 목숨을 부지했어야 하지만, 이 청년은 누이의 유골을 태워 마셨는데도 두 달 만에 사망했고 묘지에서 자행된 이 같은 만행은 모두 헛된 소동인 듯했다. 그러나 조지 브라운과 엑서터 주민들은 이후 폐결핵으로 사망자가 발생하지 않자 뱀파이어가 확실히 소탕된 것으로 여기고 흡족해했다.

진상 파악

뱀파이어로 지목된 대상의 무덤은 거의 매번 파헤쳐졌고, 공포에 질린 대중은 이러한 의식을 통해 다소나마 위안을 찾았다. 다행히 오늘날에는 말뚝을 다듬거나 탄환을 갖춰두어야 할 일이 거의 없는 듯하지만, 현대의 진보한 DNA 테스트 기법 때문에 사후의 영원한 안식은 더 이상 보장될 수 없다. 근대에 들어 시신은 장례 후 수년이 지나 흔하게 발굴되기도 한다. 대개 관 속에 안치된 이가 묘석에 기재된 실제 사망자인지 확인하기 위함이다.

인간은 본래부터 베일에 싸인 수수께끼를 그냥 내버려두지 못한다. 고인이 된 영웅이나 정치가, 범법자 혹은 성인이라면 으레 사망의 경위나 어떠한 삶을 살았는지에 관한 사람들의 호기심을 충족시켜주기 위해 발굴되어 엑스레이, DNA 검사, CAT 스캔 및 각종 독극물 검사가 잇따르는 이른바 'CSI 조사'를 거치게 된다. 유명인 중에 이러한 절차를 밟지 않는 인물은 드물다. 미국 대통령도 이런 첨단 조사를 피하지 못했다. 취임한 지 16개월 만에 집무실에서 사망한 제12대 대통령 재커리 테일러Zachary Taylor는 독극물 테스트를 위해 1991년 시신이 발굴되었다. 조사 결과 '거친 풍파를 이겨낸 준비된 장군'이라 불리던 그의 사망 원인은 단순한 위장 질환으로 판명되었다. 역시 1991년 러시아 예카테린부르크 외곽에 방치된 여러 무덤에서 시신 9구가 발굴되었다. 미토콘드리아 DNA 서열로 보아 이 유해들은 1918년에 볼셰비키 세력에 의해 처형당한 로마노프 왕조 사람들로 추정되며, 이중에는 차르 니콜라스 2세$^{Tsar\ Nicholas\ II}$도 포함된 것으로 드러났다.

2004년 이탈리아 피렌체에서 착수된 메디치가^{Medici} 49인의 유해 발굴 작업은 최대 규모를 자랑하며 야심차게 진행되었다. 각국 고생물병리학자와 인류학자, 고고학자, 사학자들이 산 로렌초 교회 묘지로 몰려들어 발굴 작업에 참여했다. 발굴단은 당시의 생활상과 사인 규명을 위해 대공 8인을 비롯한 시신 여러 구를 대상으로 다양한 첨단 수사를 진행했다. 특히 일부 연구진은 이들 가운데 독살된 인물이 있는지, 일각의 주장대로 해당 가문 사람들이 본래 유대인이었는지, 진실이 드러나길 바랐다. 그러나 복병이 나타났다. 어린 아이의 유해 8구가 발견됨에 따라 작업은 난항을 겪었다. 그뿐만 아니라 일부 관 속에 있는 시신과 묘석에 새겨진 인명이 일치하지 않았다. 마치 수세기 동안 휴식을 취하던 중 무료해진 시신들이 걸어 나와 돌아다니다가 서로 자리를 바꾸기라도 한 듯했다. 전문가들은 수세기가 지나야 (어떤 식으로든)결론을 낼 수 있으리라 전망하고 있다.

제아무리 경지에 오른 성인이라 하더라도 발굴을 비롯해 엑스레이 기계와 DNA 서열 확인이 동원되는 냉혹한 정밀 검사를 피해갈 수 없었다. 1998년 이탈리아 파도바^{Padova}에서는 수세기 동안 성 누가$^{St.\ Luke}$로 알려진 인물을 검증하기 위해 해당 시신을 발굴했다. 미토콘드리아 DNA 검사를 통해 채취된 39개 서열은 현대 그리스 및 시리아인과 비교 조사했다(성서에는 누가가 본래 시리아 안디옥^{Antioch} 출신이라 기록되어 있다). 조사 결과 파도바에서 발굴된 시신은 실제로 시리아인의 것으로 밝혀졌다.

더 최근의 사례를 살펴보면 2006년 후반 바티칸 고고학자들은 로마에서 사도 바울의 유해가 안치된 석관을 발견했다고 발표했다. 성인의 신원 확인을 위해서는 유해를 대상으로 곧장 엑스레이 검사를 진행해야 했지

만, 대리석 관을 둘러싼 두꺼운 콘크리트 층과 회반죽 때문에 검사 시도
는 수포로 돌아갔다. 그러나 석관을 열어 유골이 실제로 해당 성인의 것
이지 확인하려는 계획은 여전히 추진 중이다.

사실 전설적 무법자 제시 제임스Jesse James의 무덤만큼이나 의문에 가려
진 경우도 드물다. 남북 전쟁 당시 연합군 소속으로 활동한 제시와 그의
남동생 프랭크는 결탁하여 '제임스—영거James-Younger'라는 이름으로 악명
을 떨치며 미주리, 미네소타, 테네시 주 등지에서 16년 동안 은행털이와
열차 절도를 일삼았다. 1882년 제시에게 내걸린 현상금 1만 달러를 탐낸
갱 단원 로버트 포드Robet Ford가 그의 머리에 총을 겨누기 전까지 제시는
여러 번의 죽을 고비를 비켜갔다. 사망 당시, 제시는 토머스 하워드Thomas
Howard라는 익명을 사용하며 캔자스 주 세인트 조제프 지역에서 아내, 두
아이와 함께 살았던 것으로 추정된다. 사후에 그의 유해는 미주리 주 키
니Kearney에 있는 가족 농장으로 반환되었고, 사체의 절도나 훼손을 우려
하여 앞뜰에 매장되었다. 이후 1902년에 제시의 유해는 키니의 마운트
올리벳Mount Olivet 가족 묘지로 옮겨져 재매장되었는데, 생전에 악명 높았
던 그에게 사후의 평화로운 휴식이 허락되지 않는 듯했다.

재매장되고 나서 약 50년이 지난 1951년, 텍사스 그랜베리Granbury에서
사망한 103세 노인의 신원 확인을 위해 호출된 보안관 오런 C. 베이커
Oran C. Baker는 이 사체가 제시 제임스의 것이라는 데 대해 조금의 의심도
품지 않았다. 그도 그럴 것이 프랭크 돌턴Frank Dalton으로 알려진 이 남성은
생전 자신이 바로 제시 제임스라고 계속해서 주장했고, 실제로 제시 제임
스가 입은 총상의 수와 동일한 흉터 33개를 내보이며 우쭐해한 것으로
전해졌다. 그뿐만 아니라 돌턴의 발바닥에서는 화상 자국이 발견되었는
데, 이 자국은 남북 전쟁 당시 북부군이 제임스에게 가한 고문의 흔적과
같은 것이었다. 돌턴을 지지하는 사람들의 주장으로는 로버트 포드가 실
제로 쏘아 죽인 사람은 찰리 비글로우Charlie Bigelow라는 다른 갱 단원으로,

제임스와 닮았을 뿐 아니라 은행 강도의 아내와 함께 살고 있었던 것으로 전해진다. 더욱이 총격 당시 제임스가 교묘히 상황을 조작하여 익명으로 평생을 살아왔다는 설까지 제기되었다.

마운트 올리벳 가족 묘지에 안장되었던 제시의 유해는 정밀 검사를 위해 1995년 드디어 발굴되었다. 제임스의 친족들과 유해의 DNA 조사 결과가 99퍼센트 일치함에 따라 발굴된 유해가 전설적 악당의 것임은 거의 확실시된다. 한편 텍사스 출신이었던 프랭크 돌턴의 유해는 2000년에 발굴되었는데, 시신의 팔이 한쪽만 남아 있는 상태였다. 생전에 돌턴의 양팔이 모두 성했다는 점으로 미루어보아, 묘석에 적힌 이름의 주인공과 발굴된 사체가 다를 가능성이 크다. 그토록 긴 세월 동안 자신을 다른 사람으로 위장하려 한 사람이 정작 저승에서는 외팔이 사기꾼에게 당한 꼴이 되어버렸으니 참 아이러니한 일이 아닐 수 없다.

이처럼 예기치 않게 공개되는 사실을 통해 우리는 유해 발굴을 통해서 알아내고자 한 진실이 반드시 드러난다거나 항상 우리가 원하는 방식으로 유해가 보존되지만은 않는다는 점을 짐작할 수 있다. 또한, 한 사람의 인생사는 묘석에 이름이 새겨졌다고 해서 완전히 막이 내린 것이 아니며 이승에서와 마찬가지로 죽은 자들의 세계에서도 뜻하지 않은 많은 일이 도사리고 있을 수 있다.

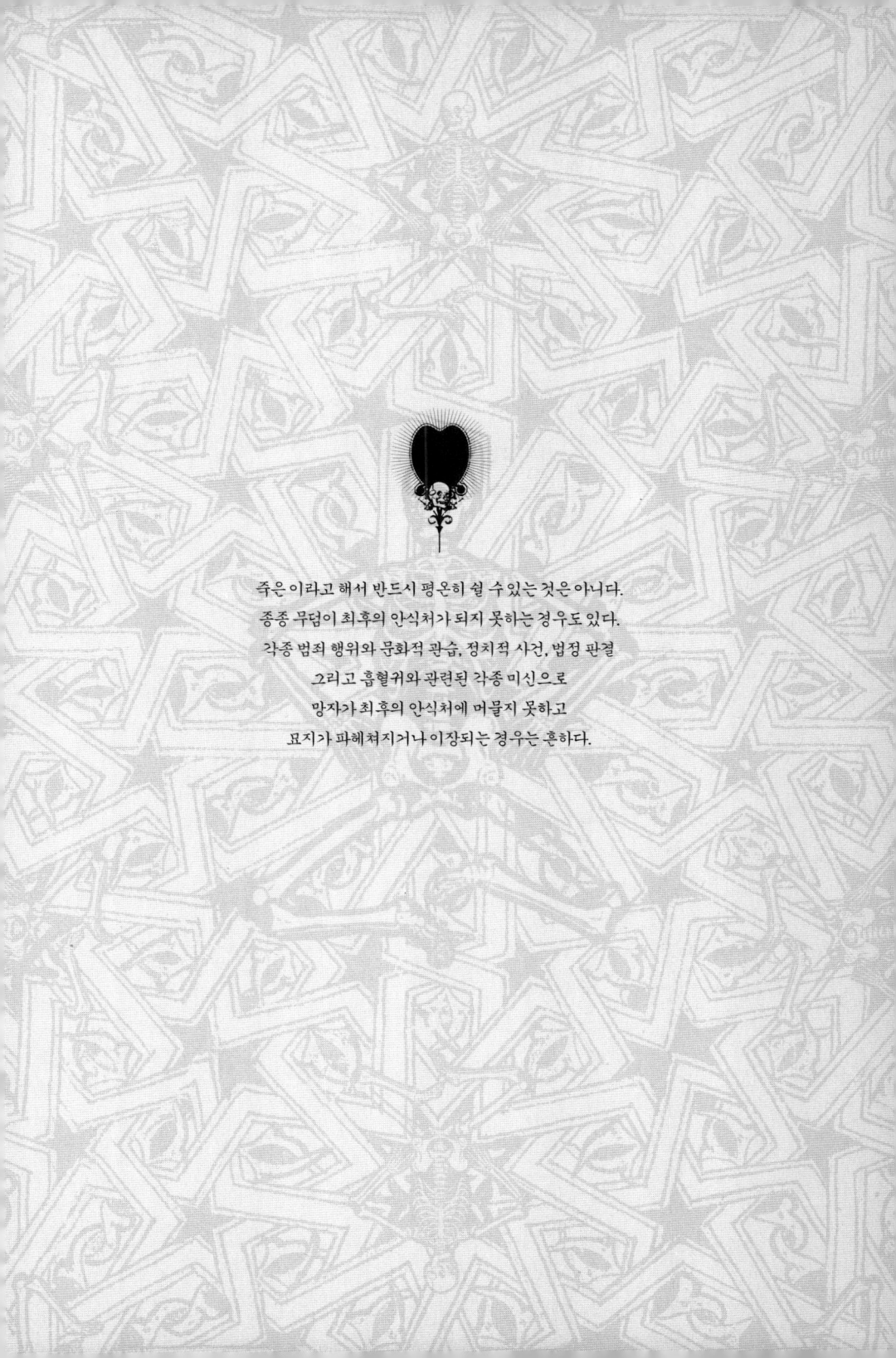

죽은이라고 해서 반드시 평온히 쉴 수 있는 것은 아니다.
종종 무덤이 최후의 안식처가 되지 못하는 경우도 있다.
각종 범죄 행위와 문화적 관습, 정치적 사건, 법정 판결
그리고 흡혈귀와 관련된 각종 미신으로
망자가 최후의 안식처에 머물지 못하고
묘지가 파헤쳐지거나 이장되는 경우는 흔하다.

뿔뿔이 흩어진 자취들

유해의 각 부위와 그 활용

영국의 공리주의 철학자 제러미 벤담Jeremy Bentham에게 해부학자의 서늘한 메스 따위는 문제가 되지 않았다. '최대 다수의 최대 행복'이라는 이론의 창시자답게 사체조차 실생활에 도움이 되기를 희망한 그는 자신의 시신을 의학자 토머스 사우스우드 스미스Thomas Southwood Smith에게 기증했다. 1832년 벤담이 사망한 지 사흘째 되던 날, 스미스는 고인이 생전에 밝힌 뜻에 따라 동료 24명이 지켜보는 가운데 런던 웹 스트리트 해부 학교Webb Street School of Anatomy에서 그의 시신을 해부했다. 벤담의 머리는 미라로 만들어졌고, 유골은 솜을 채워 천으로 둘러싼 다음 밀랍 머리 모형을 얹어 런던 유니버시티 대학에 전시되었다. 벤담은 생전에 소위 '오토 아이콘auto-icon'이 되고자 희망했으며, 모형을 바짝 말려 보존하면 대리석 동상보다 훨씬 실제적이고 고무적으로 자신을 기릴 수 있으리라 예상했다.

사실 고인이 이승의 삶에 편의를 제공한 역사는 1832년보다 훨씬 이전으로 거슬러 올라가며 그 분야도 해부 절개로 그치지 않는다. '송장 약제

corpse medicine' 거래가 한창이던 중세에는 환자에게 사람의 피를 마시게 하거나 두개골을 빻은 가루를 먹게 하는 등 거의 식인에 가까운 풍습이 성행했고, 처형된 범죄자의 잘려나간 손가락으로 자기 몸을 애무하기도 했다고 전해진다. 이러한 용도 외에도 시신은 미술 분야에서 해부 모델로 활용되었을 뿐 아니라 기묘하게도 안료(물감)로도 이용되었다. 오늘날에는 주로 장기와 조직을 이식 수술에 적용하거나(이러한 풍토로 암시장 등지에서는 새로운 형태의 시신 약탈자가 양산되기도 한다) 콜라겐 등 미용 제품에 이용하고 있다. 저승에서도 장기 기증자 카드를 소지하고 다닐 법한 벤담이 후세의 시신 활용 풍습을 굽어본다면, 분명 흡족하지 않을까?

그들이 남긴 것

망자의 사체는 오래전부터 생명과 건강을 부여하는 소재의 근간이 되어왔다. 죽은 자를 소생시키는 독특한 방식이 기술된 구약성서 열왕기하 13장은 이러한 사실을 입증하는 오래된 사례를 제시한다. 어느 날 한 남성의 시신이 선지자 엘리사Elisha가 잠들어 있는 안치소에 매장되었다. 엘리사는 이미 일 년 전에 사망했는데, 생전에 죽은 아이의 입에 자신의 입을 갖다 대어 아이를 소생시킨 적이 있었다. 이는 분명히 초기 형태의 인공호흡을 시도한 것으로 추측된다. 이처럼 놀라운 치료 능력은 엘리사가 사망한 후에도 지속적으로 목격되었다. 바로 동일한 안치소에 실려 온 이 남성도 시신이 엘리사의 유골에 닿자 되살아났다. 성서는 이 사건을 다음과 같이 묘사한다. "시체가 엘리사의 뼈에 닿자 곧 회생하여 일어섰더라."(열왕기하 13:21)

이후 엘리사의 유골(1970년 카이로에서 92킬로미터 떨어진 성 마카리우스 수도원에서 발견됨)을 안치한 곳이 치유를 좇는 이들의 순례지로 변모했는지 알려주는 흔적은 찾아볼 수 없으나 여러 성인의 유해나 유해 일부가 오랜 세월 동안 사람들에게 '건강'을 기원하는 유물로 활용된 것은 사실이다. 유물relic이라는 단어는 '그만두다' 혹은 '남기다'를 뜻하는 라틴어 relinquere에서 기원한다. 유명 성인을 비롯한 여러 성자 성녀의 유해(치아나 손가락뼈처럼 작고 대수롭지 않은 유물도 포함)는 수세기 동안 가톨릭교회에서 숭배되었다. 가톨릭에서는 성인의 유해를 숭배함으로써 종교적 신념을 고수하고 구원에 도달할 수 있도록 장려했다. 이뿐만 아니라 성 암브로우스St. Ambrose와 성 아우구스틴St. Augustine과 같은 교부들이 성인의 유물로 신체적 질병을 치유할 수 있다는 믿음에 힘을 실으면서 신체 질환을 치료하는 경우도 여러 번 있었다.

성지 순례자들은 수천 개에 이르는 유물을 가져다 날랐고, 당시 중세의 대성당이나 대수도원에서는 치료용 유물을 앞다퉈 선전했다. 따라서 유럽 전 지역에서는 모든 질환을 유명 순례자의 이름과 연관 지었다. 치통이 있는 사람은 브뤼셀의 수호성인이 모셔진 성 구둘St. Gudule 성당으로 인도되었고, 장님은 엘리Ely의 대성당에 있는 대성당 창시자 성 에델리스 St. Ethelthryth의 관 위에 손을 올려놓았다. 노일레Nouaille 수도원에 있는 성 유니아노St. Junianus의 유물은 한 여성의 상피병(사상충이나 그 밖에 세균 감염으로 피부와 피부밑 조직에 림프가 정체하며 결합 조직이 증식하여 환부가 부풀어 오르고 딱딱해져 코끼리의 피부처럼 되는 병으로, 다리·음낭·여자의 바깥 생식 기관에서 많이 볼 수 있다)을 낫게 한 바 있으며, 기타 열병의 치유에도 효과가 있는 것으로 알려졌다. 팔레르모Palermo에 있는 성 로살리아St. Rosalia의 유골은 전염병 퇴치에 효과가 있는 것으로 널리 알려졌는데, 지질학자 윌리엄 버클랜드William Buckland가 이 유골은 사실 염소의 해골임을 입증한 후에도 그 신비한 힘에 대한 믿음은 사그라지지 않았다.[38]

38 『윌리엄 버클랜드의 삶과 조명(The Life and Corresondence of William Buckland)』(London: John Murray, 1894), pp. 94-6, E.O. 고든 저. 참조

유물 숭배는 교구민의 물질적 풍요만큼이나 교회의 경제적 풍요와도 연관되었다. 참배객들은 관례에 따라 돌아가는 길에 얼마간의 돈을 교회에 기부했으므로 성인의 유물이 안치된 교회는 꾸준한 수입원을 확보할 수 있었다. 성인의 유물이 있는 마을에는 순례자들이 몰려들었고 이들은 당연히 잘 곳과 먹을 것이 필요했기에 유물은 지역 경제에도 긍정적으로 작용했다.

1087년에는 유물의 가치를 간파한 이탈리아 선원 62명이 터키 마이라 Myra 지방 교회 납골당에 안치된 성 니콜라스St. Nicholas의 유골을 빼돌리고자 계획을 세웠다. 산타클로스의 원형인 성 니콜라스는 326년 12월 6일 사망했으며, 생전에 그가 실천한 수많은 선행과 기적을 기리기 위해 성인으로 추대되었다. 성 니콜라스가 지중해 연안 출신의 독실한 성인 이미지에서 탈피하여 땅딸막한 체구에 흰 수염을 기르고 빨간 옷을 차려입은 채 순록이 끄는 썰매를 타는 명랑하고 친근한 노인으로 변신한 것은 12세기경으로, 이러한 이미지 변화는 원래 순수한 의도에서 시작되었다. 지치고 쇠약한 매춘부 3경이 사는 집 창문으로 금이 든 가방을 던져 넣어 지참금을 마련할 수 있게 도와준 성 니콜라스의 일화에서 영감을 얻은 프랑스 수녀단은 긴 양말에 오렌지와 견과류를 담아 가난한 가정에 전달하기 시작했다.

성 니콜라스는 그가 행한 수많은 기적으로도 유명한데, 한 가지 극적인 사례로 잔인하게 학살된 후 소금물에 절여진 어린 아이 세 명을 되살려낸 일화를 꼽을 수 있다. 오래전 마이라 지방에 심한 기근이 들었을 때 악랄한 학살자들이 어린 아이 세 명을 죽여 통에 넣고 절인 다음 햄으로 만들어 팔아먹으려 했고, 이 끔찍한 소식을 들은 니콜라스는 죽은 아이들을 구해냈다. '스위니 토드Sweeney Todd' 이야기의 배경으로 추정되는 또 다른 전설적 일화에서는 남성 세 명을 살해한 살인자가 부인의 제안에 따라 희생자들을 고깃덩이로 만들었는데, 니콜라스의 활약으로 망자들은 요리가 되어 식탁에 오르는 일 없이 소생할 수 있었다고 전해진다.

성 니콜라스의 유골이 이장된 이탈리아 동부 해안 도시 바리Bari는 널리 알려진 성 니콜라스의 유명세 덕을 톡톡히 보았다. 1087년 성 니콜라스의 유골을 훔친 선원들은 바리의 한 예배당에 유골을 다시 묻었는데, 이곳에는 오늘날까지 참배객들이 줄을 잇고 있다. 그러나 1950년대에 이르러 성 니콜라스가 매장되어 있는 바리의 납골당을 한시바삐 수리해야 할 필요성이 제기되었다. 이에 따라 매년 수천 명의 방문객이 해당 성지로 몰려드는데도 불구하고 성 니콜라스의 유골을 이장해야만 했다. 바로 이 시점에서 성 니콜라스의 일부 유골이 분실된 것으로 확인됨에 따라, 다른 여러 교회에서 이 위대한 성인의 사체 일부를 소장하고 있다는 주장을 하는 것도 무리는 아니다. 즉, 성 니콜라스의 손가락뼈와 상박골(어깨에서 팔꿈치까지), 치아는 각각 툴루즈Toulouse와 리미니Rimini, 프랑스 코비Corbie에 흩어져 있는 것으로 알려졌으며, 독일의 여러 지역에도 손가락뼈가 산재한 것으로 추정된다.

납골당을 수리하는 동안 성 니콜라스의 유골은 유골 단지 안에 조심스레 안치되어 리넨 조각 위에 놓였는데, 이후 유골에서 점차 맑은 액체가 배어 나와 리넨을 적셨다고 한다. 독실한 신자들은 이 물질을 하늘에서 유대 민족을 위해 기적적으로 내린 성스러운 음식, 즉 '만나manna'로 해석하고 『출애굽기』에도 기록했다. 1980년부터는 매년 5월 9일(그리스도 승천 축일)마다 만나를 약 50밀리리터씩 모아두었다가 신앙이 깊은 사람에게 나누어주기도 한다. 앓는 부위에 만나를 갖다 대면 기적이 일어난다고 알려졌다. 안타깝게도 추종자들로 하여금 성 니콜라스의 성스러움을 되새길 수 있게 해주는 만나의 습기 때문에 성 니콜라스의 유골 상태는 더 나빠지고 있다.

유물의 인기는 지금도 지속되고 있다. 2001년 여름에는 결핵을 앓다가 24세를 일기로 사망(1887년)한 리지외의 테레사 성녀(St. Threse of Lisieux,

'리틀 플라워'로 알려짐)의 유골을 직접 확인하기 위해 300만 명 정도가 모여들었다. 이 외에 2006년 한 해만 해도 셀 수 없이 많은 유물이 사람들에게 공개되었다. 주임 사제들의 수호성인 성 요한 비안네St. John Vianney의 놀라울 정도로 보존이 잘 된 심장이 프랑스에서 미국으로 건너오자 수천 명에 달하는 숭배자들이 이것을 보려고 뉴욕과 보스턴을 방문했다. 이보다 몇 개월 앞선 2006년 3월에는 1936년 스페인 내전 중 사망한 발렌시아 출신 순교자 233명의 유물 2천여 점이 30개 국 이상에 산재하는 교회와 신앙 공동체, 각 가정에 보급되어 예배에 활용되었다. 가톨릭 보도기관에 따르면 이처럼 널리 보급된 유물 대부분은 순교자들의 작은 뼛조각이라고 한다.[39]

중세에는 영국의 시인 초서Chaucer의 책에 묘사된 것과 같이 면죄부 판매상과 같은 사람들이 유물을 팔았다면, 오늘날에는 이베이eBay 등의 온라인 쇼핑몰에서 유물을 구할 수 있다. 일례로 2007년 6월 루르드의 성 베르나데트St. bernadette of Lourdes의 머리카락 한 가닥이 300달러로 경매에 오른 것을 비롯해 스위 '희귀하고도 중요한 예수 그리스도의 유물'이 들어 있는 순은 로켓(사진이나 머리카락, 부적 등을 넣어 금이나 은으로 만든 작은 상자로, 펜던트처럼 목에 걸 수 있음)이 온라인 경매에 올라왔다. 거의 1,000파운드(약 1,600달러)를 호가한 후자의 경매품에는 실제 십자가와 가시 면류관, 할례용 성도聖刀의 일부가 포함되었다. 이베이에서 향후 정책적으로 유해의 판매를 금지하지 않는다면 앞으로 더 많은 유물을 경매에서 만나볼 수 있을 것으로 추측된다.

---

39 2001년 7월 1일 《선데이 미러(Sunday Mirror)》, '성인 발자취 찾기 투어, 인기몰이(Saint's Relics Tour Reaches Fever Pitch)', 앤드루 부시.
2006년 10월 8일 판 《뉴욕 타임스》, '성인의 심장 앞에서, 힘과 은총의 기도', 마니 페르난데스.
2006년 3월 13일 판 《가톨릭 뉴스 에이전시(Catholic News Agency)》, 'Relics of Spanish Civil War Martyres Sent to Over Thirty Countries'

기증품의 출처

19세기 당시 런던 빈민들은 사후 해부학자와 조우하는 것을 꽤 두려워했다. 그런가 하면, 21세기에도 예외 없이 이러한 우려가 충분히 제기될 수 있다. 주로 고인의 의사와 상관없이 사체가 해부되거나 짭짤한 수익원으로 매매되는 경우가 발생하기 때문이다. 이러한 상황에 가세하여 새로운 형태의 시신 약탈자들까지 화려하게 등장했다.

그동안 시신 약탈자와 해부학자, 무지한 뱀파이어 사냥꾼이 망자를 위협하는 위험군이었다면, 이제 여기에 장의사도 포함해야 한다. 시체 안치소를 거쳐 나가는 시신의 치아 충전물이나 손가락에 끼워진 반지 등을 장의사가 낚아챘다는 일화는 넘쳐난다. 이처럼 파렴치한 장의사들의 행각은 영화 소재로 활용되기도 하는데, 움베르토 렌지Umberto Lenzi가 1988년에 제작한 공포 영화 〈고스트하우스Ghosthouse〉는 시체 안치소의 일꾼이 한 소녀의 관에서 어릿광대 인형을 빼내어 딸에게 선물한 후 딸이 광적인 살육 행각에 사로잡힌다는 이야기다. 한편, 일부 장의사는 단순히 보석이나 감상적 기념품 따위의 약탈에 그치지 않고 그 이상의 것을 물색하기도 한다.

"주치의와 장의사가 같을 수는 없다"는 오랜 속담이 있다. 그러나 이제는 이 속담을 수정해야 할 때가 된 듯하다. 다시 말해서, 자신의 장기와 기타 신체 부위가 이식 수술 및 의학연구용으로 전락하는 꼴을 보고 싶지 않다면 절대로 장의사가 생의학 조직 공급 업체를 운영하도록 방치하지 말라는 것이다. 샌디에이고에서 북동쪽으로 100여 킬로미터 떨어진 캘리포니아 뮤리에타Murrieta 출신 마이클 브라운Michael Brown이 바로 이러한 '1인 2역'의 장본인이었다. 2003년 10월 장례식장 업주였던 마이클 브라운은 66회에 달하는 시신 훼손과 횡령 혐의로 유죄를 선고받았다.

2000년 2월과 2001년 3월, 마이클은 자신이 운영하는 장례식장에 안치되었던 시신 최소 300여 구의 뼈와 인체 여러 부위를 그러모아 대형 육류용 냉동고 6대에 저장해두고, 역시 자신이 운영하는 생명공학회사를 통해 팔아넘겼다. 이 과정에서 마이클은 약 40만 달러에 달하는 수익을 올린 것으로 드러났다.

그로부터 2년 후 이 같은 사체 일부의 불법 거래와 관련된 사건이 대서특필되었다. 뉴욕 경찰 측은 2005년 당시 사망한 지 얼마 안 된 〈PBS 명작극장〉 진행자 알리스테어 쿠크Alistair Cooke의 다리가 가족의 동의 없이 톱으로 잘려나갔으며, 그의 유골은 전문 이식 업체 두 곳에 판매되었다는 사실을 밝혀냈다. 2006년 3월에는 치과 전문의와 방부 처리 전문가를 비롯한 4명이 쿠크를 포함한 시신 1,077구의 피부와 뼈, 심장 판막 및 기타 조직을 적출해서 시술에 이용한 혐의로 기소되었다. 장례식장에 안치된 시신들은 흔히 냉동되지 않은 채 방치되었는데, 장례식장에 소속된 '절단사'들이 가장 값나가는 인체 부위를 약탈해갔다. 앞서 쿠크의 경우에도 그러했듯이, 절단사들은 유족의 눈을 속이기 위해 사망자의 뼈대를 PVC관으로 대체하고 생의학 업체 측에는 날조된 동의서와 혈액 검사 결과를 제공했다. 사망 원인 역시 종종 왜곡되었는데, 에이즈(HIV)와 C형 간염 테스트 결과 희생자 중 한 명은 두 질환에 양성 반응을 보인 것으로 전해진다.[40]

마이클 브라운이 저지른 비리와 그 수익의 규모만 보더라도 인체 부위별 불법 거래가 꽤 짭짤한 수익원임을 알 수 있다. 거리낌 없는 장의사들이 외과적 수단을 동원해 뼈를 분리하고 동의서를 첨부하면 7,000달러 정도는 쉽게 벌 수 있었다. 상처 치료에 활용되는 피부는 제곱피트(약 0.09제곱미터)당 최대 1,000달러의 값어치가 있었고, 심장 판막은 최대 7,000달러에 거래되었다. 반면에 뇌는 600달러 정도로 저렴한 선에서 매

---

40 2007년 10월 6일 판 《타임스》, '장의사, "시신 팔아치우기"(Funeral directors "sold corpes for cash")', 크리스 아이레스

매되었다. 이뿐만 아니라 손톱(미용 산업에 이용)마저 물색 대상에 포함될 수 있었다. 전신은 15만 달러까지 호가하므로, 적어도 암시장에서라면 많은 사람이 살아 있을 때보다 죽어서 더 높은 가격으로 평가되는 셈이다. 1987년부터 2006년까지 미국의 1만 6,800여 가정이 가족의 유해 일부가 불법 갈취되었다고 주장하며 여러 법률 회사를 통해 소송을 제기한 바 있다.[41] 신체 일부가 거래되는 암시장은 미국에서만 600만 달러의 수익을 올린 것으로 추산된다.

사실 사체 매매 시장은 꽤 큰 규모를 자랑한다. 매년 백만 명 이상에 이르는 환자가 사망자들이 기증한 조직이나 장기를 이용해 수술받고 있으며, 대다수의 시술은 안전하면서도 합법적인 절차를 거쳐 이루어진다. 장기 이식에는 엄격한 법이 적용되며, 실제로 이식하기까지 필요한 모든 단계를 철저히 모니터링하므로 수혜자는 해당 장기의 정확한 출처를 확인할 수 있다. 그뿐만 아니라 피부와 뼈를 포함해 이식에 이용되는 장기와 조직은 반드시 특정 전염병에 관한 검사를 받아야 한다. 미국에서 장기를 취급하는 단체는 미국식품의약국FDA에 의무적으로 등록하여 해당 지침을 철저히 준수해야 한다.

반면 조직은행은 굳이 FDA에 등록하지 않아도 되므로 엄격한 검사와 시험 규정도 적용받지 않는다. 실제로 의학연구 업체나 교육 기관에 소속된 바이어가 동의서를 확인하거나 조직이나 특정 인체 부위의 출처를 알고 있어야 한다는 법령은 별도로 존재하지 않으므로, 불법 갈취한 사체라할지라도 비교적 손쉽게 거래될 수 있는 것이다. 게다가 일단 물량이 부족하므로 바이어들도 굳이 까다로운 질문을 늘어놓지 않는다. 바이어 측에서 추가 검사를 진행하여 거래되는 '제품(사체)'의 질병 감염 여부를 확

---

41 2006년 4월 27일 판 《USA 투데이(USA Today)》, '유족을 두 번 울리는 불법 사체 거래(Illegal Trade in Bodies Shkes Loved Ones)', 스테판 아모르

인해야 한다는 법적 요건 역시 존재하지 않음에 따라 전염병 검사조차 항상 수반되는 것은 아니다. 사실 전문적 검사를 거치지 않은 인체 부위를 또 다른 인체에 이식하는 행위는 윤리적 논란을 넘어 매우 위험한 일이다. 정식으로 검사하지 않은 조직을 이식하면, 환자는 기증자의 사인이었을 법한 질병과 동일한 증상을 보일 수 있다. FDA에 따르면, 에이즈와 간염, 매독과 같은 질환은 가능성이 높지는 않으나 이식 수술 중에 전염될 수 있다고 한다. 따라서 FDA 측은 쿠크의 유골을 절취하여 판매한 업체이기도 한 생의학 조직 공급 업체를 통해 조직이나 신체 일부를 이식받은 환자에게는 전문의가 이식 부위의 출처를 알려주도록 권장하지만, 이러한 내용이 법적 의무 사항으로 규정된 것은 아니다. 게다가 95세를 일기로 사망한 쿠크의 사인은 골수암이었기에 이식을 기다리는 환자들에게 그의 사체는 무용지물이었다.

출처가 불분명한 장기 이식에 따르는 위험은 여러 비극적 일화를 통해 강조된다. 브라이언 리킨스Brian Lykins는 미네소타 출신의 23세 학생으로 2001년 당시 선택적 무릎 관절 수술 도중 사체에서 조달된 연골 조직을 이식받았다. 연골 조직 자체는 불법적 경로로 확보된 것이 아니었으나 기증자의 시신이 냉동되지 않은 상태로 19시간가량 방치되었고, 연골 조직 역시 적절한 세척과 소독을 거치지 않은 탓에 리킨스는 이식 수술을 한 지 4일 후 세균 감염으로 사망하고 말았다.

이처럼 어처구니없는 참사에 자극을 받은 미네소타 주 공화당 하원의원 존 클라인John Kline은 '브라이언 리킨스 인체 조직 이식 관련 안전 법안'을 주창했다. 2005년에 발의된 이 법안은 기존의 공공의료법을 개정하여 FDA 국장으로 하여금 인체 조직의 회수, 저장, 가공 처리와 연관된 단체 및 개인을 감독할 수 있도록 권한을 부여하는 데 주안점을 두었다. 그러나 결국 해당 법안은 법으로 제정되지 못했고, 이어서 2006년 5월에도 같은 참사가 반복되었다. 캘리포니아 산 루이스 오비스포San Luis Obispo 출신의

55세 지압사 켄 알레세스쿠^{Ken Alesescu}는 곰팡이균에 감염된 심장 판막을 이식받은 탓에 고작 몇 년을 넘기지 못하고 세상을 뜨고 말았다.

불법 조달된 인체 부위에 대해서는 훨씬 끔찍한 뒷이야기가 숨겨져 있다. 2006년 8월《세인트 루이스 포스트 디스패치^{St. Louis Post-Dispatch}》지 기사에 보도된 바로는 중국에서는 간과 심장 등 핵심 장기가 외국인을 대상으로 이식 수술용으로 거래되며, 간과 심장의 매매가는 각각 13만 달러와 16만 달러에 달했다. 기자 데보라 L. 셸턴^{Deborah L. Shelton}은 중국의 장기 기증자들이 다름 아닌 파룬궁^{法輪功} 영성 운동을 지지한 혐의로 처형된 죄수들이었음을 보도했다. 한 달 앞선 2006년 7월에는 캐나다 출신 전직 정치인 데이비드 길고어^{David Gilgour}와 인권 변호사 데이비드 마티아스^{David Mathias}가 인솔하는 국제 조사반이 수사를 진행한 끝에 어마어마한 수의 장기가 파룬궁 운동 추종자들의 동의 없이 갈취된 사실을 밝혀냈다.

'파룬궁 박해 진상연합조사단' 관련 보도에 따르면, 2000년에서 2005년 사이 중국에서 이식된 41,500여 개 장기는 파룬궁 추종자를 비롯한 처형 죄수들의 사체에서 조달된 것으로 추정된다. 중국 정부는 2005년도에 이르러 처형된 죄수들의 장기가 적출, 판매되고 있다는 사실은 시인했으나 동시에 반드시 해당 죄수나 가족의 동의를 전제로 시행된다고 주장했다. 한편 길고어는 이러한 중국 정부의 주장은 사실과 다르며 정부 측에서는 동의서를 받아내기 위해 수감자들에 대한 고문도 서슴지 않는다고 언급했다.[42]

19세기 제임스 매카트니^{James Macartney} 교수가 《더블린 신문》을 통해 지적한 바와 같이 당시 해부학자의 수술대로 가차 없이 보내져 해부용으로 전락한 더블린 빈민층의 희생이 있었기에 중상류층의 건강과 안위가 유

---

42 2006년 8월 22일 판《세인트 루이스 포스트 디스패치(St. Louis Post-Dispatch)》, '중국, 수감자 장기의 강탈과 매매 (Organs Seized from Inmates for Sale in China)'.
   2006년 8월 23일 판《캐나다 내셔널 포스트(National Post(Canada))》, '중국, 인정사정없는 장기 수확'.

지되었다면, 21세기는 파렴치한 장의사들과 중국의 무자비한 처형 집행자들이 장기 이식이 필요한 일부 환자들의 건강과 안녕을 뒷받침하는 듯하다.

관능적 입술의 실체

한편, 사체의 부위별 용도는 부실한 심장 판막이나 손상된 인대를 대체하는 정도로 한정되지 않는다. 다소 믿기 어렵겠지만 인체의 각 부위는 미용 업계로 많이 흘러들어 간다. 인기 잡지 《뉴 우먼New Woman》이 발표한 통계를 보면 영국의 일반 여성들은 미용 제품 구입과 미용 관리를 위해 평생 18만 2,528파운드(약 30만 달러)를 소비하는 것으로 추산되었다(치과 진료 및 성형 수술 부문을 제외한 수치). 설문에 응한 여성 500명은 이 금액 중 약 1천 달러를 매년 얼굴 미용과 노화 방지 관리에 지출한다고 답했다. 입술 확대나 주름 제거를 위한 콜라겐 주입은 더 이상 부유층만의 전유물이 아니다. 입술 확대 시술은 성형 수술치고는 비교적 저렴하게 느껴질 법한 400달러에 불과하다. 딸기 빛으로 물든 도톰한 입술로 관능적 분위기를 연출할 수 있는데, 시도해볼 만한 가격이 아닌가?

콜라겐은 피부와 뼈, 힘줄 및 기타 결합 조직에서 채취되는 구조 단백질이다. 과학자들은 오랫동안 소와 돼지에서 추출한 동물성 콜라겐을 이용하여 수술용 봉합사(상처나 쨴 부위를 꿰매는 실)를 제작해왔다. 그러던 중 1976년 스탠퍼드 대학의 생화학자들과 의사들이 정제된 동물성 콜라겐으로 손실된 조직을 대체하는 방법을 알아냈고, 그 후 성형외과 의사들은 여드름 흉터 충전이나 주름 완화, 입술 확대 등 미용 시술에 콜라겐을 주입하기 시작했다. 가십 기사에 주목하는 사람들이라면 할리우드의 여러 여배우들이 소나 돼지 콜라겐을 주입하여 입술을 부풀리고 이마를 축소한다는 내용의 기사를 접해보았을 법하다. 그러나 콜라겐 주입 시술을 받은 사람 중 약 3퍼센트는 소에서 추출한 이 같은 물질에 대해 부작용을 보인 것으로 알려졌다. 주로 육류 제품에 알레르기 반응을 일으키거나 천식 혹은 건초열(꽃가루 알레르기) 증상에 시달리는 사람들이 이 부류에 속한다. 그래서 영원한 청춘을 갈구하던 사람들은 시신 기증자의 사체에서 추출한 콜라겐을 새로운 대안으로 삼았다.

연인의 입술에 죽은 이의 줄기세포가 들어 있다고 생각하면 잠시 불쾌해질 수도 있겠으나 이식 재료가 자발적으로 기증된 것임은 물론 의학적으로 안전한 물질이라는 사실은 안도감을 준다. 한편, 모든 콜라겐 시술이 의학적 안전성과 기증자의 동의를 전제로 이루어지는 것은 아니다. 2005년 9월《가디언Guardian》지가 보도한 바로는 유럽과 미국으로 수출되는 미용 제품에 처형당한 중국인 죄수들과 낙태된 태아에서 얻은 콜라겐이 함유된 것으로 드러났다.[43]

해당 기사는 또 중국인 죄수들이 총살되면 피부를 벗겨 생명공학 회사로 공급되고, 그 후 노화 방지 관리 제품과 입술 확대 주사액을 생산하는 데 이용되는 실상을 공개했다. 윤리적 의구심이야 당연히 뒤따르겠지만 이를 차치하고라도, 부도덕한 방식으로 조달된 장기와 마찬가지로 처형수와 낙태된 태아를 통해 추출한 콜라겐 역시 심각한 건강상 위험을 초래한다. 무엇보다 기증자에 대한 어떠한 건강 검진도 이루어지지 않으므로 수혜자가 간염이나 변종 크로이츠펠트(야콥병)에 감염될 가능성이 커진다.

2007년을 기준으로 유럽에서 미용 관리 분야를 규제하는 법규를 찾아볼 수 없으므로 특정 콜라겐의 정확한 출처를 확인할 방법 역시 없는 셈이다. 그런가 하면 일부 전문의들은 콜라겐 주입 시 류머티즘성 관절염,

---

43 2005년 9월 13일 판 《가디언》. 중국 처형수의 피부에서 탄생한 미용 제품(The Beauty Products From the Skin of Executed Chinese Prisoners). 이안 코베인, 아담 럭

전신 홍반성 루푸스, 피부 근염, 다발성 근염(마지막 두 질환은 근육 조직의 파괴를 수반함) 등 자기면역 질환 발생률이 높아진다는 사실을 발표한 바 있다.[44] 세상에서 가장 관능적인 입술을 가질 수 있다 해도 이처럼 무시무시한 위험 요인이 도사리고 있다면, 너무 큰 대가를 치르는 셈이다.

송장 약제

인체의 여러 부위를 거래하고 산 자의 생명 유지를 위해 죽은 자를 이용하는 행위는 사실 낯선 개념이 아니다. 인류의 역사를 되짚어볼 때 인체의 각 부위와 그에 따른 부산물은 다양한 방식으로 온갖 병을 치료하는 데 이용되었다. 로버트 제임스Robert James는 1747년 자신의 저서 『범용 약전Pharmacopoeia Universalis』에서 인체는 수많은 약제의 원료가 된다고 밝혔다. 17, 18세기 약제사의 서랍장에는 인체에서 생산되거나 분비되는 사실상 모든 물질이 보관되었다고 해도 과언이 아니다. 즉, 상상할 수 있는 모든 부산물이 약제로 활용되었다. 이를테면 귀지는 배앓이, 땀은 결핵, 마른 생리혈은 통풍과 간질 치료에 이용되었다. 그뿐만 아니라 소변조차 사용되었는데, 심지어 난산으로 고통받는 여성이 있으면 남편의 오줌을 마시게 했다. 따라서 이러한 처방은 '소변보다taking the piss'라는 표현에 완전히 새로운 의미를 부여했다('소변보다'의 영어식 표현take a piss에서 동사 take 자체는 '취하다'라는 뜻이 있으므로 해당 상황을 그대로 옮겨보면 여성이 남편의 소변을 '취하다'라는 생경한 해석이 도출된다). 편도선염(후두염)에 시달리는 환자는 더욱 가혹한 처방에 직면했는데, 그 처방이란 다름 아닌 인분을 복용하는 것이었다.[45]

---

44 뉴질랜드 피부병학회 (www.dermnetnz.org/procedures/collagen.html.)
45 2004년 12월 18/25일 판 《약학저널(Pharmaceutical Journal)》 273호 pp. 900-1 '인체 부위별 약효(Medicinal Properties of Body Parts)'

 이러한 요법은 모두 살아 있는 기증자의 배설물을 이용한 것으로 사체가 조달될 경우 약제사는 더 쉽게 약을 조제할 수 있었다. 실제로 망자의 시신은 오랫동안 산 자의 질병 치료와 생명 연장을 위해 속속 이용되었다. 미라의 다리 사이에서 발견되었으며, 기원전 1550년경에 기록된 것으로 추정되는 이집트 의학서 『에버스 파피루스Ebers Papyrus』에 기록된 바로는 인간의 뇌를 잘라내어 안과 질환 치료에 이용할 수 있다고 한다(파피루스에는 또한 모유를 대신 사용해도 된다고 기록되어 있다). 고대 로마 시대의 철학자 켈수스Celsus는 저서 『의학에 관하여De Medicina』를 통해 죽은 검투사의 피를 마시면 간질병이 치유된다고 언급한 바 있다.

 기타 여러 문화권에서도 시체는 치료 약제로 사용되었다. 일례로 각종 궤양과 갑상선종, 연주창 및 낭종 등과 관련하여 전해 내려오는 영국의 한 가지 전통 요법은 죽은 사람의 손을 만지는 것으로, 불의에 사망한 자의 시신이 선호되었다. 그래서 과거에 영국 시민들은 공개 처형이 있으면 처형 장소로 몰려가 교수형 집행자에게 후한 금액을 내고 갓 사망한 희생자의 온기 있는 손을 문질렀다. 1785년에 전기 작가 제임스 보즈웰James Boeswell은 사람들이 '죽어가는 범죄자의 땀에 젖은 손'을 자기 몸에 문질러 대는 장면을 목격했다고 기록했다. 잉글랜드 동부 소택지沼澤地에서는 죽은 이의 손을 피임제로 간주하여 여성이 최근 사망한 사람의 손을 2분 동안 잡고 있으면 2년간 피임 효과를 볼 수 있다고 믿었다. 그런가 하면 런던 뉴게이트 감옥의 사형 집행인은 죽은 이의 손이 연주창(림프절의 결핵성 부종인 피부샘병) 등의 병을 낫게 한다는 당시의 대중적 믿음을 이용하여 처형된 죄수들의 손을 잘라내 개당 10기니(영국의 옛 금화. 21실링으로, 현재의 1.05파운드)에 팔기도 했다.

 사람의 피에 치유력이 있다는 믿음은 17, 18세기에도 계속되었고, 피를 마시는 행위 역시 뱀파이어만의 전유물은 아니었다. 덴마크에서 공개 처형이 집행되면 시신에서 나오는 신선한 피를 마셔 간질을 치료하려는 사람들이 너도나도 컵을 들고 기다렸다고 전해진다. 17세기 후반에는 뉴잉글랜드 출신의 목사 에드워드 테일러Edward Taylor가 '신선하고 따뜻한 사람의 피'를 마시면 간질이 치유된다고 주장했고, 영국의 다른 여러 의사들도 18세기 중반까지 '갓 뽑은 사람의 따끈한 피 한 모금씩'을 처방하기도 했다. 17세기 파리에서는 류머티즘 환자들이 의사 대신 교수형 집행인을 찾았다고 한다. 당시 교수형 집행인이라는 직업에 부여된 특전이 있다면 바로 시신에서 체지방을 추출할 수 있다는 점이었다. 그들은 추출한 체지방을 향초와 섞어 치료약을 제조했다. 간질 환자에게는 가루로 빻은 사람의 심장과 뇌 증류수가 처방되었고, 살점과 피뿐만 아니라 뼈도 각종 약제로 활용되었다. 1680년대 런던에서는 사람의 두개골이 개당 8실링(영국의 구화폐 단위. 1파운드가 20실링, 1실링은 12펜스다)에 판매되었다. 일명 '해골 엑기스Spirit of the Skull'라 불리던 이름난 약물은 간질을 비롯한 다양한 질환에 효과적이라고 알려졌으며, 1721년까지도 『왕립 의학회 약전Dispensatory of the Royal college of Physicians』에 기술된 바에 따라 간질 환자에게는 '인간 두개골 3드램(1드램은 약 0.0037리터)'을 처방한다는 지침이 권장되었다. 이처럼 다양한 약제로 활용된 두개골과 뼈는 18세기 월트셔 주 말버러Marlborough 출신 투프Toope라는 의사를 비롯한 여러 사람의 노고로 조달될 수 있었다. 투프는 말버러 고원 지대의 오래된 묘지에서 해묵은 유골을 파내 최신 약물로 둔갑시켰다.[46]

　일부 의사의 처방은 거의 식인 행위에 가까웠다. 17세기 독일의 약리학자 요한 슈뢰더는 만병통치 처방전을 고안했는데, 주성분은 다름 아닌 갓 사망한 사람의 사체였다.[47] 사실 이러한 약학적 식인 문화(혹은 '송장 약제')의 흔적은 메소포타미아와 그리스, 중국, 히브리, 인도, 로마 등 여러

46　같은 책, p. 902
47　『좋은 약, 불량 식품』 리처드 섹 저, p. 230

고대 문명에서 찾아볼 수 있다. 또 고대의 여러 의학서에는 불순물이나 질병 퇴치를 위한 오염 치료 요법(사람의 피나 신체 부위를 이용)도 기술되어 있다. 특히 중세 유럽인들은 이집트 미라의 살점과 뼈를 빻은 가루를 다양한 질환의 치료제로 이용했는데, 각종 중독증과 실금(대소변을 참지 못하고 쌈), 편두통, 종기, 현기증, 중풍, 내장 궤장, 뇌진탕, 타박상을 비롯하여 전갈에 물린 상처에 이르기까지 적용 범위는 매우 넓었다.

붕대로 친친 감긴 채 방부 처리된 이집트 파라오의 모습을 떠올리게 하는 '미라'라는 단어는 본래 사체 자체가 아니라 사체를 이용해 조제된 약품을 가리키는 말이었다. 이집트 미라를 섭취함으로써 여러 질환을 고칠 수 있다는 기묘한 믿음은 아랍 의학서의 오역에서 비롯된 것으로 추정된다. 아랍어로 역청bitumen은 대개 아스팔트와 기타 유사 물질을 뜻한다. 아랍 의사들은 절개 부위와 타박상, 그리고 골절 부위에 역청을 펴 발랐으며, 결핵과 궤양 치료를 위해 내과적으로 역청을 사용하기도 했다. 수년간 시술을 거듭한 끝에 아랍 의사들은 '무미야mumiya'로 통칭되는 '페르시아산 역청'이 가장 효과적이라는 사실을 알아냈다. 이집트인들의 방부 처리 과정과 역청의 사용 형태를 번역한 크레모나(북부 이탈리아의 도시) 출신 제럴드Gerard는 의도치 않게 오역의 장본인이 되었는데, 이는 그가 방부 처리 과정에서 사용되는 물질을 뜻하는 '무미야'라는 단어를 '방부 처리된 사체' 자체로 잘못 생각했기 때문이다.

팔레스타인 십자군 전쟁에 참여했던 수많은 유럽인은 아랍 의사들이 상처 부위에 무미야를 바르는 광경을 직접 목격한 후, 이 타르 물질을 사체 가루로 오해했고, 따라서 12세기 미라 약제는 인기몰이를 했다. 만약 결핵 치료에도 무미야가 내과적으로 사용되었고 이러한 장면을 십자군 전사들이 목격했다면, 무미야를 기타 질환 치료에도 적용할 수 있지 않겠느냐고 반문했을 법하지 않은가? 중세에는 유럽 전 지역에서 이러한 유형의 약제에 의지하여 병을 치료하고자 했다. 미라 가루를 먹고 병이 나았다는 실제 사례는 찾아볼 수 없으나, 그 끔찍한 맛이 구토를 유발했을 것이므로 상황에 따라서는 유익하게 작용했을 법도 하다.

16세기 프랑스 외과의사 파레는 미라 약제가 '심장이나 위의 통증은 물론 구토와 구취를 유발'하므로 미라 약제의 내과적 사용을 금지해야 한다고 촉구했다. 그러나 이러한 경고에도 미라 가루에 대한 수요는 공급 물량을 단숨에 훌쩍 뛰어넘었다. 돈벌이 기회를 포착한 파렴치한 거래상들은 죄수의 사체를 미라로 둔갑시켜 순진한 유럽 상인들에게 팔아넘겼다. 가짜 이집트 유물이 거래되듯 가짜 미라 약제 시장도 모습을 드러낸 것이다. 1809년에 발행된 『브리티시 백과사전』이나 『예술 과학 사전』에 기술된 바로는, 당시 약제사들은 고대 미라를 대신할 처형수의 살점을 공급받아 이 살점들을 값싼 재료와 섞은 다음 분비물이 다 방출될 때까지 오븐에서 구웠다. 방부 처리 성분이 살점에 너무도 잘 녹아든 탓에 유럽까지 수송되는 중에도 신선하게 유지되었다고 전해진다.

최근 인도에서 발표된 보고 내용이 진실이라면, 사람들은 여전히 부지불식간에 사체를 이용하여 자신들의 고통을 경감시키려 하고 있다. 2006년 1월, 인도 북부의 성스러운 도시 하르드와르Haridwar 부근에서 유명 약국 디브야 요그Divya Yog를 꾸려오던 스와미 람디브Swami Ramdev는 아유르베다(생명과학이라는 뜻의 인도의 전통 의학 요법) 약제에 인간과 동물 뼈를 혼합해 넣었다는 혐의로 인도의 정치인 브린다 카랏Brinda Karat에게 고소를 당했다. 그때까지 수천 종에 이르는 약물을 조제해온 람디브는 혐의를 부인하고, 오히려 카랏이 다국적 제약 회사의 대리인이라며 맞고소했다. 이에 카랏은 람디브가 조제한 약물 몇 가지를 정부 연구소 측에 제출하여 검증을 의뢰했고, 그 결과 카랏의 주장에 힘이 실리는 듯했다. 그러나 또 다른 정부 연구소인 슈리람 산업 연구소로 보낸 샘플을 검사한 결과, 카랏의 주장과 상반되는 내용이 입증되었다. 결국, 인도 보건 장관 틸락Tilak Raj Behad은 보도 기관을 통해 람디브의 약제가 순전히 약초로만 조제되었으며 부적절한 성분은 포함되지 않았다고 발표했다. 이로써 해당 사건은 얼마간의 의문을 남긴 채 마무리되는 듯했다.

한편, 일부 회의파들은 애초에 혐의를 제기한 카랏의 의도에 의심을 품었다. 카랏이 제시한 10명의 증인은 과거 디브야 요그 약국에서 근무했던 직원이었으며, 이들은 가루로 빻은 인간의 두개골이 아유르베다 약제에 첨가되었다고 주장했다. 더욱이 이들은 과거에 다른 직원 103명과 합세하여 최소 임금 및 업체의 보험 체계 개선을 요구하는 시위를 벌였다가 해고된 사람들이었다. 궁극적으로 협의안은 도출되었으나 이들 시위대는 직장을 잃었기 때문에 디브야 요그 약국에 적의를 품기 충분했다. 따라서 람디브는 카랏 측이 자신을 송장 약제 납품자로 몰아감으로써 보복을 유도할 최고의 빌미를 제공한 것으로 여겼다.

열차의 숨은 동력

미라는 송장 약제의 재료뿐 아니라 인간의 유해와 관련한 또 다른 오해의 산물로 등장하기도 한다. 마크 트웨인은 1869년 작품 『철부지의 해외 여행기Innocents Abroad』에서 여러 곳을 누비며 여행한 자신의 경험담을 바탕으로 독자들에게 즐거움을 선사했다. 특히 이집트에 대한 묘사는 유럽과 미국 전역에서 큰 호평을 받았다. 이 작품에서 트웨인은 자신이 타고 다녔던 이집트의 기차는 "3천 년 묵은 미라를 연료로 사용하며, 이 연료는 대개 톤 단위로 구입하거나 충분한 연료 공급을 위해 아예 묘지 단위로 매매하기도 했다."라고 썼다. 트웨인은 여기서 그치지 않고 기관사가 "평민 미라는 왕의 미라만큼 활활 타오르지 않는다."라고 언급하는 내용까지 집필했다.

이전처럼 트웨인은 이 책에서도 독자들을 조롱한다. 과거에 일부 이집트인들이 가정 내 난방을 위해 미라의 붕대를 태워 사용한 것은 분명한 사실이지만, 미라를 기차 연료로 활용했다는 내용은 입증할 자료를 전혀 찾아볼 수 없다. 만일 실제로 미라를 기차 연료로 승화시켰다면 방부 처리 과정에서 사용된 역청에서 유독 물질이 생겨나 불쾌감을 주는 수준을 넘어 기관사에게 치명적으로 작용했을 것이다. 한편, 1870년 프로이센이 일으킨 파리 공성攻城 시기에 마크 트웨인의 얼토당토않은 이야기만큼이나 어처구니없고 섬뜩한 방안이 파리안보과학 위원회에 제시되었다. 당시 이 위원회에서는 공성에 저항하고 나아가 프로이센을 물리치고자 온갖 기발한 아이디어를 폭넓게 수용하고 있었다. 파리는 이즈음 조명 시설 문제로 고역을 치렀는데(가로등을 밝힐 가스 공급량이 크게 부족했기 때문) 어느 날 한 특파원이 사체를 증류하여 빛을 얻어내는 방법이 있다고 주장했다. 그가 자랑스럽게 소개한 바로는 사체를 증류해 탄생한 조명은 '선명하고 강하면서도 부드러운 빛으로 기름이나 가스와 비교할 수 없을 정도로 경제적'이었다.[48] 즉 사체 수백 구를 끓이기만 하면 가로등에 불을 밝힐 수 있게 되는 것이다. 이처럼 기괴한 안건이 실행으로 이어졌는지는 기록에 남아 있지 않지만 어쨌든 공성이 진행된 4개월 동안 파리는 어둠에 묻혀 있었다.

미라의 예술적 가치

약제로 섭취되거나 황당한 이야기 속에서 기관차 연료로 사용된 경우를 제외하고도 미라는 또 다른 분야에서 유용하게 활용되었다. 미라의 성분은 화가의 그림물감에도 녹아들었다. '머미 브라운Mummy Brown' 색 안료는 명칭에서 짐작할 수 있듯이 인간의 사체, 더 정확히 말하면 이집트 미

---

48 『뉴 바빌론 이야기(Tales of the New Babylon)』(London: Sinclair Stevenson, 1995), 루퍼트 크리스티안센 저, pp. 182-3에 인용

라를 갈아서 만든 것이다. 런던 대학 미술사학과 부교수 샐리 우드콕Sally Woodcock은 '다수의 19세기 화가가 일찍부터 미라로 만든 안료를 사용했을 법하나 미라 안료가 사용된 특정 작품을 가려내기란 사실상 거의 불가능하다'고 언급했다.[49] 머미 브라운 색은 짙은 갈색으로 종종 다른 색과 섞어서 사용하기도 하며 그림자를 표현할 때 자주 이용된다.

화가 중에는 자신의 팔레트 위에 놓인 유용한 갈색 물감의 출처를 모르는 이들도 있었다. 영국 라파엘 전파(화가 라파엘로 이전의 화풍을 지향하는 19세기 중반의 영국 유파)로 활동한 에드워드 번 존스Edward Burne-Jones는 1881년 어느 날 친구 로렌스 앨머 태디마Lawrence Alma-Tadema에게서 머미 브라운 색이 사실은 미라 가루라는 말을 듣고 큰 충격에 빠졌다. 존스의 아내 조지아나가 언급한 바로는 존스는 친구의 말을 듣자마자 머미 브라운 색 물감이 담긴 튜브를 집어 들고 곧바로 양지바른 곳에 묻어야 한다고 고집했다고 한다. 조지아나는 존스가 실제로 물감을 땅에 묻은 과정을 다음과 같이 묘사했다. "잔디에 구덩이를 파고 물감을 고이 넣었다. 이 광경을 지켜보던 한 소녀는 물감을 묻은 자리에 데이지꽃 뿌리를 심었다."[50] 한 가지 확실해진 사실은 이 같은 물감 매장 의식이 행해지기 전에 제작된 번 존스의 여러 작품은 제각각 소량의 인간 유해를 품고 있다는 점이다.

안료의 출처에 대해 무지했던 사람은 비단 존스에 그치지 않았다. 머미 브라운 색이 널리 이용될 수 있었던 것도 아마 이러한 이유 덕분이었을 것이다. 일단 머미 브라운 색의 재료가 공개되자 이 물감을 찾는 화가의 수는 급격히 줄어들었다. 미라 가루가 애초에 어떠한 경로를 통해서 물감으로 변모했는지 정확히 알 수는 없으나 이 재료가 12세기경부터 사

---

49 2005년 8월, 런던 대학 미술사학과 부교수 샐리 우드콕과의 대담.

50 『에드워드 번 존스를 기리며(Memorials of Edward Burne-Jones)』 제2권 (London: 104), 조지아나 번 존스 저, p. 114.

용되었다는 흔적은 남아 있다. 미라 가루를 약으로 판매하던 약제사들은 물감도 같이 취급했다. 그러던 중 우연이었는지 고의였는지 확실히 알려지지는 않았으나 한 약제사가 미라 가루의 색깔에도 전부 차이가 있음을 발견해냈다. 약제사들은 미라로 물감을 만들 때 저마다 미라의 다른 부위를 사용했다. 어떤 이는 살집이 많은 부위를, 또 다른 이는 더 짙은 색깔을 내고자 모든 부위를 섞어서 갈았다(뼈도 포함). 독일의 한 자료에는 당시 약제사들이 미라를 토막내기 전에 꼼꼼히 씻기고 이후 부위별로 물속에 수일 동안 담가두는 과정이 자세히 기술되어 있다. 이 과정에서 불순물은 헹궈내고 나머지 깨끗한 부분은 물에 넣어둔다. 따뜻한 물을 이용해서 불순물을 6~8회 걸러내고 나면 말려서 가루로 빻을 수 있다.

스위스 출신 화가 안젤리카 카우프만Angelica Kauffman도 자신의 작품에 머미 브라운 색을 사용했다. 이러한 사실은 영국의 시인 조지 키츠George Keates가 쓴 32페이지에 달하는 편지에서도 확인된다. 키츠는 카우프만이 그녀의 작품을 통해 미라에게 생명을 불어넣었다고 칭송했다. 한 약제사의 1902년 장부 기록을 보면, 뉴욕 메트로폴리탄 미술관에 전시된 매혹적인 작품 〈매그놀리아Magnolia〉(1899)로 유명해진 미국인 화가 제임스 섀넌James Jebusa Shannon도 머미 브라운 색 물감을 구입한 바 있다. 아름다운 여성의 초상을 표현한 〈매그놀리아〉 앞에 선 관람객이라면 키츠가 묘사했듯이 '저승의 암흑세계에서 불려 나와' 예술 작품의 창조에 일조한 미라를 떠올려 봄직하다.[51]

이 외에도 수많은 화가가 사체를 이용하여 작품을 제작했는데, 표현기법의 향상을 도모하고자 종종 심상치 않은 시도를 하기도 했다. 항상 붉은 혈색을 띠었던 16세기 피렌체파 화가 피오렌티노 로소Il Rosso Fiorentino는 사람의 사체와 부패 양상을 살피기 위해 종종 갓 매장된 송장을 무덤

---

51 『안젤리카 카우프만에게 쓰는 글(An Epistle to Angelica Kauffman)』 (London: 1781), 조지 키츠 저. pp. 26–8

에서 파냈다(로소는 이 밖에도 흔하게 기행을 일삼았으며, 개코 원숭이를 늘 가까이 두고 하인으로 취급했다고 전해진다). 로소와 동시대에 활동한 폰토르모Jacopo da Pontormo는 작품에 전념하면 할수록 점점 충격적인 방식으로 시신을 활용했다. 노아의 홍수를 주제로 작품을 제작하는 과정에서 폰토르모는 자택에 머물며 나무통에 물을 받아서 사체를 띄운 다음, 시간이 지남에 따라 사체가 부풀어 오르고 부패하는 모습을 그려낸 것으로 추정된다. 이후 사체가 부패함에 따라 지독한 냄새가 풍기자 이웃의 항의가 쇄도했다. 또한 폰토르모는 미켈란젤로와 친구 사이였는데, 미켈란젤로 역시 해부학에 정통했다. 어느 날 피렌체의 친절한 병원 관계자가 미켈란젤로에게 시체 한 구를 내어주었는데, 실제 시체의 모습에 충격을 받은 미켈란젤로는 배탈에 시달리며 식사도 하지 못하다가 결국 작업을 중단했다고 한다.

최근에는 전직 정육업자였던 화가 앤서니 노엘 켈리Anthony-Noel Kelly가 자신의 작품 제작에 사체를 이용한 혐의로 체포되어 논란의 중심에 섰다. 1997년 런던 현대 미술 대전에 참석했던 한 미술 애호가는 켈리의 조각 작품 사이에서 최근 사망한 친구의 얼굴을 발견하고 소스라치게 놀랐다. 석고 모형으로 제작된 친구의 얼굴은 은으로 도금된 상태였으며 뇌 일부가 노출되어 있었다. 켈리는 훗날 경찰이 사우스 런던 클리팜에 있는 그의 작업실에서 부위별 사체 30여 개를 발견하자 마침내 사체 이용과 관련된 자신의 혐의를 인정했다. 켈리는 조모의 사체 일부를 비롯해 여러 유해를 본떠 석고상을 제작하고 금과 은으로 석고상을 도금한 것으로 밝혀졌다.

수사 결과에 따르면, 켈리의 사체 공급원은 다름 아닌 왕립 외과 대학이었다. 왕립 외과 대학에서 부위별로 절단된 사체를 스케치하던 켈리는 임상 병리사를 매수하여 몸통과 사지를 비롯한 각종 신체 부위를 몰래 빼돌리기 시작했고, 이렇게 확보한 사체 여러 부위를 본떠서 석고 모형을 제작한 것이었다. 1998년 법원은 켈리에게 징역 9개월 형을 선고했다. 이는 작품에 실제 사체를 접목한 혐의에 대한 판결이 아니라 단순한 절도죄를 적용한 것이었다. 왜냐하면 영국 법이 규정하는 바로는 사체는 그 누구의 소유도 될 수 없으므로 해당 사건은 꽤 까다로운 축에 속했다. 그러나 재판부는 '선대 의사들'이 활동하던 시절부터 시신이 '전문적 의료 작업'의 대상이 되어왔으므로 켈리가 작품의 표본으로 사용한 사체는 왕립 외과 대학 측 소유물이라는 판결을 내렸다. 이렇게 해서 기소자 측은 켈리가 '소유인'의 자산을 영구 박탈하려 했다고 주장했다.

떠들썩했던 켈리 사건이 마무리된 지 얼마 지나지 않아 이보다 훨씬 충격적인 사건이 각종 매체의 헤드라인을 장식했다. 1999년 리버풀 알더 헤이 병원에서는 부모의 동의도 없이 어린이 시신 800여 구에서 장기 2,080개가 적출되는 사건이 발생했다. 부모들은 저마다 부검 시 적출된 장기가 이후 제자리를 찾았는지 병원 측에 재차 구체적으로 문의했다고 진술했다. 그러나 1988년부터 1995년까지 알더 헤이 병원에서 병리학자로 재직한 딕 반 벨젠^{Dick van Velzen} 교수는 검시관이나 부모들의 동의를 받지 않은 채 어린이 시신에서 적출한 장기를 연구용으로 사용했거나 향후 사용할 계획이었던 것으로 밝혀졌다. 벨젠 교수가 비축해둔 사체 부위 및 장기로는 태아의 사체 445구와 안구 188개를 비롯해 절단된 두부가 24개 이상이었다. 이중 다수는 비위생적인 용기에 아무렇게나 보관된 상태였고, 포르말린 역시 충분히 주입되지 않은 것으로 보였다. 2001년 캐나다 법원에서는 유사 혐의로 기소된 벨젠 교수에게 유죄를 선고했는데, 알려진 바로는 벨젠 교수는 노바스코샤 할리팩스에 있는 W. K. 그레이스 병원을 통해 빼돌린 부위별 사체를 부적절하게 보관해왔다고 한다. 벨젠 교수가 고의로 비합법적이고 비윤리적 경로를 통해 알더 헤이 병원에 안치된 어린 아이 시신 수천 구에서 장기를 적출한 사실이 알려지자, 그해 영국의사협회는 벨젠을 정직시켰다.

　이제껏 소개한 일화 두 가지는 영국 법 개정, 인체 조직 법안의 도입과 관계된다. 인체 조직 법안에 따르면, 검시관은 사인 규명을 위한 조사 과정에서 각종 조직과 장기를 검사할 수 있으며, 검사를 마치면 해당 조직이나 장기를 최근친자 측에 반드시 반환해야 한다. 오늘날에는 영국에 이 법안이 제정되었으므로 고인의 최근친자가 사체 소유권을 보유한다. 다시 말해, 망자는 배우자나 자식들의 소유로 간주된다.

발전하는 미라 제작술

방부 처리와 인체 표본화,
수축 기술의 합작품

미라로 제작된 두부와 천으로 둘러싸인 유골이 후대까지 보존된 벤담의 사례를 통해서도 알 수 있듯이 '재는 재로, 먼지는 먼지로'라는 법칙이 모든 사람에게 필연적으로 적용되는 것은 아니다. 방부 처리라고 하면 대개 붕대로 친친 감긴 고대 이집트 미라의 이미지를 떠올리기 쉽지만 사실 이런 방식으로 시신을 보존하려 한 시도는 이집트인이 처음도 마지막도 아니었다. 오스트레일리아 원주민과 칠레의 친초로Chinchorro 부족은 이집트인들보다 한발 앞서 방부 처리를 시도했다. 방부 처리는 다양한 이유로 행해졌다. 이집트에서는 3,000년 동안 내세를 떠도는 망자의 영혼이 부패하지 않고 고이 보존된 육신으로 돌아올 수 있기를 기원하며 방부 처리를 했다. 그런가 하면 칠레의 친초로 부족은 애틋한 이와 작별하는 것을 조금이라도 늦추기 위해 방부 처리를 했다. 이 밖에 더 실용적인 이유도 있는데, 사망 이후 사체가 급속히 부패하므로 사전에 방부 처리를 해서 멀리 떨어진 매장지로 이동할 때 시신이 온전히 유지되도록 하려 한 것이다. 그런가 하면 시신의 신원 확인이나 과학적 연구를 지원하는 차원에서 방부 처리가 시도되기도 했다. 그러나 그 이유와 상관없이 각 문화권에서 방부 처리 방식과 기법이 다양하게 발전했을 뿐만 아니라 때로는 매우 기이한 양상을 보였다.

어설픈 답습

천 년이 지나도록 변치 않고 후대에 고스란히 발굴된 이집트 미라 수천 구는 고대 방부 처리 기술의 우수성을 증명하는 산물이다. 고대 이집트인은 후세의 전문의들처럼 동맥 방부 처리술을 이용하는 대신 약초와 향신료, 소금 등의 재료를 이용해 시신을 보존했다. 고대 이집트의 방부 처리 과정을 살펴보면, 우선 항문을 통해 내장을 제거하고 여기에 약초와 향신료, 소금 등이 가미된 방부제를 첨가했다. 뇌는 잘게 부순 다음, 콧구멍 안으로 쇠갈고리를 집어넣어 도려냈다. 방부 처리 방법은 왕조별로 조금씩 달랐으나, 이집트의 방부 처리 전문가들은 일반적으로 송진을 먹인 리넨으로 빈 두개골을 채웠다. 도려낸 장기는 세척한 다음 약초와 향신료, 송진과 섞어서 제 위치에 돌려놓거나 항아리에 저장했다. 장기를 들어낸 후 빈 부분은 향신료가 섞인 야자 주로 씻어냈다. 그러고 나면 사막의 건호乾湖에서 채취한 천연 탄산소다(나트륨염)에 약 40~70일 동안 사체를 담그고 탈수될 때까지 그대로 두었다. 이러한 건조 과정에서 손가락과 발가락이 떨어져 나가면 즉시 제자리로 복원했다. 이렇게 하면 훗날 찾아올 영혼을 생전의 모습으로 맞이할 수 있다고 여겼기 때문이다. 이 모든 과정이 완료되면 사체를 씻기고 자세를 곧게 편 다음 빈 곳을 채웠다. 그리고 기름과 고무수지를 발라 곤충이 접근하지 못하게 했다. 또 복부의 절개 부위는 봉합하고, 콧구멍은 송진이나 밀랍으로 틀어막았다. 이렇게 하고 나면 드디어 붕대로 미라를 감았다. 길이가 축구 경기장 10

개를 합친 길이로 약 1킬로미터에 달하는 폭이 좁은 붕대를 고무나 아교로 하나로 연결해 사체를 둘둘 감싸두면 주변 환경으로부터 사체를 보호하는 동시에 사체가 팽창하는 것도 방지할 수 있었다.

중세 유럽인은 이집트 미라를 약제로 섭취했지만 당대의 사체를 방부처리하는 문제에는 그다지 열성적이지 않았다. 영국에서는 주로 귀족과 고위 성직자들이 방부 처리되었으며, 이들은 부활에 대비하여 육신을 온전히 보존하려던 것으로 추정된다. 기술적 측면을 살펴보면, 이집트에서처럼 장기를 제거하고 사체 자체를 방부 처리하는 경우는 몹시 드물었다. 그저 안쪽에 납을 댄 관을 사용하거나 밀랍 먹인 천으로 사체를 감싸는 등의 방식을 택하여 관 자체를 밀봉하거나 사체를 동여매는 간단한 수준에 그쳤다.[52]

이처럼 전문 기술이 발전하지 않은 수준이었기에 간혹 장례식 도중에 거북한 상황이 연출되기도 했다. 1066년에 발발한 헤이스팅스 전투Battle of Hastings에서 승리를 거둔 정복왕 윌리엄William the Conqueror은 1087년 프랑스 북부의 낭트 지방을 점령했다. 당시 그는 뜻밖에도 적군의 공격이 아니라 말에서 떨어지는 사고로 치명적인 부상을 당했다. 윌리엄은 루앙으로 후송되었으나 도착 후 바로 사망했다. 왕의 사체는 캉에 소재한 성 스테판 대성당Abbey of St. Stephen에 매장되어야 했기에 사람들은 급히 방부 처리를 진행한 후 거구의 위대한 정복자를 석관에 억지로 구부려 넣었다. 결국, 장례식 도중 윌리엄의 시신에서 창자가 터져 나왔고 사방에 끔찍한 악취가 풍겼다. 이 장면을 목격한 참석자들은 새삼 신에 대한 경외심에 휩싸였다.

당혹스러운 장례에 관한 비슷한 사례로 교황 알렉산데르 6세의 경우를

---

52 2005년 9–10월 판 《영국 고고학(British Archaeology)》 84호 p. 31 '잃어버린 시간을 위한 레퀴엠(Requiem for a Lost Age)', 로베르타 길크라이스트

들 수 있다. 루크레치아^{Lucrezia}와 체사레^{Cesare}의 부친이자 세속적이며 호색과 탐욕으로 악명 높은 교황 알렉산데르 6세, 로드리고 보르자^{Rodrigo Borgia}는 1503년 8월 로마에서 사망했다. 이후 그의 시신은 성 피터스^{St. Peter's} 교회 옆에 있는 산타마리아^{Santa Maria della Febbre} 예배당으로 이송되었다. 당시 푹푹 찌는 한여름의 열기에 사체가 급속히 부패하면서 시신은 안면이 검게 변하고 몸에서는 김이 올라왔다. 게다가 시신이 괴이한 형상을 연출할 정도로 이상하게 부풀어 올랐으므로 목수는 그 끔찍한 모습에 치를 떨며 사체를 관 속에 쑤셔 넣어야 했다. 교황의 시신이 너무도 추하게 변한 나머지 도저히 자연사했다고는 볼 수 없는 지경에 이르자 사람들은 그가 아들 체사레에게 독살된 것이 분명하다고 생각했다. 교황 알렉산데르 6세의 실제 사망 원인은 말라리아로 추정된다.

영국인 의사 윌리엄 하비^{William Harvey, 1578~1627}는 혈액이 순환한다는 사실을 발견하여 동맥 방부 처리술의 실용화에 이바지했다. 덴마크 출신 의사 프레데릭 루이쉬^{Fredrick Ruysch, 1665~1717}는 동맥 방부 처리술을 최초로 실험한 인물 중 한 사람으로 꼽힌다. 그가 시도한 기본 시술 형태는 오늘날에도 이용된다. 당시에는 종교적 배경 등의 사유와 관계없이 해부 실습과 연구용으로 사체를 보존하기 위해 방부 처리술을 고안했다. 훗날 루이쉬는 버팀목 등을 이용해 방부 처리된 표본 사체를 종종 예술적 자세로 전시했고 사람들은 관람료를 내고 줄을 서가며 그의 작품을 감상했다. 루이쉬의 전시 공간은 '루이쉬의 신기한 보물 창고^{Ruysch's Repository of Curiosities}'로 널리 알려졌다. 전시품에는 〈매독에 걸린 매춘부의 해골을 걷어차는 아기 다리〉 혹은 〈맥주통을 든 술 취한 쥐〉와 같은 기발한 부제가 붙었다. 관람료가 있긴 하지만 이처럼 기발한 천재적인 작품을 그냥 지나칠 사람이 몇이나 되었을까? 그러나 루이쉬는 동맥 방부 처리술 분야의 개척자는 아니다. 동맥 방부 처리술을 발견해 실제로 명성을 얻은 인물은 스코틀랜드의 해부학자 윌리엄 헌터^{William Hunter, 1718~1783} 박사다.

루이쉬는 사체의 혈관에 알코올을 비롯한 혼합 방부제를 주입한 것으로 알려졌다. 반면에 헌터는 이보다 한 단계 나아가 우선 사체에서 혈액을 빼내고, 혈액 대신 수은제와 정유, 알코올, 진사(수은으로 이루어진 황화 광물), 장뇌(모노테르펜에 속하는 케톤의 하나. 무색의 고체), 수지 혹은 송진 등을 주입했다. 그리고 방부 처리를 거쳐 관 속에 안치한 사체 옆에 구워진 석고를 넣어 보존이 잘되게 했다. 자신의 새로운 기술을 선보이고 싶었던 헌터는 1775년 당시 런던에서 치과 의사로 활동하던 친구 마틴 반 부첼Martin van Butcell의 부인이 사망하자 방부 처리를 하게 되었다. 당시 목격자들이 진술한 바로는 부첼 부인의 사체가 바싹 마르고 오그라들어 보기 흉한 상태였다고 전해지는데, 이를 통해 헌터의 방부 처리 기술이 완벽하지 않았음을 알 수 있다. 그럼에도 이 불운한 여인은 이후 부첼의 런던 자택에 전시되어 일종의 홍보물로 헌터의 업적을 알리는 데 사용되었다. 이처럼 헌터와 부첼의 대담한 시도는 사회적 비난을 불러일으켰다. 부첼 부인의 방부 처리된 사체가 전시되는 한 부첼은 아내 덕택에 꾸준한 수입을 올릴 수 있었기 때문이다. 그러나 부첼은 혹독한 반대 여론을 견뎌내고 훗날 재혼할 때까지도 전처의 시신을 계속 자택에 전시했다. 부첼의 두 번째 부인이 매일같이 전 부인과 맞닥뜨리는 데 신물이 나 결국 그녀를 지역의 한 박물관으로 쫓아낸 것도 무리는 아니었다. 훗날 런던 왕립 외과 대학 박물관으로 옮겨진 부첼의 첫 번째 부인은 1941년까지 그곳에 전시되다가 독일의 폭격으로 한 줌의 재가 되고 말았다.

예술적 혼을 불어넣다

헌터 박사가 치과 의사의 부인을 견본 삼아 전시 사업에 열을 올릴 무렵, 바다 건너 프랑스에서는 한 남자가 또 다른 기법으로 동맥 방부 처리술을 실험했다. 파리 근교 알포르 국립 수의학 대학 2층에는 프라고나르 해부학 박물관Musee Fragonard이 있었다. 이곳에는 머리 두 개 달린 송아지와 종기가 터져 고름으로 뒤덮인 남자의 머리를 표현한 밀랍 주형, 네 발 달린 닭, 끔찍한 기형아 등 상상할 수 있는 모든 기형적 동물과 인간의 모형이 유리병에 담겨 층층이 쌓여 있었다. 이러한 광경은 마치 괴기스러운 버전의 바넘 & 베일리 서커스Barnum & Bailey Circus를 연상케 했다. 그리고 뒷방 입구를 가린 커튼을 젖히면 프라고나르의 또 다른 전시실이 나타났다. 이곳에 들어서면 피부가 벗겨진 실물 크기의 한 남성이 역시 가죽이 벗겨진 상태로 달리는 자세의 말 등에 앉아 있는 모습과 맞닥뜨리게 된다. 이 작품에는 〈묵시록의 기사The Horseman of the Apocalypse〉라는 제목이 붙었다. 이 작품의 왼편에 전시된 〈삼손Samson〉이라는 작품은 피부가 벗겨졌으며, 유난히 큰 검은 음경을 드러낸 사체가 한 손에 당나귀 턱뼈를 쥐고 흔들며 똑바로 서 있는 모습을 표현했다.

이 전시품은 바로 오노레 프라고나르Honore Fragonard, 1732~1799의 '작품'이었다. 그는 자신보다 훨씬 유명했던 로코코풍 화가 장 오노레 프라고나르Jean-Honore Fragonard의 사촌이자 프로방스에서 향수를 제조하는 유명 가문의 자손이기도 했다. 의학을 공부한 프라고나르는 1765년에 리옹에 소재한 세계 최초의 수의학 대학에서 해부학 교수와 교장직을 역임했다. 과학 교육의 활성화를 도모하던 프라고나르는 이곳에서 자신의 독특한 방부 처리술을 완성했다. 당대의 여러 해부학자와 프라고나르의 차이점이라면, 프라고나르는 살아 있는 사람의 생동감 있는 피부를 표현하는 데는 관심이 없었다는 점이다. 대신 그는 아예 피부를 벗겨 피부 밑 조직 구조가 그대로 드러나게 했다. 참고로, 생동감 있는 피부 표현은 현대의 방부 처리 전문가들조차 어려워하는 부분이다.

프라고나르는 자신의 방부 처리 기술을 예술로 승화했다. 일단 사체의 피부를 벗기고 자신이 원하는 자세로 고정해두었다. 그리고 근육이 제 위치에 남아 있을 수 있게 주의하며 해부를 시작했다. 프라고나르는 종종 힘줄과 혈관에 채색된 밀랍을 주입했다. 또 향신료와 알코올 혼합물을 사체의 동맥에 주사하여 부패를 막는 기술을 개발하기도 했다. 방부 처리의 마지막 단계에서는 사체에 니스를 여러 겹 덧발라 마무리했다. 이렇게 탄생한 해부학 모델은 정맥과 근육이 선명히 드러나 호기심 어린 의과대학생들의 이목을 끌었다.

그러나 아쉽게도 프라고나르의 업적은 크게 인정받지 못했다. 그가 수의학 대학에 발을 들여놓은 지 6년 만에 선배들은 그의 기행을 빌미로 그를 해고했다. 사실 프라고나르의 여러 작품은 동료의 심기를 불편하게 했을 뿐만 아니라 일반 대중에게도 반감을 샀기에 자연히 과학적 가치를 제대로 인정받지 못했다. 또 프라고나르가 일부 작품을 전시하는 데 이용한 기법은 필요 이상으로 섬뜩하고 연출적인 것으로 여겨졌다. 이러한 비평가들의 견해는 전혀 타당성이 없는 것은 아니었다. 일례로 그의 작품 〈묵시록의 기사〉에는 한때 붉은 리본으로 꾸민 고삐가 달려 있었다. 그뿐만 아니라 태아의 사체 세 구로 표현한 작품은 마치 그들이 신나게 춤추는 듯한 모습으로 연출되었다. 이 작품은 예민한 대중의 반감을 샀다. 프라고나르는 해임되고 나서 수십 년간 자취를 감췄다. 그러나 꾸준히 신기한 작품을 창작하며 종종 프랑스 전역에서 비밀 전시회를 열었다.

프라고나르는 1795년 파리 보건 전문 대학Ecole de Sante in Paris의 해부학 책임자로 임용되면서 잠시 활동을 재개할 수 있었다. 당시 그는 과학 발전을 위해 자신의 방부 처리 기법을 완벽한 경지로 끌어올리겠다고 단언했다. 그러나 4년 후 67세를 일기로 사망함에 따라 이 괴벽스러운 학자의 포부는 실현되지 못했다. 프라고나르의 작품 대다수는 프랑스 혁명기에 훼손되었으며, 현재까지 20점만이 남아 있다.[53]

---

53 프라고나르 해부학 박물관(Musee Fragonard)은 알포르 국립 수의학 대학(Ecole Nationale Veterinaire d'Alfort – 7 Avenue du General de Galulle, 94704 Maisons-Alfort, Paris, France) 내에 자리한다.

오스트리아 출신의 군터 폰 하겐스^{Gunter von Hagens}는 인체 표본화(장기 및 인체 조직에 있는 물과 지방을 모두 제거하고 그 대신 실리콘 등 화학 성분을 채워 넣는 특수 시신 보존법) 기법을 고안한 사람이다. 폰 하겐스가 개인적으로 추구한 과학적 이상이나 섬뜩한 분위기를 자아내는 전시품, 작품에 대한 끊이지 않는 논란 등을 보면 가히 프라고나르의 현대판 계승자라고 해도 손색이 없을 것이다. 폰 하겐스의 〈인체의 신비전^{BODY WORLDS}〉에 발을 들여놓으면 한쪽 뺨의 피부가 벗겨진 채 역동적 자세를 취하는 여러 인체 모형과 맞닥뜨리게 된다.

〈축구 선수^{The soccer Player}〉라는 작품은 피부가 벗겨진 상태로 벌거벗은 채 골문으로 공을 차 넣는 자세의 선수를 표현했다. 살점과 뼈대가 모두 드러난 폰 하겐스의 작품은 가히 프라고나르의 그것과 견줄 만했다. 또 다른 작품 〈생각하는 사람^{The Ponderer}〉은 가만히 앉은 자세로 명상에 빠진 한 남자를 표현했다. 이 남자의 갈라진 두개골 틈으로 뇌가 보이고, 마치 죽 뻗은 열차 선로처럼 뇌까지 연결된 척추가 훤히 드러나 있다. 이처럼 훌륭한 보존 상태를 자랑하는 수많은 사체는 선홍색 근육과 잘려나간 장기가 훤히 들여다보이도록 연출되어 인체의 운동과 호흡, 반응, 섭취, 배변이 이루어지는 놀라운 현상을 사실적으로 보여준다. 익명의 한 관람객은 폰 하겐스의 전시장을 '침묵의 핑크빛 공장'이라고 표현하기도 했다. 툭 불거진 안구를 드러낸 채 어색하게 미소 짓는 '마네킹'과 대면한 관람객이라면 아무래도 심기가 몹시 불편해질 법도 하다.

폰 하겐스가 1977년에 고안한 인체 표본화 기법을 적용하면 사체를 매우 유연하게 만들 수 있다. 즉 사체를 구부려 뛰거나 점프하는 등의 다양한 자세를 연출할 수 있다. 〈인체의 신비전〉은 1995년부터 전 세계를 돌며 수백만 명에 이르는 관람객을 매료시켰다. 그뿐만 아니라 세계 곳곳의 교육 기관 400여 군데에서 폰 하겐스의 인체 표본화 기법을 활용해 해부학 표본을 보존시켜 학습 및 교육용으로 이용하고 있다. 1983년에 폰 하겐스는 가톨릭교회의 요청을 받아 1179년에 사망한 빙겐의 성녀 힐데가르드Hildegard of Bingen의 발꿈치 뼈를 표본화했다. 이 작업을 계기로 폰 하겐스는 교회 측에 교황 요한 바오로 2세의 인체 표본화 작업을 제안하기도 했다. 그러나 처음에는 그의 계획에 관심을 보이던 교회 측은 결국 거절했다.

폰 하겐스는 진공 기술을 이용해 인체 내의 수분을 뽑아내고 실리콘 고무나 에폭시 수지, 폴리에스터 수지 등 반응성 합성수지를 사체에 주입하는 방식으로 부패의 진행을 막았다. 한편 폰 하겐스는 끊임없이 논란을 몰고 다녔는데, 가톨릭교회에서는 이제 와서 그의 인체 표본 작업과 전시회를 맹렬히 비난하기 시작했다. 망자의 존엄성을 철저히 모독하고 인체를 한낱 사물로 격하시킨다는 것이 비난 사유였다.[54]

그런가 하면 폰 하겐스가 이용한 사체의 출처에 관한 논란도 불거졌다. 독일의 《슈피겔Der Spiegel》지는 러시아와 중국에서 처형된 죄수들의 사체를 사들여 표본화한 혐의로 폰 하겐스를 고소했다. 폰 하겐스는 해당 혐의를 강하게 부인하며 자신이 이용한 모든 시신은 고인의 유언에 따라 유족이 기증했거나 중국, 러시아의 여러 지역 기관에서 제공한 신원불명의 사체라고 주장했다. 급기야 2005년도에 이르러 폰 하겐스는 《슈피겔》지가 제기한 소송에 대해 독일 법원에 금지 명령을 신청했다. 오늘날에는 그와 같은 형태의 고소가 법적으로 금지된 상태이다. 폰 하겐스의 공식 홈페이지에는 6,593명에 달하는 사체 기증자 목록이 당당하게 공개되어 있다. 여기에는 미국인 140명도 포함되어 있다. 사체 기증 신청자 가운데 350명은 이미 사망한 상태이므로 곧장 인체 표본화 과정에 들어갈 수 있다. 기증자의 수만 본다면 폰 하겐스가 굳이 불법 사체 거래에 휘말릴

---

54 2005년 3월 2일 판 《타임스》, '폴란드, 나치군보다 거북살스러운 '닥터 데쓰'의 전시회(Poles Reject Dr Death's Display Over Nazi Links)', 로저 보이에스

필요는 없어 보인다. 향후 하겐스 박사의 전시회 작품이 되고자 하는 사람들은 해당 웹사이트에서 기증 동의서를 내려 받아 작성하면 된다. 동의서에 서명한 기증자는 사후 24시간 안에 폰 하겐스 박사의 방부 처리 시설로 이송될 것이다. 폰 하겐스 박사는 이처럼 사체 기증 프로그램을 주관하는 동시에 사체 기증에 관심 있는 사람들을 대상으로 하이델베르크 인체 해부 표본 연구소에서 2년마다 회의를 개최한다. 이 회의를 통해 잠재적 기증자에게 정보를 제공하고 인체 표본화 참여를 장려하고 있다.

허락되지 않은 안식

고대 이집트인은 종교적 이유를 바탕으로 방부 처리술을 고안한 한편, 프라고나르를 비롯한 유럽인은 주로 해부학적 연구로 방부 처리 기법을 개발했다. 그러나 앞서 헌터 박사가 부첼 부인을 전시물로 활용한 일화에서도 드러나듯이 방부 처리술에 항상 고상한 의도만 반영된 것은 아니다. 다시 말해, 사람들은 단순히 돈벌이를 위해서 방부 처리술을 이용하기도 했다. 공공 전시를 목적으로 인체 표본을 방부 처리한 역사는 길고도 낯부끄러울 정도다. 과거에는 인체 표본이 종종 순회 공연단의 부수적인 오락거리로 등장하기도 했다.

크리스토퍼 콜럼버스 시절의 인디언 아라와크Arawak 족에서부터 '호텐토트 비너스(Hottentot Venus, 사라 바트만이라는 세례명을 받은 남아프리카공화국 코시 출신 여성으로 19세기 초에 런던으로 팔려와 대중적 전시품으로 전락했다)'에 이르기까지 비유럽 출신 민족은 종종 유럽과 미국에서 눈요깃거리로 전시되었다. 이러한 '전시품들'의 일부 소유주는 자신의 소유물이 사망하고 나서도 전시를 계속했다. 이처럼 냉혹한 처사는 방부 처리 기술자는 물론 잔인한 호기심을 품은 대중, 그리고 도덕심의 결여가 빚어낸 합작품이었다. 개중에 두드러지는 사례로 훌리아 파스트라나Julia Pastrana

의 경우를 들 수 있다. 멕시코 출신의 이 젊은 여성은 '수염 달린 여자', '세계 최악의 추녀' 등의 이름을 달고 전 세계를 돌며 전시 수익을 벌도록 강요받았다. 그러던 중 1860년 그녀가 26세를 끝으로 모스크바에서 사망하자 전시회 담당자 테오도르 렌트Theodore Lent는 한 러시아 교수를 고용하여 파스트라나의 사체를 방부 처리하게 했다. 이렇게 해서 파스트라나는 유리 진열장 안에 보관된 채 죽어서까지 전 세계를 떠돌았고, 1970년대 후반까지도 노르웨이에서 전시되었다.

아메리카 원주민 역시 비슷한 운명을 견뎌야 했다. 이들이 전시품으로 전락한 계기는 돈이 아니라 복수심이었다. 원주민 희생자 중에는 백인 개척자들에게 '블랙 호크'로 알려진 인디언 마카테미쉬키아키악Ma-ca-tai-me-she-kia-kiak도 있었다. 소크Sauk 족 전사인 블랙 호크는 1767년 현재의 일리노이 주 지역에서 태어났다. 훗날 백인 개척자들과 미국 정부에 반대하는 시위단을 이끈 블랙 호크는 1832년에 배드액스 전투에서 패했다. 6년 후 블랙 호크가 사망하자 그의 묘지는 훼손되고 사체는 도굴당했다. 나중에 블랙 호크의 유해를 찾았으나 아이오와 주 벌링턴Burlington으로 보내져 지역 박물관의 전시품으로 전락했다. 그러다 1855년 해당 박물관에 화재가 발생해 블랙 호크의 시신도 소실되었다. 블랙 호크의 시신마저 자취를 감추자 미국 사람들은 그제야 그의 넋을 기리기 시작했다. 일리노이 주 오리건 지역을 가로지르는 강 건너편 절벽에는 이 전사의 조각상이 세워져 당시의 흔적을 엿볼 수 있다.

아메리카 원주민 출신인 '잭 경감Captain Jack'의 모독Modoc 족 본명은 킨트푸아시Kintpuash였다. 그는 미국의 에드워드 캔비Edward Canby 장군을 살해한 혐의로 1873년 캘리포니아에서 교수형을 당했다. 당시에는 백인이 원주민 지역을 서서히 잠식해가고 있었기 때문에 본래 북부 캘리포니아를 근거지로 삼던 모독 족은 1864년에 이르러 캘리포니아와 오리건의 경계에 있는 클래머스Klamath 족 보호 구역으로 옮겨 새로운 둥지를 틀어야 했다.

사실 이 보호 구역에는 모두 족 외에 토착민인 클래머스 족과 피트리버 족 인디언이 거주하며 삶의 터전을 공유하고 있었다. 클래머스 족과 수차례 마찰을 겪은 잭 경감은 1870년대 초 마침내 소수의 추종자를 이끌고 보호 구역을 떠났다. 이 무리는 본래 자신들의 수렵지로 복귀하고자 했다. 이에 미국 측에서 잭 경감 일당을 보호 구역으로 돌려보내고자 남북전쟁에서 활약한 캔비 장군을 협상 담당자로 급파했으나 그는 약속 장소에 도착하자마자 머리에 총탄 두 발을 맞고 즉사했다. 이후 잭 경감은 얼마 지나지 않아 자신을 따르던 인디언 전사 세 명과 함께 체포되어 교수형을 당하고 포트클래머스에 매장되었다. 그러나 잭 경감의 시신은 묻힌 지 고작 하루 만에 도굴된 것으로 전해진다. 잭 경감의 시신은 결국 방부 처리되어 수년간 미국 전역을 떠돌며 순회공연의 전시품 노릇을 했다. 훗날 그의 머리는 워싱턴 군의학 박물관에 기증되었다.

1976년 12월 7일, 캘리포니아 롱비치에 있는 뉴파이크 놀이 공원에서는 ABC 방송국이 제작한 화제작 〈600만 불의 사나이〉 촬영이 한창이었다. 그런데 뜻밖에도 이 촬영 도중에 영리를 목적으로 방부 처리되어 전시물로 전락한 한 시신의 기이한 일화가 세상에 드러났다. 당시 촬영 감독은 카우보이 복장으로 밧줄에 매달려 있는 마네킹을 발견하고 관계자에게 마네킹을 치우라고 지시했다. 그 마네킹은 오랫동안 놀이 공원 유령의 집에 전시되고 있었다. 관계자가 마네킹을 끌어내리려고 팔을 잡아당기자 툭 하고 팔이 떨어져 나왔다. 그 자리에 있던 사람들이 소스라치게 놀란 이유는 떨어진 팔이 실제 인체의 일부였으며 평범한 모형이 아니었기 때문이다. 나중에는 팔뿐만 아니라 나머지 신체 부위도 마네킹이 아닌 진짜 인간의 것으로 밝혀졌다. 흡사 살아 있는 듯한 이 마네킹의 정체는 방부 처리된 엘머 맥커디Elmer McCurdy의 시신이었다.

방부 처리된 카우보이의 시신은 놀이 공원과 전혀 어울리지 않는다. 그렇다면 맥커디는 도대체 어떤 이유로 롱비치까지 흘러들어온 것일까?

기이하게도 엘머의 입속에는 1924년도에 생산된 1페니짜리 동전과 로스앤젤레스 범죄 박물관 티켓이 발견되었고, 검시 조사관들은 이 단서를 토대로 이 남성에게 일어난 사건의 전모를 밝혀낼 수 있었다.

1880년에 태어난 맥커디는 1911년에 오클라호마 오케사 부근에서 열차 절도를 감행해 범법자 대열에 합류했다. 사실 열차 내 금고에는 고작 46달러가 있었다. 그러나 이처럼 적은 액수에도 경찰은 맥커디를 끝까지 뒤쫓아 관행대로 총살했다. 그후 맥커디의 시신은 오클라호마 포후스카에 있는 장례식장으로 옮겨졌다. 그런데 유족으로 짐작되는 이가 한 사람도 나타나지 않자, 돈벌이 기회를 노리던 한 장의사가 시신을 방부 처리하고 말았다. 장의사는 방부 처리한 맥커디의 시신에 '영원한 악당'이라는 이름을 붙여 전시하며 5센트씩 관람료를 받아 챙겼다. 그는 이 방법으로 5년 동안 생활비를 벌 수 있었다. 그러던 어느 날 맥커디의 친척이라고 사칭하는 사기꾼 두 명이 나타나 이제는 정식으로 장례식을 치러줄 때라고 주장하고 나섰다. 물론 맥커디에게 그러한 행운이 허락될 리 없었다. 결국 잭 경감과 마찬가지로 맥커디의 시신도 도굴되어 순회 공연단의 전시품으로 전락하고 말았다. 몇 년이 지나 공연단에서 더 이상 그의 시신을 원하지 않자 시신은 놀이 공원으로 보내졌다. 이때부터 그의 본래 인적 사항은 깡그리 묻혀버렸다.

1977년 4월 마침내 맥커디의 신원이 확인되자 시신은 오클라호마로 반환되었다. 죽어서도 유랑을 멈출 수 없었던 그는 죽은 지 60년이 지나서야 서밋 뷰 공동묘지에 안치되었다. 오클라호마 주 사학회에서는 장례 당일 말이 끄는 장의용 마차를 제공해 조의를 표시했다.

수축의 기술과 의의
루이쉬와 프라고나르, 그리고 폰 하겐스는 하나같이 방부 처리술을 토대로 과학 지식의 활성화에 기여한 최초의 일류 과학자가 바로 자신이라고 주장했다. 이 세 사람이 자신의 표본 작품을 공개적으로 전시한 것은 나중에 추진한 일이다. 그렇다면, 방부 처리된 사체들이 적나라하게 공개된 전시회가 과학과 예술의 경계를 넘어 한낱 망자에 대한 모욕적 처사로 전락하는 기준 시점은 언제일까? 1980년대 초, 뉴욕 국립 인디언 박물관의 큐레이터는 바로 이러한 윤리적 쟁점에 봉착했다. 당시 해당 박물관에서 가장 인기몰이를 하던 전시품의 철수가 결정되었기 때문이다. 철수 사유는 이 작품이 섬뜩한 느낌이 들게 하는 동시에 도덕적으로도 석연치 않다는 것이었다.

〈리틀 맨Little Men〉이라는 제목이 붙은 이 작품의 중심은 쪼그라든 두 사체였다. 이중 한 사람은 키가 약 79센티미터이고 다른 한 사람은 약 66센티미터로, 미니어처 크기에 불과했다. 이 사체 두 구가 왜 방부 처리되었는지 알아낸 사람은 아무도 없다. 현재 소인 사체 두 구는 송환지가 결정될 때까지 처분이 무기한 연기된 상태다. 두 사람 중 아프로(아프리카 흑인)형 머리 스타일로 키가 더 작은 쪽은 후안 크라테일Juan Krateil이라는 라틴아메리카계 폴란드인 광산 기술자가 1920년에 구입해서 박물관에 기증한 것이다. 그러나 이후 귀스타브 스트루브Gustave Struve라는 에콰도르인이 나타나 해당 전시물은 자신이 몇 년 전에 도둑맞은 작품이라고 주장했다. 오랜 심의 끝에 박물관은 스트루브에게 500달러를 지급했고, 그는 재빨리 돈을 받아 챙겼다. 스트루브는 곧이어 또 다른 인체 표본 한 구를 제시했는데 백발과 하얀 턱수염으로 뒤덮인 두 번째 사체의 출처는 스페인으로 추정되었다.

에콰도르의 히바로Jivaro 인디언은 숙련된 방부 처리 기술을 바탕으로 '적의 머리통'을 잘라 수축시키고 전리품으로 목 주변에 걸고 다니는 풍습이 있었다. 그래서 처음에는 히바로 부족이 '리틀 맨'을 탄생시킨 장본인으로 짐작되었다. 그러나 몸 전체를 수축시키는 기법이 이 부족의 관습인지를 물었을 때 부족 구성원들의 반응은 회의적이었다.[55] 따라서 쪼그라든 인체 표본 두 구는 히바로 부족의 관습보다는 금전적 이익과 관련 있는 듯했다. 스트루브가 세상에 공개한 작품은 단 두 점에 불과했으나 그처럼 수준 높은 기법을 구사하기까지 그가 이용했을 사체의 수를 떠올려보면 오싹함에 움츠러들게 된다.

한편, 스트루브의 구체적인 방부 처리 기법이나 방부 처리를 시도한 동기, 사체의 출처 등은 밝혀지지 않았다. 단지 그가 히바로 부족의 기술을 어느 정도 모방했을 것이라 짐작할 따름이다. 스트루브와 달리 히바로 부족은 구체적인 동기에서 적의 머리를 수축시켰다. 그들은 적의 머리를 목에 걸고 다님으로써 자신의 힘을 키울 수 있다고 믿었다. 찬트사Tsantsa라고도 알려진 수축된 적의 머리는 신비한 힘을 발휘하는 것으로 여겨졌다. 즉 적의 머리를 소지하면 저승에서 이쪽 부족의 산 자와 죽은 자를 모두 해코지하려는 적의 영혼을 저지하게 되므로, 머리를 달고 다니는 전사 자신뿐만 아니라 그 조상까지도 이롭게 할 수 있다고 믿었다.

머리를 수축시키는 데는 약 일주일 정도 소요되었으며, 주의력과 정확성을 바탕으로 수축 작업이 진행되었다. 우선 두개골에서 피부와 모발을 조심스레 벗겨야 하며, 그 피부와 모발은 곧장 강으로 흘려보내 아나콘다의 먹이가 되게 했다. 눈꺼풀은 감긴 상태에서 천연 섬유를 이용해 기워 붙였다. 입은 나무 꼬챙이로 꿰어놓았다가 나중에 촌따(야자나무의 일종) 씨를 엮은 줄로 갈아 끼웠다. 그러고 나서 신성한 항아리에 머리를 넣고 약 한 시간 반 동안 약한 불로 끓였다. 이때 너무 끓여서 체모가 빠지는 일이 없도록 주의해서 지켜봐야 했다. 다 끓이고 나면 머리는 본래 크기의 삼분의 일로 줄어들고 마치 거무스름한 고무 같은 모양으로 변했다. 이즈음에 마치 고무장갑을 다루듯 거죽을 뒤집어서 피부 안쪽에 남은 물질을

---

55 『히바로, 신성한 폭포수의 후예(The Kivaro: People of the Sacred Waterfalls)』 마이클 하너 저

긁어 벗긴 다음, 다시 한 번 뒤집어서 본래의 형태로 되돌려놓았다. 뒤통수를 가를 때 난 상처는 작은 틈을 남기고 다시 꿰맸다. 그리고 나중에 이 틈으로 불에 달군 돌멩이를 밀어 넣어 머리 내부를 바싹 그슬리고 머리 자체를 좀더 수축시킬 수 있게 했다. 이렇게 수축 과정이 진행되는 동안 계속해서 머리를 돌려 안쪽의 뜨거운 돌멩이가 살갗을 태우지 않게 주의를 기울였다. 그런 다음 코와 귀로 뜨거운 모래를 부어 돌멩이 사이의 공간을 채웠다. 마지막으로 얼굴 바깥쪽에도 돌멩이를 달아 마무리하고 형태를 잡고 나서, 달군 칼을 입술에 가져다 대어 입술을 완전히 말렸다.

슈아르Shuar라고 불리는 일부 아마존 부족의 수축된 두상은 오늘날까지 옥스퍼드 대학 피트리버스 박물관에 전시되고 있다. 국립 인디언 박물관에 소장된 〈리틀 맨〉처럼 피트리버스 박물관에서도 수축된 두상들은 가장 인기 있는 전시품에 속한다. 이 박물관에는 2천여 구에 이르는 유해가 보존되고 있으며, 이중 다수는 아우구스투스 피트리버스Augustus Pitt-Rivers 장군이 19세기경에 수집한 것으로 알려졌다.

피트리버스 박물관의 큐레이터 로라 피어스Laura Peers 박사는 뉴욕 국립 인디언 박물관 큐레이터와 마찬가지로 윤리적인 문제를 놓고 고심해왔다. 그러던 중 2007년에 이 인기 전시품들에 둘러싸여 지내는 기분이 그다지 '편치 않다'는 점을 시인했다. 아울러 에콰도르인들에게 의견을 물은 다음, 전시된 두상을 본거지로 돌려보내는 방안도 검토해보았다고 발표했다.[56] 이후 박물관 측에 본국으로 반환될 두상을 대신할 대체 전시품과 관련하여 건의가 하나 들어왔다.

미국 태생의 테드 드완Ted Dewan은 옥스퍼드에서 화가로 활동하고 있었다. 피어스 박사의 전시품 송환 계획에 고무된 드완은 현재 전시된 두상들이 본국으로 송환될 경우, 자신의 머리를 수축시켜 기증하겠다고 결심

---

56 2007년 2월 14일 판 《옥스퍼드 타임스》, '수축된 두상의 향방은?(Should Shrunken Heads Stay in Museum?)'

했다. 드완은 전통적 방식을 이용한 머리 수축 과정과 그 보관 및 유지에 드는 비용까지 자기가 부담하겠다고 나섰지만, 피트리버스 박물관은 그의 제안을 거절했다.[57]

피트리버스 박물관의 수축 두상들은 '죽은 적군에 대한 처우Treatment of Dead Enemies'라는 전시실에 진열되어 있다. 적의 두상에 대한 이 같은 의도적인 모독 행위는 비단 히바로나 슈아르 부족에 국한되지 않으며, 흔히 예술성과 기교는 배제되었다.

이탈리아의 피스토이아Pistoia 시는 축구의 본고장으로 유명하다. 오늘날 피스토이아의 축구 선수들은 1만 2천 석의 관중석을 갖춘 스타디오 코무날레 경기장에서 밝은 주황색 유니폼을 입고 경기에 임하지만, 500년 전에 이 지역에서는 훨씬 과격한 분위기의 축구를 즐겼다. 1500년대 초에 앙숙이던 칸셀리에리Cancellieri와 판치아티키Panciatichi 가문의 관계는 점점 악화돼 연일 상호 간에 학살과 방화가 끊이지 않았다. 한 번은 특히 격렬했던 싸움 끝에 칸셀리에리 사람들이 상대편의 잘린 머리 12개를 창에 매달아 보이면서, 길거리 칼치오(공차기라는 뜻) 경기 때 차고 돌아다녔다.[58]

한때 백인 개척자들이나 에콰도르 인디언은 복수심에 불타 블랙 호크와 잭 경감을 전시물로 전락시켰다. 칸셀리에리 가문 사람들 역시 적에게 굴욕감을 줌으로써 자신들의 힘을 다시금 확인했음이 틀림없다.

---

57 2007년 5월 24일 판 《옥스퍼드 타임스》, '화가, 머리를 기증하다(Artist Pledges to Leave Own Shrunken Head to Museum)'

58 『어느 피렌체 인의 일기, 1450~1516(A Florentine Diary from 1450 to 1516)』, Iodoco del Badia, 루카 란두치 저, 앨리스 저비스 역

영원히 내 곁에

방부 처리술은 자애와 연민을 표현하는 방편으로 활용되기도 했다. 고대 친초로 부족은 칠레 북부 해안을 근거지로 한 기원전 5,000~기원전 500년 사이 번영을 누렸다. 이 부족은 돈이나 복수 따위와 전혀 상관없이 가족이나 사랑하는 사람을 방부 처리했다. 단지 평소 아끼던 망자를 쉽게 떠나보낼 수 없어 방부 처리를 택했다. 특히 어린 자녀일 경우에는 그 감정이 더욱 애틋했다. 세상에 잘 알려지지 않은 이 부족의 미라를 분석한 결과, 이들이 사랑하는 이를 방부 처리하고 속이 빈 형체로 만드는 데 많은 시간과 공을 쏟았음을 알 수 있었다.

최초의 친초로 부족 미라는 1917년 독일의 고고학자 막스 울레^{Max Uhle}가 우연히 발견했다. 1980년대 유해 96구가 더 발굴되면서 과거 이들의 실제 생활상을 좀더 명확히 파악할 수 있게 되었다. 신기술을 이용해 조명해본 결과, 당시 발굴된 미라들은 세계에서 가장 오래된 미라인 것으로 밝혀졌다. 그뿐만 아니라 고생물 병리학자(고고학과 병리학, 자연 인류학이 결합한 학문)들의 분석 결과에 따르면 당시 많은 수의 아동이 세균, 바이러스 혹은 기생충 감염 등으로 사망했다. 이렇게 가족을 잃은 데서 오는 깊은 슬픔이 친초로 부족민들이 정교하게 미라를 만든 동력이 되었다.

친초로 부족의 방부 처리술은 고대 이집트인이나 히바로 부족의 기술과는 사뭇 달랐다. 제일 먼저 부족의 방부 처리 전문가가 사체에서 피부를 벗겼다. 이때 부분별로 피부를 제거하는 것이 아니라 연결된 한 장으로 피부를 들어내어 조심스레 옆에 두었다. 그런 다음 살점을 떼어내어 뼈만 남기고 뼈대에 막대기를 대어 고정했다. 또 골격 사이의 빈틈에 마른 갈대를 채워 넣고 몸통에 점토질의 반죽을 덧발라 살아 있는 사람의 형상을 연출했다. 이즈음에서 앞서 따로 떼어 두었던 피부를 다시 붙이고 가발을 씌운 다음 온몸에 푸르스름한 검은 색을 칠했다. 끝으로 망자에게 붉은 옷을 입히고 얼굴에 가면을 씌우면 모든 절차가 마무리되었다. 이렇게 제작된 미라는 매장하지 않고 모래 언덕 위에 두어 가족이 언제든 찾아가 돌볼 수 있도록 했다. 미라가 훼손되면 다시 정성스레 복구했다.

친초로 부족의 방부 처리 의식은 무려 3,000년 넘게 계속되었으며, 나중에 가서는 가족 구성원을 모두 미라로 제작했다. 미라는 때때로 저승과 이승의 중개자로 간주되었고, 사람들은 정기적으로 미라를 찾아가 지혜와 조언을 구했다.

일종의 조상 숭배라 할 수 있는 미라 추모 행위는 친초로 부족 내에서만 관찰된 풍습이 아니다. 라틴아메리카 전역에 문명을 퍼뜨린 잉카인들은 친초로 부족보다 한 단계 더 나아가 존경심으로 미라를 정성껏 돌보면(수시로 씹을 수 있게 코코아 잎을 가져다 두거나 갈증 해소를 위한 음료를 비치하고 긴장을 풀고 편히 쉴 수 있게 의복을 벗겨주는 등의 행위), 그에 상응하는 풍성한 복을 받을 수 있다고 믿었다. 즉위한 잉카 제국의 왕들은 각자 자신만의 궁전을 지었다. 전임자가 거주한 궁전은 죽은 왕의 미라를 위해 남겨두고 미라를 관리할 시종들까지 배치했다.

미라를 받드는 이러한 풍습은 이후 스페인 세력에 의해 말살되었다. 그러나 라틴아메리카 곳곳에서는 오늘날에도 망자와 돈독한 관계를 유지하기 위한 의식이 활발하게 계승되고 있다. 일례로 멕시코에서는 11월 1일과 2일 양일간 '망자의 날'이라는 전통 축제가 진행된다. 이때 각 가정의 모든 가족 구성원이 들뜬 마음으로 묘지에 나와 망자와 조우하기를 기다린다. 11월 1일은 갓난아기와 어린 아이의 영혼을 기리는 날이며 2일에는 어른들의 영혼을 추모한다. 모든 가족 구성원은 장지에 모여 제대를 세우고 꽃과 음식을 비롯해 망자를 위한 각종 선물을 올려둔다. 현대에도 일부 문화권에서는 성심을 다해 공공연히 망자와 조상을 기린다. 노벨상을 받은 작가 옥타비오 파스Octavio Paz는 다음과 같이 언급한 바 있다. "멕시코인은 본래 죽은 이를 두려워하지 않으며 오히려 망자를 찾아다니고 흉내 내며 갈구하는가 하면 시신을 끌어안고 동침하기도 한다. 멕시코인들에게

망자는 가장 가까운 친구이자 영원한 흠모의 대상이다." 비단 멕시코인뿐
만 아니라 바람이 휘몰아치는 칠레 해안에서 조심스레 가족의 미라를 돌
보던 친초로 부족 역시 파스의 문학적 소재로 등장할 수 있었을 법하다.

인민을 겨냥한 정치적 각본

친초로 부족이 방부 처리 대상에 신분적 차별을 두지 않았던 반면, 일
부 문화권에서는 사체의 방부 처리가 왕족이나 상류층 혹은 정치인만의
특권이었다. 일례로 왕의 미라를 제작한 민족으로 잘 알려진 스키타이
Scythians 족을 들 수 있다. 이들은 기원전 8,000년~기원전 4,000년 사이에
러시아 남부 지역에 거주했다. 스키타이에서는 왕이 죽으면 왕의 시신에
서 내장을 들어내고 잘게 썬 사이프러스와 유향, 파슬리 씨앗, 아니스 열
매를 섞어서 채워 넣었다. 그러고 나서 벌어진 곳을 꿰매고 몸에 밀랍을
바른 다음, 왕이 생전에 통치한 부락을 한 바퀴 돌며 행진하게 했다. 당
시 스키타이에서 나이 많은 왕의 시종은 그다지 매력적인 직업이 아니었
다. 왕이 사망하면 즉시 시종도 목매달아 죽여서 방부 처리한 다음 주인
과 함께 매장했기 때문이다. 그뿐만 아니라 왕의 서거 일주기가 돌아오면
시종 50명과 말 50마리를 추가로 더 죽여 미라로 만들었다. 미라로 제작
된 시종의 척추에는 막대기를 찔러 넣어 말 위에 앉은 자세로 고정해 죽
은 왕을 영원히 보필할 수 있게 했다.

왕족이나 정치적 인물을 미라로 제작하면 고인에 대한 일반 시민의 경
의를 이끌어낼 수 있었다. 스키타이 족은 일방적인 강요를 통해 부족민의
충성을 받아낸 셈이다. 블라디미르 일리치 레닌Vladimir Ilyich Lenin, 1870~1924의
일화 역시 정치적 의도에 의한 고인의 사후 처리를 보여주는 예이다. 레
닌은 생전에 훗날 상트페테르부르크의 모친 묘 옆에 소박하게 잠들고 싶
다는 바람을 나타낸 바 있다. 그러나 레닌의 후임 스탈린Iosif Stalin은 전임

자의 사체를 영구 전시함으로써 얻을 수 있는 선전적 가치를 재빨리 간파
했다. 본래는 사후 6일째 되는 날 진행될 장례식 때까지만 레닌의 사체
부패가 지연되도록 알레스키 이바노비치Alesksei Ivanovich 박사가 사체를 방
부 처리했다. 그 기간에 스탈린은 프롤레타리아들이 무리지어 지나가다
가 레닌의 시신을 향해 머리를 조아리며 예를 갖추는 장면을 목격했다.
스탈린은 레닌의 시신을 영구 보존하면 대변혁의 시기를 비교적 수월하
게 넘길 수 있을 것이라고 생각했다. 또 방부 처리된 러시아 지도자의 시
신이 오늘날에도 러시아인 사이에 몰래 숭배되는 기독교 신자를 대신할
수 있기를 희망했다. 이러한 연유로 스탈린은 이바노비치 박사에게 레닌
의 사체를 40일 더 보존할 수 있게 조치해달라고 요청했고, 이렇게 해서
레닌의 시신은 더 오래 전시될 수 있었다.

한편, 첨단 방부 처리술 개발을 목적으로 우수한 의료진도 결성되었
다. 기술 개발의 실패는 곧 죽음을 의미했다. 따라서 해당 프로젝트에 자
원한 보로비에프 박사V. P. Vorobev와 지보르스키R. I. Zborsky 박사는 실로 큰 위
험을 감수한 셈이다. 의료진은 신원불명의 사체를 이용해 연구를 거듭한
끝에 포르말린과 글리세린, 알코올을 비롯한 다양한 비밀 성분이 첨가된
화학 물질을 개발해냈다. 이로써 이들은 방부 처리술 분야의 세계적 선도
자로 발돋움했다.

레닌뿐만이 아니라 공산주의 정부 지도자 다수가 동일한 기술로 방부
처리되었다. 게오르기 디미트로프Georgi Dimitrov(불가리아, 1949)와 마셜Marshal
Horloogiyn(몽골, 1952), 클레멘트 고트발트Klement Gottwald(체코슬로바키아, 1953),
호찌민 수상(베트남, 1969), 마오쩌둥(중국, 1976), 아고스티노 네토Agostinho
Neto(앙골라, 1979), 김일성(북한, 1994) 등이 그 예이다. 제아무리 유명한 공
산주의 독재자라 하더라도 '보로비에프-지보르스키' 방부 처리 절차는 피
해갈 수 없었다. 또 후대의 사상 선도를 위해 한동안 전시되는 운명을 감
수해야 했다. 방부 처리술의 잠재적 파급 효과를 직감한 스탈린 역시 영락

없이 이러한 과정을 거쳤다. 1953년 스탈린이 사망하자 그의 시신은 두 시간 만에 바로 방부 처리되었다. 방부 처리된 스탈린은 8년 동안 레닌과 나란히 안치되다가 스탈린주의 해체 운동이 본격화되자 니콜라이 흐루시초프Nikolai Krushchev에 의해 철수되었다. 흐루시초프는 선대의 다소 과격한 선전이 공산주의의 어두운 이면을 드러내는 부정적인 요소로 작용한다고 간주했다. 이후 스탈린은 크렘린Kremlin 성벽 아래 고이 안장되었다.

레닌의 사후는 그다지 평탄하지 못했다. 모스크바 붉은 광장Red Square에 있는 영묘에는 사후 90주기가 지난 오늘날까지도 방금 잠든 듯한 레닌의 미라가 전시되고 있다. 모스크바 생물학 구조 연구소에서 관리 감독하는 레닌의 미라는 매년 새 옷으로 갈아입는다. 그뿐만 아니라 전용 미용실에서 방부 처리 용액으로 관리를 받고 다시 진열장으로 돌아와 관람객을 맞는다. 그러나 실제 상황은 보이는 것처럼 완벽하지 않다. 미라의 목에는 곰팡이가 피어오르고 귀 주변의 피부가 알 수 없는 이유로 푸르스름하게 변하고 있다는 소문이 무성하다. 유감스럽게도 미라 보수에 필요한 값비싼 화학 약품을 감당할 예산은 허락되지 않은 상태이다.

레닌의 미라에 대해 온갖 회의론이 난무한다. 장의사이자 방부 처리 역사가로 활동하는 게일 존슨Gail Johnson은 레닌의 미라가 실은 밀랍으로 제작되었다고 추정한다.[59] 또 보카 레이턴의 린 대학에서 장례 교육원장을 역임한 존 추John Chew와 OBEOfficer of order of the British Empire(대영 제국 훈장) 작위를 받은 런던의 방부 처리 전문가 데즈먼드 헨리Desmond Henley는 하나같이 레닌의 시신이 실제 방부 처리를 거쳤는지 미심쩍어한다. 이들이 주장하는 바로는 1924년도 당시 러시아의 기술 수준으로는 시신을 그토록 오랫동안 보존할 수 없었을 것이며, 특히 부검 후라면 더욱 그러했을 것으로

---

59 「현대판 미라: 20세기의 사체 보존(Modern Mummies: The Preservation of the Human Body in the Twentieth Century)」 크리스틴 퀴글리 저

짐작된다. 일각에서는 친초로 부족의 미라처럼 레닌의 미라도 남은 뼈대를 토대로 만들어진 모형에 불과하다는 설이 제기되고 있다. 사실 어둠침침한 조명이 내리비치는 두꺼운 진열장 유리 너머로 관람객이 볼 수 있는 것은 미라의 안면과 손에 불과하므로 전시품이 실제 레닌인지, 아니면 단순히 레닌인 양 행세하는 밀랍 인형인지 분간하기 어렵다. 더욱이 러시아 정부는 미라에 대한 국제 감식 전문가들의 조사를 허용하지 않는 동시에 미라 제작법과 관련한 구체적인 설명도 제공하지 않는다. 이로써 미라의 진위는 레닌이 무덤까지 가져가야 할 비밀인 듯하다. 물론 이 역시 레닌이 진열장을 벗어나 무덤에 이를 수 있다는 전제하에 가능한 일이지만 말이다.

아르헨티나의 잠자는 미녀

스탈린의 일화를 통해서 짐작할 수 있듯이 급변하는 정치적 상황에서는 제아무리 훌륭하게 방부 처리된 시신이라 할지라도 영속성을 보장받기 어려운 법이다. 사후 방부 처리까지 거치고 나서 정치적 명망이 실추된 인물 가운데 가장 안타까운 경우는 아마도 아르헨티나 대통령 후안 페론의 부인 에바 페론Eva Peron일 것이다. 에비타Evita라는 호칭으로 널리 사랑받은 그녀는 아르헨티나 국민의 우상으로 추앙받았다. 그러나 1952년 7월 위암으로 33세가 되던 해 사망했다. 부인의 죽음에 망연자실한 후안 페론은 10만 달러가 넘는 거금을 들여 그녀를 방부 처리했다. 당시 에바 페론의 방부 처리를 담당한 페드로 아라Pedro Ara 박사는 스페인 대사관의 문정관인 동시에 해부학 교수, 병리학자, 방부 처리술 교수를 겸임하고 있었다. 그는 에바 페론의 임종 시 침상을 지키며 의료진이 방부 처리제의 약효를 중화할 만한 약제를 처방하지 못하도록 감시한 혐의로 훗날 기소되기도 했다. 그러나 혐의의 진위는 아직 판명되지 않았다. 에바 페론의 방부 처리는 1년에 걸쳐 진행되었다. 이 기간에 페드로 박사는 에바의 사체에 온갖 화학 물질을 주입했다. 그런 다음 아세테이트와 질산칼륨을 채운 욕조에 사체를 한 차례 담그고 얼굴에는 투명 합성 수지를 여러 겹 입혔다. 마침내 페드로 박사의 작업이 완료되자 에비타는 생전의 눈부신 아름다움을 그대로 드러냈다.

페론 대통령은 레닌처럼 에비타의 영묘를 마련하여 그녀를 영구히 전시하고자 했다. 그러나 영묘가 채 준공되기도 전에 페론 정권이 전복되어 페론 대통령은 에비타를 남겨둔 채 황급히 아르헨티나를 떠나야만 했다. 한편, 새로 들어선 정부는 그때까지도 사그라지지 않은 에비타 열풍을 못마땅해 하며 그녀의 존재를 완전히 지워버리면 이미 한풀 죽은 페론 세력이 재기할 만한 빌미가 차단될 것이라고 여겼다.

흥미로운 사실은 베네수엘라로 망명한 에비타의 가족이 그녀의 유해를 반환받는 것을 거부했으며, 가톨릭교회 측에서는 유해의 화장을 허용하지 않았다는 점이다. 그런가 하면 아르헨티나 해군 측은 해군 본부의 근거지라는 이유로 그녀의 유해를 특정 외딴 섬에 묻지도 못하게 했다. 일각에서는 비행기에서 바다로 유해를 떨어뜨리자는 기발한 의견도 제시되었으나 새로 취임한 대통령 페드로 에우헤니오 아람브루General Pedro Eugenio Aramburu 장군은 다행히 이 제안에 별다른 관심을 보이지 않았다. 정부 측에서는 비밀 매장도 시도해보았으나 페론주의자들이 매번 매장 예정지를 찾아내어 꽃과 양초 등으로 존경을 표시한 탓에 이 계획도 무산되고 말았다. 그러면서 에비타의 유해는 아르헨티나 육군 소령의 아파트에 은닉되는가 하면 '라디오 장비'라는 표지가 붙은 나무 상자에 담겨 육군 정보 사령부 다락에 보관되기도 했다. 곳곳을 전전하던 에비타의 유해는 1957년 본 주재 아르헨티나 대사관을 통해 이탈리아 밀라노의 한 묘지로 비밀리에 이송되었다. 이로써 그녀는 마침내 마리아 마기 성당에 안장될 수 있었다.

그러나 에비타가 평온을 누린 것도 잠시였다. 세 번째 부인과 함께 마드리드에 정착해 살던 후안 페론은 1970년 아르헨티나로 귀국해 다시 통치권을 맡아달라는 전갈을 받았다. 당시 아르헨티나는 정치적 혼란이 지속되고 있었고, 페론은 에비타의 시신을 돌려받는다는 전제로 그 제의를 수락했다. 이에 따라 에비타의 시신이 곧 마드리드로 급송되었고, 페론은 1972년에 아르헨티나로 복귀했다. 그러나 시신의 본국 송환 절차가 마무리되기도 전인 1974년 7월 1일 페론이 돌연 사망하고 말았다. 에비타의 시신은 몇 개월 후 우여곡절 끝에 부에노스아이레스로 송환되었다. 이후 그녀는 2년간 대중에게 전시되다가 또 한 차례 군사 쿠데타를 치르고 나서 레콜레타 묘지의 가족 납골당에 최종적으로 안치될 수 있었다.

레닌과 마찬가지로 에비타의 미라 역시 밀랍 모형에 지나지 않는다는 소문이 무성한 가운데 여러 전문가의 의심을 받았다. 에비타의 두 자매 블랑카Blanca와 에르먼다 두아르테Erminda Duarte는 이러한 소문에 대해 굳이 언급하지 않았다. 다만, 스페인에서 자신들이 직접 에비타의 시신을 목격했을 당시의 정황을 수년 후에 기록으로 남겼다. 기록에 따르면 당시 에비타의 관자놀이와 이마에는 가격당한 흔적이 엿보였으며 뺨과 팔에도 상처가 남아 있었다고 한다. 그뿐만 아니라 발에 타르가 묻어 있는가 하면 가슴은 깊게 베였고 모발은 푹 젖은 털뭉치 같았다. 그런데 신기하게도 그녀의 시신이 부에노스아이레스 대중 앞에 공개되었을 당시에는 부상의 흔적을 찾아볼 수 없었다. 방부 처리 전문가가 뛰어난 솜씨를 발휘했거나 정교한 밀랍 인형이 그녀의 시신을 대신했다고 추측할 수 있다.

리빙스턴 박사님이지요?

에바 페론의 시신이 대서양을 가로질러 수송될 수 있었던 것은 제트 엔진의 성능도 한몫했지만, 정밀했던 방부 처리술의 역할이 컸다. 페론 대통령의 후임들조차 뛰어난 복제품으로 단정지을 만큼 그녀의 미라는 정교하게 제작되었다. 그러나 그녀의 선대에는 이국에서 사망한 사람의 본국 송환이 훨씬 만만치 않은 작업이었으므로 기발한 방법을 고안해야만 했다. 기원전 323년 바빌론에서 사망한 알렉산더 대왕은 진흙 꿀단지에 잠긴 채 알렉산드리아로 후송되었다. 그런가 하면 1805년 트라팔가르 해전 당시 자신의 함선 빅토리 호에서 전사한 호레이쇼 넬슨Horatio Nelson 제독은 브랜디 술에 절여져 영국으로 귀환 조치되었다. 전해지는 설에 따르면 넬슨은 사실 브랜디가 아니라 해군들이 마시던 럼주에 절여졌으며, 영국에 당도했을 때 술통의 절반이 비어 있었다고 한다. 즉, 생전 그의 부하들이 규율을 어기고 몰래 빨대로 통 속의 술을 마셨던 것이다. 오늘날 '불법 음주'를 뜻하는 'tapping the Admiral'(직역하면 '제독의 즙을 따르다'라는 뜻)이라는 표현은 바로 이러한 일화를 배경으로 탄생했다.

십자군은 특히 교묘한 시신 보존법을 고안했다. 이들은 우선 시신의 배를 갈라 내장을 들어내고 사체를 토막냈다. 그런 다음 펄펄 끓는 가마솥에 사체를 넣고 살을 익혔다. 이렇게 하면 남은 뼈를 머나먼 고향 땅까지 쉽게 수송해 기독교식 장례를 치를 수 있었다. 유골은 대개 한 묶음으로 싼 다음 생전에 고인이 타던 말에 매달아 돌려보냈다. 이러한 시신 보존법은 계속 통용되었으나 교황 보니파스 8세Boniface VIII가 1299년에 칙령을 공포해 이를 불법 행위로 규정했다.[60]

영국의 유명한 탐험가 데이비드 리빙스턴David Livingstone 박사는 나일 강의 수원을 찾아 헤매다가 안타깝게도 1873년 잠비아의 어느 외딴 마을에서 생을 마감했다. 당시 수천 킬로미터에 달하는 중앙아프리카 대륙을 가로질러 본국행 여객선까지 그의 시신을 수송할 수 있으리라고 예상한 사람은 아무도 없었다. 그러나 충심을 다해 리빙스턴을 보필한 흑인 수지

---

60 『중세 후반의 장례 풍속(Death and the Human Body in the Later Middle Ages)』 브라운 저, pp. 221-70

Susi와 쿰마Chuma는 자신들의 주인을 반드시 본국으로 귀환시켜야 한다는 단호한 의지를 보였다. 이들은 결국 길고도 위험한 여행에 대비해 리빙스턴의 시신을 보존할 방법을 고안해냈다. 우선 두 사람은 리빙스턴이 사망할 당시 머물렀던 쉬탐보 마을의 족장에게 허락을 받아 특수 목재단을 제작하고, 그 위에서 리빙스턴의 사체를 처리하기 시작했다. 먼저 내장을 제거하고 심장을 비롯한 다른 장기들은 마을 내 물바mulva 나무 아래에 묻었다. 그런 다음 몸통에 소금을 가득 채워 넣고 얼굴을 브랜디로 씻긴 다음 볕을 쬐어 말렸다. 마치 지하 저장고에 든 값비싼 와인 병이라도 되는 양 매일같이 리빙스턴의 사체를 조금씩 돌려가며 모든 부위가 골고루 건조되도록 관리했다. 15일째 되던 날에는 시신을 옥양목으로 감싸 나무껍질로 만든 둥근 통에 넣은 다음 삼베를 대고 꿰매어 봉했다. 마지막으로 삼베에 타르를 발라서 물이 새지 않도록 하고, 시신이 든 통을 장대에 동여맸다. 이렇게 해서 마치 물건 꾸러미를 지고 가는 것처럼 보이도록 연출해 사체가 마을을 통과하는 행위를 꺼리는 원주민들의 미신을 무마할 수 있었다.

수지와 쿰마는 질병과 폭동을 비롯한 온갖 어려움과 싸우며 이동하는 과정에서 동료 10명을 잃었다. 그렇게 9개월이 지난 1874년 2월, 드디어 이들은 탄자니아 바가모요Bagamoyo에 도착했다. 그 길로 곧장 노를 저어 잔지바르Zanzibar로 건너간 쿰마는 여러 영국 기관에 리빙스턴의 소재를 알렸다. 이에 당국에서는 선박을 급파해 그때까지도 삼베 포대기에 싸여 있던 리빙스턴의 시신을 본국으로 송환했다. 1874년 4월 15일 리빙스턴의 시신이 마침내 사우샘프턴Southampton에 당도했는데, 몸이 쪼그라들고 말라비틀어진 탓에 쉽사리 신원을 확인할 수 없는 지경이었다. 16개월 전 헨리 모턴 스탠리Henry Morton Stanley가 리빙스턴 박사를 발견했을 때와는 사뭇 다른 상태였다(헨리 모턴 스탠리는 아프리카에서 소식이 끊긴 리빙스턴을 찾아내라는 특명을 받고 탐험을 시작해 오지에서 앓고 있던 리빙스턴을 발견하

고는 "리빙스턴 박사님이지요?"라고 인사를 건넨 것으로 유명하다). 리빙스턴
의 시신은 3일 후 웨스트민스터 대성당에 안장되었고, 나라에서는 그의
업적을 기리고자 이날을 국가 애도의 날로 선포했다.

장례식은 고향 땅에서

시신을 본국으로 돌려보내 장례를 치를 수 있다는 강점이 부각되면서
미국 내에 방부 처리술에 대한 평판이 크게 좋아졌다. 전문의사이자
1850년대 뉴욕에서 검시관으로 활동하기도 한 토머스 홈즈Thomas Holmes,
1817~1900 박사는 효력이 뛰어난 방부 처리제를 개발하고자 수년간 화학 물
질 실험에 매진했다.

홈즈 박사는 남북 전쟁 당시 자신의 적성을 발견했다. 전쟁이 발발한
지 얼마 지나지 않은 어느 날 링컨의 보안 요원 엘머 E. 엘즈워스Elmer E.
Ellsworth 대령이 버지니아의 알렉산드리아 호텔 지붕에서 남부 연맹기(노예
제도를 찬성한 남부 측 깃발. 백인 우월주의를 상징)를 급히 거두어 내리다가
살해되는 사건이 벌어졌다. 당시 엘즈워스는 워싱턴에서 명망 높은 인물
이었으므로 백악관에서 그의 시신을 거두어 성대하게 장례를 치러주어야
한다고 의견을 모았다. 이때 홈즈 박사는 엘즈워스 시신의 방부 처리를 무
료로 하겠다고 나섰다. 1865년 전쟁이 끝날 때까지 그가 성공적으로 방부
처리를 마친 시신의 수는 장군 8명을 비롯해 무려 4천 구가 넘었다. 당시
방부 처리에 든 비용은 사병이 7달러, 장교는 13달러였다. 급작스럽게 방
부 처리가 성행하면서 북부군 사이에는 인식표를 다는 풍속이 자리 잡았
다. 인식표를 달면 훨씬 수월하게 전사자의 신원을 확인할 수 있었기 때문
이다. 그러나 방부 처리술은 북부에서만 행해졌는데, 남부군 의료진은 방
부 처리제를 갖추지 못했을 뿐만 아니라 기술 노하우도 없는 상태였다.

홈즈 박사는 본래 진 거널Jean Gannal, 1792~1882이라는 약제사가 1838년도

에 편찬한 『방부 처리의 역사History of Emalming』라는 책을 읽고 감화를 받았다. 진 거널은 1808~1812년 나폴레옹 출정 당시 프랑스군 의무과 소속으로 근무했으며 워털루 전투에도 참전했다. 영리한 화학자였던 그는 동물성 젤라틴을 원료로 한 염료와 밀랍, 접착제 등을 생산하는 공장을 여러 개 운영하던 중 동물 표본의 신선도를 유지하는 데 도움이 될 만한 방부 처리 기술을 연구하기 시작했다. 그리하여 마침내 1837년에 윌리엄 헌터가 사용한 것과는 사뭇 다른 방부 처리제를 발명하여 특허를 획득했다. 10℃ 아세트산 알루미나와 염화 알루미나 20℃가 혼합된 이 제재는 혈액을 제거하지 않고도 바로 사체의 경동맥에 주사할 수 있었다. 이 발명품은 거널에게 몬시용 과학상(Monthyon Science award. 프랑스 변호사 바론 드 몬시용Baron de Monthyon이 후원한 재정 지원 상금)을 안겨주었다. 그러나 1844년에 갑자기 일부 방부 처리업자들이 자신들도 수년간 유사한 방부 처리술을 사용해왔다고 주장하면서 거널은 논란에 직면했다. 나중에 방부 처리업자들의 주장이 옳은 것으로 판명되어 거널은 특허권을 박탈당했다. 더욱이 이후 거널은 자신이 개발한 약제에 소량의 비소를 첨가했다고 시인했다. 비소는 방부 처리된 시신을 해부하는 사람에게 치명적으로 작용할 수 있는 성분이라고 입증된 바 있다. 거널이 사용한 비밀 첨가제의 실체가 드러나자 프랑스 정부는 곧바로 방부 처리제를 조제할 때 비소 첨가를 금지했으나 미국에서는 1910년까지 비소가 사용된 것으로 전해진다.

1859년에 이르러서는 알렉산더 부들레로프Alexander Butlerov, 1828~1866와 아우구스트 빌헬름 폰 호프만August Wilhelm von Hofmann, 1818~1892이 포름알데히드를 발견하여 근대의 방부 처리 전문가들에게 중대한 기회를 제공했다. 포름알데히드의 이점 중 하나는 부패를 촉진하는 효소와 질병을 퍼뜨리는 미생물을 파괴하는 기능이다. 이러한 살균성은 1888년에야 비로소 밝혀졌다. 홈즈 박사가 활동한 때를 비롯한 초기에는 포름알데히드를 생산하

는 데 큰 비용이 들었기 때문에 방부 처리 용액에 포름알데히드를 함부로
첨가할 수 없었다. 그러나 1900년대에 들어 포름알데히드 생산가격이 내
림과 동시에 그때까지 방부 처리제에 혼합되던 비소와 수은의 심각한 위
험성이 알려지면서 1906년부터는 포름알데히드의 사용이 일반화되기 시
작했다.

현대의 방부 처리술에도 적용되는 포름알데히드는 이전의 약제들보다
경제적일 뿐만 아니라 훨씬 효과적인 것으로 알려졌다. 사실 포름알데히
드는 수소와 산소, 탄소로 구성된 단순한 화학 물질로, 신체에서 자연적
으로 생성된다. 오늘날 포름알데히드는 가구, 단열재, 백신, 사진 필름,
샴푸, 치약, 화장품, 데오도란트(탈취제) 등 실로 다양한 제품을 생산하는
데 사용된다. 포름알데히드와 이 물질을 함유한 제품의 생산액은 미국
GNP(국민 총 생산)에서 약 5,000억 달러를 차지하며, 이 가운데 방부 처
리 용액의 비율은 미미하다.[61] 그렇다 하더라도 한낱 양배추를 끓여도 자
연히 방출되는 물질로 만들어진 제품이라는 점을 생각하면 그다지 초라
한 수치는 아닐 것이다.

2010년 이후에도 계속해서 유럽 각국에서 포름알데히드를 사용할지
그렇지 않을지는 예측하기 어렵다. 유럽연합 환경 집행위원장 스트라브
로스 디마스Stravros Dimas는 살생 제품에 관한 EU 지침(1998년 채택)에 근거
하여, 포름알데히드 사용 실태를 평가해 포름알데히드가 환경에 미치는
영향을 규명하고자 한다. 아일랜드 대표 브라이언 크롤리Brian Crowley 의원
은 이러한 방침에 이의를 제기했다. 포름알데히드 사용이 제한되면 아일
랜드식 철야 의식이 사라져버릴 것이라는 주장이었다. 아일랜드에서는
시신이 안치된 관을 수일 동안 개방하고 친척들이 모여서 망자의 생을 기

---

61 『포름알데히드: 미국 사회 경제에 기여한 물질의 짧은 역사(Formaldehyde: A Brief History of Its Contributions to Society and the U. S. Economy)』(2005년 버지니아 주 알링턴 포름알데히드 위원회 편찬).

리는 풍습이 있다. 결과야 어찌 되든 간에 EU 측은 아일랜드 장의사들이 방부 처리 물질에 대한 예외 규정의 적용을 당국에 신청할 수 있도록 조치하고 있다. EU는 아일랜드의 전통 장례 문화를 위협할 의도가 전혀 없음을 주장한다. 그러나 아일랜드뿐만 아니라 포름알데히드 제품을 사용해 온 미국 업체들의 심기도 그다지 편치만은 않을 것이다.

영국 방부 처리 전문가 협회 사무총장 카렌 케이니Karen Caney가 발표한 바로는 영국 내에서 시행되는 방부 처리술의 횟수에 관한 연간 통계 수치는 찾아볼 수 없으나 25년 전에는 분명히 방부 처리 시행 수치가 증가 추세였다고 한다.[62] 반면에 이러한 통계치가 확보된 북미 지역에서는 인구의 약 68%가 사후에 방부 처리되는 것으로 추산된다.[63] 이는 곧 미국인의 절반 이상이 매장되거나 화장되기 앞서 화학적 방부 처리 과정을 거친다는 의미이다. 이처럼 미국에서 방부 처리가 성행하는 것은 장례식 도중에 관을 열어두거나 시신 공개일을 마련하여 고인과 직접 대면할 수 있게 하는 미국의 관습 때문일 수도 있겠다. 이제 영국에서는 이러한 관습을 거의 찾아볼 수 없다.

오늘날 방부 처리 전문가의 작업실은 수술실로 착각할 만한 모습을 갖추고 있다. 사방의 벽이 말끔히 청소된 방에는 반짝이는 스테인리스와 고무관이 갖춰져 있고 작업대에는 철제 수술 도구가 정렬되어 있다. 그뿐만 아니라 선반에는 분홍빛 약병까지 가지런히 늘어서 있다. 작업실 중앙에는 대개 작업 테이블이 자리한다.

레닌처럼 시신을 영구히 보존할 수도 있지만, 현대의 방부 처리 전문가들은 수년이 아니라 단 몇 주 동안만 부패를 지연시키는 데 주안점을 둔다. 다시 말해, 장례식을 치르고 애도의 기간이 끝날 때까지만 부패를

---

62 2005년 9월, 카렌 케이니와의 대담
63 『죽음에 대한 미국식 고찰(The American Way of Death Revisited)』, 제시카 밋포드 저.

늦추면 충분하다. 시신이 작업 테이블에 놓이면 방부 처리 전문가는 우선 소독제로 시신의 구석구석을 꼼꼼히 닦는다. 고인이 생전에 감염성 질병을 앓은 경우가 아니라면 사체가 굳이 시술자에게 해로울 리는 없으나, 일종의 예방책으로 시술 내내 방호복과 장갑을 착용한다. 그리고 망자의 눈꺼풀 아래쪽에 굴곡진 소형 플라스틱 디스크, 즉 아이 캡eye cab을 붙여 눈이 감기게 한다. 때때로 젤을 발라 눈을 더 확실하게 접합하기도 한다. 섬뜩한 인상을 주지 않도록 입도 다물린다. 이 경우 대개 위턱과 아래턱에 고정 못을 심는다. 못에는 각각 가느다란 철사가 연결되어 철사줄 두 개를 한데 비틀면 턱이 다물어지는 원리이다. 마치 중세의 도개교(들어 올릴 수 있는 다리)를 연상케 하는 구조이다. 방부 처리 과정에서는 절단된 사지도 다시 꿰어맞추고 절개 부위와 상처는 미용 왁스로 채워 고른다.

본격적으로 경동맥(목과 어깨가 만나는 부분)이나 대퇴 동맥(다리의 사타구니 부분)에 방부 처리 용액을 주입하기에 앞서, 방부 처리 전문가는 사체의 상태를 평가한다. 사망 당시 상황은 어떠했으며 유해의 무게와 전반적인 상태는 어떠한지, 그리고 고인이 특정 질병에 시달렸는지 여부 등을 미리 파악해두는 것이다. 이러한 여러 요인에 따라 주입하는 방부 처리 용액의 종류와 강도가 결정되기 때문이다. 기타 물질이 첨가되지 않은 순수 방부 처리 용액을 주입하면 시신은 회색을 띠고 다소 나른한 인상이 된다. 오늘날에는 염료를 첨가하여 자연스러운 혈색을 부여하기도 한다.

방부 처리 기계에는 2~3갤런(영국 · 캐나다에서 1갤런은 약 4.5리터, 미국에서는 3.8리터) 용량의 용액 저장통과 전기 펌프가 달렸는데, 홈즈 박사는 캐뉼러(환부에 꽂아 액을 빼내거나 약을 넣는 데 쓰는 금속관)에 연결된 대형 피하 주사기와 흡사한 분사 펌프를 사용한 바 있다. 주사기에 체액을 채워 넣고 이 체액을 다시 대형 양동이에 비워내는 일련의 과정은 많은 시간이 소요되는 작업이었다. 오늘날에는 방부 처리 용액(물 1갤런에 방부 처리 용액 8온스[약 228그램]를 혼합한 제재)과 튜브가 연결되어 이 튜브를 동맥에 꽂아두고 배수 장치로 이어지는 또 다른 긴 튜브를 혈관에 삽입해둔다. 그러면 방부 처리 용액이 동맥으로 유입되면서 두 번째 튜브를 통해 혈액이 빠져나온다. 튜브를 통해 맑은 액체가 나올 때까지 계속되는 이 작업을 수행하는 데 3갤런에 달하는 용액이 소모된다. 약 한 시간 후 작업이 완료되면 튜브를 제거하고 절개된 부위를 봉합한다.

이 모든 과정이 마무리되면 다음으로 내장 방부 처리가 진행된다. 우선 배꼽 위쪽을 살짝 절개한 다음 복부와 가슴에 투관 침이라는 긴 바늘을 찔러 넣는다. 흡입관으로 혈액을 비롯한 기타 체액을 빼내고 나면 투관 침을 통해 방부 처리 용액을 내장으로 주입하고, 절개 부위를 봉합한다. 그러고 나서 사체를 다시 한 번 세척하면서 머리를 감기고 손발톱을 다듬은 다음 콧속과 귓속의 체모를 제거한다. 이제 시신은 마지막 손질을 남겨두고 있다. 매무시를 가다듬고 의상을 입히는 것이다.

레닌이 사망하고 나서 『닥터 지바고Dr Zhivago』의 저자 보리스 파스테르나크Boris Pasternak와 형제인 알렉산더 파스테르나크Alexander Pasternak는 레닌의 얼굴을 수채화로 묘사해달라는 요청을 받았다. 알렉산더 파스테르나크가 남긴 그림은 레닌의 피부 톤을 수정하는 전문 미용사들에게 오늘날까지 기준이 되는 듯하다. 그러나 현대의 방부 처리 전문가들이 망자의 초상화를 이용해 정확한 피부 톤을 찾아내는 사례는 매우 드물다. 대신 그들은 직접 작업에 뛰어들어 수없이 시행착오를 거듭하면서 장례용 화장품과 시체 안치소의 조명을 최대한 활용하는 편이다.

오늘날에는 시신 대부분이 장례식 당일까지만 보존되도록 방부 처리되는 한편 미국의 한 업체가 시신의 부패를 영원히 미룰 수 있다고 주장하고 나서서 눈길을 끌고 있다. 체육 지도자이자 와인 소매상이었던 서먼 보럼Summun Borum과 론 테무Ron Temu는 1987년 서먼 사를 설립했다. 이 업체의 본사는 유타 주 솔트레이크시티에 있는 3층짜리 피라미드형 건물 안에 있다. 서먼 사의 방부 처리 과정에서도 내장은 모두 제거하지만, 뇌에는 화학적 경화 방부제를 주입해 그대로 남겨둔다. 그러고 나서 포름알데히드와 불소, 알코올을 비롯한 각종 화학 물질과 오일, 소금이 혼합된 방부 처리 용액을 통에 넣고, 여기에 사체와 내장을 담근다. 이후 폴리우레탄을 입히고 아마포로 감싼 장기를 제자리로 되돌려놓은 다음 사체에 글리세린과 와인, 오일, 폴리우레탄을 듬뿍 바른다. 그리고 마지막으로 약초와 향신료 성분이 밴 60미터짜리 아마포로 시신을 감싸는데, 별도의 요청이 있으면 시신에 섬유 유리나 금박을 입히기도 한다.

모두 짐작하다시피 영생에는 그만한 금전적 대가가 수반된다. 서먼 사홈페이지에 안내된 미라 제작 비용은 6만 7,000달러부터 책정되며, 추가 비용이 발생할 수 있다. 완성된 미라는 점토로 문양이 조각된 석관에 안치하고, 이집트 미라의 형상을 본떠 청동이나 스테인리스를 입힌다. 마지막으로 관을 용접해 봉하고 공기를 빼낸 다음 비활성 기체를 주입한다. 석관은 그 정교한 정도에 따라 책정 가격이 달라진다. 일부 석관은 최대 50만 달러에 거래된다. 서먼 사 설립자는 유타 주 맨티라산 산자락에 영묘를 건립하여 자사에서 제작한 미라를 수용할 계획이다. 그렇게 되면 고객들은 화강암으로 지어진 개인 안치소를 사서 유리창 너머로 가족과 벗에게 조의를 표시할 수 있을 것이다.

망자를 기리기 위한 온갖 조치가 아무리 훌륭하다 할지라도, 잡초가 무성하게 우거진 초라한 묘석 사이를 거니노라면 생전에 주변인들에게 애틋했던 고인이 가장 가까운 사람들에게서도 얼마나 빨리 잊히는지 금세 깨닫게 된다. 멀리 더듬어볼 필요 없이 이집트 미라를 보아도 그렇다. 3,000년 동안의 보존을 목표로 방부 처리된 미라 중 다수는 얼마 지나지 않아 후대인들에게 약제나 물감으로 사용되었다. 그뿐만 아니라 단지 오락거리로 해부되거나 또 한낱 빅토리아풍 미술 소재로 전락하기도 했다. 나아가 도시 정화라는 명목하에 불태워진 적도 있다(1907년 이집트 아스완 댐 범람 당시 이렇게 처리된 미라 수천 구가 발견된 바 있다). 우리의 기억 속

에 오래도록 머물지 못하는 고인들처럼 수많은 이집트 미라도 끝내 영생
의 바람을 이루지 못한 셈이다.

태고의 기술

부패하지 않는 미라와 천연 방부

앞서 살펴본 바와 같이 사체를 보존하는 방식은 실로 다양하다. 포름알데히드를 주사하는가 하면 내장을 도려낸 후 향신료를 가미하기도 하고, 때로는 폰 하겐스가 그러했듯이 사체를 표본으로 만들거나 불가사의한 보로비에프–지보르스키 방부 처리법을 사용하기도 한다. 그러나 방부 처리 전문가가 개입하지 않아도 우연한 기회에 자연적으로 보존 처리되는 시신도 있으며, 그중에는 간혹 신의 가호로 장기 보존이 가능해진 시신도 있다. 예를 들면 가장 추앙받던 가톨릭교 성인에서부터 무절제한 과음 후 불행히도 토탄±炭 늪에 발을 헛디뎌버린 지극히 평범한 수렵민에 이르기까지, 각계각층의 사람이 자연적으로 방부 처리되었다.

영생하는 육신
파리 좌안(센 강의 남쪽을 일컬음)의 좁은 거리 뤼 뒤 박rue du bac에는 관광

명소 두 군데가 자리하고 있다. 하나는 세계 최초의 백화점 르 봉 마르셰 Le Bon Marche로, 구스타프 에펠Gustave Eiffel이 설계한 우아한 건물이다. 거리 건너편에 있는 또 다른 명소는 뤼 뒤 박을 찾는 관광객 사이에서도 유명한 '기적의 메달 성모Chapelle Notre-Dame de la Medaille Miraculeuse' 예배당이다. 이 아담한 예배당을 찾는 신자들은 자신의 차례를 기다렸다가 화려한 유리 진열장 안에 놓인 여성상 앞에 무릎을 꿇고 경배한다. 이 상의 머리와 발 아래쪽에는 받침대가 괴어 있고, 기도하는 모양으로 모은 양손에는 묵주가 들려 있다. 초기에 튀소(프랑스의 납인형 제작자)의 밀랍 인형으로 오해 받기도 한 이 유명한 성상은 바로 19세기 수녀 성 카타리나 라부레St. Catherine Laboure이다. 레닌을 비롯한 각국 공산당의 여러 수장은 숙련된 방부 처리 전문가와 장의사의 손길을 거치고 나서야 유리 진열장 안에 전시될 수 있었던 데 반해, 오늘날까지 훌륭히 보존되고 있는 성녀 카타리나의 성상은 자연적(혹은 초자연적) 상황에서 보존 처리된 독특한 사례이다.

기독교 교리는 흔히 육신의 덧없음을 강조한다. 창세기 3장 19절의 "너는 흙이니 흙으로 돌아갈 것이니라"라는 구절에도 이러한 가르침이 배어 있다. 한편 테르툴리아누스Tertull an를 비롯한 여러 교부가 주장하는 바로는 'cadaver(시체)'라는 단어는 '죽다'라는 의미의 라틴어 'cadere'에서 기원하며, 이 경우 '죽다'는 곧 '소생하다'를 뜻할 수 있다고 한다. 부활을 다루는 기독교 교리에도 "죽은 자들이 썩지 아니할 것으로 다시 살고"(고린도전서 15:52)라는 표현이 있다. 그러나 일부 사체가 사망한 지 오랜 기간이 지나도록 썩지 않고 그대로 보존된 사례는 있으나 부활의 나팔 소리를 맞이한 경우는 없다.

성녀 카타리나 라부레는 비교적 근래에 자연적으로 보존 처리된 인물 중 한 사람이다. 1806년에 출생한 카타리나는 성모 마리아를 영접한 인물로 숭배되었다. 당시 그녀 앞에 나타난 마리아는 자신의 상을 새긴 성패를 만들어 나눠주라는 계시를 내리면서 성패를 건 사람에게는 은총이 함께할 것이라고 말했다. 이에 카타리나는 성패를 만들어 주변에 나눠주었고, 1876년 자연사했다. 이후 50년이 훨씬 지난 1933년, 카타리나의 시신은 완벽하게 보존된 상태로 발굴되었다. 그래서 그녀는 일반적인 부패와 해체의 흐름에 동화되지 않는 '불멸'의 존재로 여겨져 오래도록 생전의 모습을 유지한 저명한 성인의 반열에 오를 수 있었다.

성 프랜시스 사비에르St. Francis Xavier나 1879년에 사망한 루르드의 성녀 베르나데트St. Bernadette of Lourdes도 이러한 성인 중 대표적 인물이다. 베르나데트가 성인이 될 자격을 갖추었는지 조사하던 위원회는 1909년 그녀의 유해를 발굴했다. 주교와 의사 두 명을 비롯해 당시 발굴 현장에 있던 사람들은 베르나데트의 시신이 거의 완벽한 상태로 보존되었음을 확인할 수 있었다. 1923년 세 번째 발굴이 이루어졌고, 잇단 부검을 통해 밝혀진 바에 의하면 그녀의 간은 여전히 유연했으며 밀도로 보아 사실상 정상으로 판명되었다. 이후 베르나데트의 시신은 수정으로 된 관에 안치되어 1925년부터 프랑스 느베르의 성 질다르St. Gildard 교회에서 전시되었다.

부패하지 않는 시신은 기독교 초기부터 있었다. 신기하게도 매장 방식이나 온도, 습도, 거친 취급, 부패 중인 주변의 시신에 대한 근접성 혹은 부식성 생석회(산화칼슘) 사용과 같은 요인과 상관없이 몇몇 시신이 썩지 않은 채 그대로 보존되었다. 이러한 시신 가운데 가장 오래된 것은 117년에 순교한 성녀 세실리아St. Cecilia의 시신이다. 그녀는 트라스테베레 Trastevere 지역의 발레리아누스Valerianus라는 귀족과 혼인했는데, 로마 이교도였던 그는 건실한 남편상과는 거리가 먼 인물로 자주 폭력을 휘둘렀다. 일각에서는 한때 그가 자제력을 잃기도 했다고 주장한다. 결혼식날 밤, 세실리아는 남편에게 자신이 수호천사와 혼약한 몸이며, 시샘 많은 이 수호천사가 자신을 비호하니 자신을 멀리하라고 알렸다. 사랑의 라이벌과의 대적을 꿈꾸며 전전긍긍하던 발레리아누스는 기독교식 세례를 받아야만 수호천사를 영접할 수 있다는 세실리아의 말을 듣고 아무런 불평 없이

바로 우르바누스Urbanus 주교를 찾아가 세례를 받았다. 마침내 기독교인이
된 발레리아누스는 로마로 귀향했고, 천사는 장미와 백합을 뿌리며 부부
를 축복했다. 이날 새신랑에게 마침내 동침이 허락되었을 것으로 짐작할
따름이다. 성령에 감복한 나머지(아니면 라이벌을 물리쳤다는 만족감에 안도
한) 발레리아누스는 천사에게 자신의 동생 역시 세례를 받을 수 있는지
물었다. 그러나 예수 그리스도의 처형 이래 기독교인은 로마 땅에서 환영
받지 못했고, 발레리아누스와 그의 동생은 기독교인의 장례를 치러준 혐
의로 붙잡혀 순교하고 말았다. 남편과 시동생을 묻은 세실리아 역시 같은
불운을 맞이했다. 암살자들은 욕실에서 세실리아를 질식사시키려던 계획
이 수포로 돌아가자 그녀의 목을 베려 했다. 그러나 결국 세실리아는 끔
찍한 부상을 당한 채 3일을 더 연명했다. 마침내 세실리아가 사망하자 우
르바누스 주교는 유명한 주교와 고해 신부들의 유해가 안장된 성 갈리스
토 카타콤Catacom of Callistus에 그녀의 시신을 묻게 했다. 세실리아가 순교한
날에서 1,500여 년이 지난 1599년 그녀의 무덤이 발굴되었을 당시 시신
은 놀랍도록 양호한 상태였다.

　　인도 고아 지방에 있는 봉 제수스 대성당Basilica of Bom Jesus에는 다소 지
친 모습의 성 프랜시스 사비에르St. Francis Xavier 상이 유리 진열장 안에 전시
되어 있다. 1552년에 사비에르가 사망하자 사람들은 그를 목재관에 안치
한 다음, 하루빨리 유골을 스페인으로 돌려보낼 요량으로 생석회를 두 번
덧칠해 부패를 촉진하고자 했다. 관을 매장한 지 두 달이 지난 어느 날,
유해의 송환을 위해 무덤을 발굴했을 때 생석회 성분이나 두 달이라는 시
간 같은 그 어느 요소도 사비에르에게 범접하지 못한 듯 보였다. 오히려
관에서 은은한 방향이 풍겼다(무더운 인도에서 애용될 법한 방향 내음). 성
프랜시스 사비에르의 나이를 고려하면 사실 그는 기나긴 세월의 풍파를
훌륭히 견뎌낸 셈이다. 현재 그가 전시된 유리 진열장은 밀폐되지도 않았
고(성 프랜시스 상은 오늘날까지도 인도의 맹렬한 더위와 습기에 시달리고 있

태고의 기술 • 143

다), 더욱이 과거에 그는 열성 신도로부터 큰 곤욕을 치르기도 했다. 1554년도에 포르투갈 출신의 열렬한 여성 신도가 성인의 유물을 간직하고자 그의 발가락을 물어뜯어가 버리는 일이 발생했다. 비극은 여기에서 그치지 않아 그 후에도 유물을 노린 손길에 의해 발가락 세 개가 더 잘려나갔다. 그뿐만 아니라 1614년도에 이르러 예수회 신도 몇 명이 성 프랜시스의 오른쪽 팔꿈치 아래쪽을 잘라내어 로마에 있는 자신들의 교회로 훔쳐가 버리는가 하면, 그로부터 몇 년 후에는 어깨뼈를 비롯한 팔의 나머지 부분이 절단되어 일본으로 수송되었다. 사실 이 시기에는 손발톱과 유골 여러 조각이 세계 곳곳의 교회로 빼돌려졌다. 1952년에 성 프랜시스의 400주기가 도래하자 그의 유해는 순례자 81만 7천 명의 입맞춤을 견뎌야 하는 봉변에 처하기도 했다.

지금까지 부패하지 않은 상태로 발굴된 시신은 대략 100여 구에 달한다. 그토록 수많은 시신이 발굴 당시에 훌륭한 보존 상태를 보였다는 사실에서 짐작할 수 있듯이, 중세에 성인으로 추대될 만한 후보 대다수는 발굴과 검사를 거쳐야 했다. 또 시신이 깨끗하게 보존되고 생전에 적어도 기적을 두 번 행한 전적은 당시 성인이 되기 위한 필수 조건이었다. 오래도록 보존된 시신들은 성 프랜시스 사비에르가 그러했듯이 대개 생전의 모습을 그대로 간직한 상태로 방향을 풍기며 발견되었다. 그뿐만 아니라 때로는 땀이나 눈물, 피를 흘리기도 했는데 한 가지 공통점은 이들이 모두 생전에 독실한 기독교 신자였다는 점이다. 이들은 생전에 쉼 없이 기도하며 이웃을 돕고 자기희생을 마다하지 않은 열렬한 신자였다. 그중 다수는 성모 마리아와 같은 '특정' 인물을 영접하기도 했다(루르드의 성 베르나데트와 성 카타리나 라부레의 일화).

주변 이웃을 돌보는 행위 역시 불멸하는 시신들이 공유하는 생전의 중요한 자질 중 하나이다. 카스텔로의 마거릿Margaret of Castello 역시 이러한 덕목을 실천한 인물로, 그녀는 성인기 대부분을 병자와 죄수들을 돌보며 지냈다. 1287년 이탈리아 피렌체 부근에 있는 메톨라 성Castle of Metola에서 유복한 가정의 자녀로 출생한 마거릿은 안타깝게도 호감을 주는 외모와는 거리가 멀었다. 앞을 보지 못하는 데다 곱사등이 난쟁이였고 한쪽 다리가 다른 쪽보다 짧았다. 마거릿 자신은 이처럼 뚜렷한 장애를 대수롭지 않게 여겼으나 그녀의 부모는 딸의 당혹스러운 외모에 질린 나머지 성 안에 딸을 감금했다. 이때부터 마거릿은 기도에 매진했다. 20세가 되던 해에 그녀는 결국 부모에게 버림을 받고 기적을 행한 성자로 유명한 지아코모 신부Father Giacomo의 무덤 옆에 방치되었다. 그 후 수녀원으로 인도된 마거릿은 기도로 병을 치료하는 신비한 힘을 발휘해 세간에 널리 알려졌다. 마거릿의 이러한 경이로운 능력은 1320년 33세를 일기로 사망하고 나서도 사라지지 않았다. 마거릿이 죽고 나서도 그녀의 기도 덕택에 기적적으로 병을 고쳤다고 알려진 사례가 수백 건에 달했다. 200년이 지난 1558년에 기존의 부식되어가는 관에서 마거릿의 유해를 옮기고자 무덤을 발굴했는데, 그녀의 시신은 놀랍게도 완벽하게 보존된 상태였다. 오늘날 그녀의 시신은 움브리아Umbria 지방에 소재한 치타 디 카스텔로 성 도미니코 성당 Church of St. Domenico in Citta di Castello의 높은 제대 아래쪽에 전시되고 있다. 눈썹과 손톱까지 온전히 남아 있는 그녀의 자그마한 시신은 여전히 기형적 형태를 간직해 보는 이들의 안타까움을 자아낸다.

부패하지 않았다고 해서 마거릿 성녀의 곱사등이나 짝짝이 다리가 호전된 것은 아니다. 그런데 때로는 성스러운 힘의 개입으로 썩지 않고 생전 모습을 유지하던 망자의 시신이 살아 있을 때보다 양호하게 바뀌는 일도 있다. 성 테레사 마거릿St. Theresa Margaret이 바로 이런 사례에 해당한다. 다른 여러 수녀와 함께 피렌체 가르멜 수도원Carmelite monastery에서 생활하던 테레사는 22세 되던 해인 1770년에 교액성 탈장(탈장 부위에 혈액 공급이 중단됨)으로 사망했다. 당시 그녀의 시신은 안면이 부어오르고 변색되었으며 사지가 검게 변했다. 수녀들은 너무도 끔찍하게 변모한 테레사의 모습에 놀라고, 혹시 테레사의 시신도 270년 전 교황 알렉산데르 6세가 그러했듯이 장례식이 치러지기도 전에 부패해버릴까 노심초사했다. 장례식을 하루 앞두고 테레사의 시신은 지하 납골당으로 급히 치워졌다. 사체가 납골당에 당도한 지 얼마 지나지 않아 수녀들은 엄청난 변화를 목격했다. 처참히 손상된 사체는 온데간데없고 테레사의 시신에 혈색이 돌기 시작한 것이었다. 점차 부드러워지고 유연해진 테레사 마거릿의 시신은 죽었다기보다는 오히려 잠에 빠진 듯한 모습이었고, 그 모습에 수녀들은 테레사의 장례를 52시간 미루어 진행하자고 요청했다.

그리고 이 놀라운 순간을 그림으로 남기고자 초상화를 전문으로 하는 피렌체파 화가 아나 피아톨리Anna Piattoli를 고용했다. 화가가 작업을 마쳤을 때는 아름다운 향기가 지하 납골당을 감쌌다고 전해진다. 테레사 마거릿은 18일 후에 최종적으로 안치되었으며, 그때까지도 생전의 아름다움을 그대로 간직한 채 평온한 모습이었다고 한다. 그로부터 35년이 지났을 때도 테레사의 시신은 부패하지 않았다. 오늘날에는 피렌체의 성 테레사 수도원 내에서 유리 진열장 너머로 그녀를 만나볼 수 있다.

이렇게 시신이 부패하지 않고 오래도록 본 모습을 유지할 수 있던 것은 신성한 종교적 기운이 개입했기 때문일까, 아니면 단지 더 세속적인 힘의 산물일까? 켄트 메이드스톤Maidstone에 소재한 피터 미첼 사무소의 대표 피터 미첼은 교회 부속 묘지와 다른 매장 터에서 시신을 발굴해 이장하는 일을 했다. 미첼이 증언한 바로는 때때로 묘석에 200년 전의 연도가 표시되어 있는데도 전혀 손상되지 않고 온전하게 보존된 시신을 발굴하는 일도 있다고 한다.[64] 그러나 미첼은 이러한 시신의 보존이 신의 가호 덕분이라기보다는 환경적 조건이 완벽하게 맞아떨어졌을 가능성이 더 크다고 보았다. 적절한 목재를 골라 관을 제작하고 납으로 안을 댄 다음

---

64 2005년 11월, 피터 미첼과의 대담

두터운 진흙층 아래에 매장하면 종종 진공이 형성되어 자연적으로 관이 밀봉되므로 물이나 곤충, 세균이 시신에 접근하지 못하게 된다. 또 다른 환경적 요인 중 하나로 부패하지 않은 시신 중 다수가 교회 지하에 자리한 매장소에 안치된 채 발굴되었다는 점을 들 수 있다. 즉 교회는 대개 일 년 내내 온도가 일정하게 유지되므로 시신 보존에 유리한 조건이 조성되는 것이다. 또 알려진 바로는 다른 여러 요인 중에서도 특히 땅속 습기와 산도에 따라 시신의 부패 정도가 달라진다고 한다.

가령 연조직soft tissues은 습하고 공기가 통하지 않으며 토양이 산성을 띠는 환경에서라면 한동안 그대로 보존될 수 있다. 실제로 영국의 습한 기후는 사체 보존과 관련해 놀라울 정도로 이상적인 요소로 입증된 바 있다. 커스버트Cuthbert, 성 구틀락Guthlac, 에텔드레다Etheldreda 여왕 등의 시신도 영국 내에서 온전한 상태로 발굴되었다. 수세기가 지난 오늘날까지도 그대로 유지되고 있는 에텔드레다 여왕의 손은 케임브리지셔 엘리에 있는 성 에텔드레다St. Etheldreda 교회에서 전시되고 있다. 그런가 하면 성 프랜시스 사비에르의 시신이 겹겹이 덧발라진 부식성 생석회 성분을 이겨내고 보존될 수 있었던 배경이나 일부 성자의 유해가 썩어 가는 주변 시체들과 인접해 있음에도 수세기 동안 온전히 유지될 수 있었던 이유는 이제껏 살펴본 환경적 조건 중 그 어떤 요인으로도 설명되지 않고 있다.

2001년 초에도 온전히 보존된 유해가 발굴되어 분위기를 고조시킨 사건이 있었다. 해당 시신은 바로 1963년에 사망한 교황 요한 23세의 유해로, 로마 성 베드로 대성당에서도 눈에 더 잘 띄는 위치로 옮겨졌다. 교황의 시신을 발굴한 것은 이장을 위해서였다. 바티칸 서기를 비롯해 관이 개봉되는 것을 지켜본 여러 참관인은 교황이 기껏해야 하루 이틀 전에 사망한 것처럼 보였다고 진술했다. 그런데 바티칸 관계자들은 뜻밖에도 이 기적적인 현상을 전혀 부각시키지 않았다. 이른바 '민중의 교황'의 시신이 깨끗이 보존될 수 있었던 사유는 아마도 특정한 매장 환경과 결부되는 것으로 짐작될 따름이다. 우선 교황의 시신은 포름알데히드를 주성분으로 하는 물질을 사용해 방부 처리되었고 떡갈나무와 함석판, 사이프러스 나무로 제작된 세 개의 관에 안치되었다. 더욱이 관의 내부는 대리석으로 마감되어 있었다. 로마 대학의 빈첸초 파스칼리Vincenzo Pascali는 "교황께서는 훌륭히 비호된 모습이었다."라고 당시 교황의 상태를 묘사했다. 발굴 후 항균제가 뿌려진 교황의 시신은 밀봉된 함석관에 재안치되었고, 이에 따라 앞으로 38년 동안은 현재의 상태를 유지할 것으로 전망된다.

사실 바티칸 측은 부패하지 않는 시신과 관련하여 제기되는 쟁점에 매우 민감하게 반응하는 편이다. 제노바 대학 소속 병리학자이자 부패하지 않는 시신 분야의 전문가로 활동하는 에치오 풀치레리Ezio Fulchereri는 바티칸의 허가를 받아 기적 같은 보존 상태를 유지하는 여러 성인의 시신을 검사해왔다. 검사를 마친 풀치레리는 사실상 그러한 시신 중 다수가 인위적으로 방부 처리되었다고 밝혔다. 여기에 그치지 않고 조사를 거듭하여 추가로 발표한 바로는 교회 측에서 방부 처리 사실을 굳이 은폐하고자 했다기보다는 단지 방부 처리와 관련된 해당 기록이 소실되었거나 방부 처리를 진행한 사실 자체가 간과된 것이라고 한다.

일례로 코르토나Cortona의 성 마거릿St. Margaret의 시신을 검사하던 중 에치오는 방부 처리 과정에서 생긴 것이 분명한 절개 흉터를 발견했다. 실제로 1297년에 성 마거릿이 사망하자 그녀를 아끼던 코르토나 주민들이 교회에 시신의 방부 처리를 요청했다. 교회 관계자는 주민들의 요청을 받아들이고 해당 사실을 정식으로 기록했다. 이 밖에도 풀치레리는 13세기에 성 클라라 수녀회를 설립한 성 클라라St. Clare의 시신도 검사했는데, 이전에는 미처 드러나지 않았던 뜻밖의 사실이 밝혀졌다. 즉, 그녀의 시신에 실제로 남은 것이라고는 뼈밖에 없었으며, 뼈들은 각각 은사silver wire로 연결되어 있었다. 그런가 하면 몸통은 천으로 메우고 역청을 덧발랐으며, 얼굴 부분에는 자기瓷器 가면을 씌운 상태였다. 다시 말해 그녀의 시신은 앞서 살펴본 칠레 친초로 부족의 미라와 크게 다를 바 없었다. 그러나 이 경우 역시 가톨릭교회에서 고의로 사람들을 기만하려 한 것은 아니었다. 단지 어느 순간부터 성 클라라의 시신이 부패하기 시작하자 생전에 그녀를 너무도 아낀 주변 사람들이 그녀의 유해를 유골 단지에 넣는 대신에 남은 뼈들로 성체corpus santus를 제작한 것이었다.

1980년대 파도바 대학 연구원들의 발표에 따르면, 이처럼 인위적인 손길을 거쳐서 보존된 성인의 시신은 70구에 달한다. 이러한 인위적인 유해 보존이 성행한 것은 로마 가톨릭교회에서 시복(가톨릭에서 죽은 뒤에 복자품에 올리는 일)을 결정하는 공식적인 척도의 하나로 사후 시신의 보존을 지정함에 따라 생겨난 현상이다. 반면에 전문가들은 외부 개입의 흔적이 전혀 발견되지 않는 성자의 시신도 존재한다고 주장한다. 인위적인 조력 없이 자연적으로 시신이 보존된 성인으로는 구비오의 성 우발두스St. Ubaldus of Gubbio(1168년 사망)와 수녀원을 설립한 인물로 잘 알려진 사보이의 성 마거릿Blessed Margaret of Savoy(1464년 사망), 그리고 빈민 구호 수녀회를 설립한 비교적 근래 인물인 성 사비나 페트릴리Blessed Savina Petrilli(1923년 사망) 등을 들 수 있다.

한편, 병리학자 지노 포르나치아리Gino Fornaciari는 성녀 지타St. Zita의 시신을 검사했다. 그 결과 그녀의 몸에서도 외부의 개입을 암시하는 절개 자국은 찾아볼 수 없었다. 생전에 루카의 유복한 가문에 가정부로 취직한 지타는 바닥 쓸기, 요리, 가구 닦기 등 온갖 집안일을 하다가 1278년 사망했다. 그 후 1446년, 1581년, 그리고 1652년 세 번에 걸쳐 그녀의 관이 개봉되었는데 그녀의 시신은 매번 부패하지 않은 상태로 발견되었다. 그뿐만 아니라 포르나치아리가 확인한 바로는 그녀의 내장은 모두 제자리를 벗어나지 않았다고 한다. 오늘날 집사와 가정부, 하인, 급사의 수호성인으로 널리 알려진 지타는 산 프레디아노 대성당 내 수정관에 안치되어 있다. 레이스가 달린 숄을 두르고 푸른색 새틴 드레스를 입은 그녀는 충분히 합당한 휴식을 취하는 듯하다.

귀족들의 종착지

시칠리아 섬의 중심지 팔레르모에 거주한 고대 시민은 시신의 부패를 방지하고 육신을 잠식하는 죽음의 손길을 막으려는 시도를 수백 년간 거듭했다. 이러한 시도의 흔적은 오늘날 관광 상품으로 재탄생하여 1.50유로를 내면 팔레르모 미라의 섬뜩한 발자취를 엿볼 수 있다. 전시장에서 대면하게 되는 광경은 청동기 시대에 칠레 해안가에 늘어선 친초로 부족 미라들이 연출한 그것과 크게 다르지 않다. 이곳에 발을 들여놓으면 사방이 흰색으로 도배된 눅눅한 통로를 따라 질서 정연하게 늘어선 시신들이 관광객을 맞이한다. 이중 여럿은 긴 드레스에 모자와 숄까지 갖춘 외출복 차림인 한편 일부는 감자 포대 자루를 연상시키는 허름한 복장이다. 또 선반에 누워 있는 시신이 있는가 하면 페널티 킥을 목전에 두고 초조해하는 축구 선수처럼 사타구니 부근에 손을 포개고 똑바로 서 있는 시신도 목격된다. 이 밖에 마치 방금 잠에 빠진 듯한 느낌의 시신도 한두 구 발견된다. 그러나 대다수 시신은 그다지 평온하지 못한 모습으로 전시되고 있다. 턱이나 안구가 빠져 있는가 하면, 잔뜩 찌푸린 표정이거나 잔혹한 미소를 머금고 있기도 하고, 사지가 뒤틀려 비명을 지르는 듯한 모습으로 사람들을 맞는 시신도 있다. 이들은 모두 카푸친 수도회 카타콤에서 발견된 시신들이다.

16세기 중반에 팔레르모를 찾은 카푸친 수도회(프란체스코회의 분파) 수사들은 산타 마리아 델라 파체Santa Maria della Pace 교회 뒤편의 작은 동굴(카타콤)에 죽은 동료를 안치했다. 그러던 중 동굴이 다 차서 더 큰 묘지가 필요해지자 기존의 시신을 발굴해 이장하려고 했다. 그런데 놀랍게도 매장한 지 10년 이상이 흘렀는데도 45구가량의 시신이 거의 온전한 모습을 간직한 채 발굴되었다. 저절로 미라로 보존된 이러한 시신들은 동굴 내 석회 성분과 같은 자연적 조건이 빚어낸 산물로 짐작된다.

'기적적으로' 보존된 시신에 대한 소식을 들은 팔레르모 시민은 자신들도 훗날 동일한 터에 매장되고 싶어 했다. 1630년대에 이르러 여러 귀족이 해당 장소에 안치되는 특혜를 누림에 따라 카타콤에 매장되는 것은 곧 높은 신분의 상징이 되었다. 과거에 카푸친회 수사들이 동굴의 석회 성분 덕분에 고이 보존된 바 있으나 이 같은 자연조건의 효과를 촉진할 방부 처리 기술도 추가로 개발되었다. 그중 가장 널리 이용된 방식을 살펴보면, 일단 '스트레이너strainer'라는 지하 공간에 사체를 8개월가량 안치해 자연 건조한 다음 식초로 씻기거나 비소 용액(오랫동안 사용된 방부 처리제)에 담갔다가 가장 좋은 의상을 입혀 전시했다. 한편 시체를 보존하는 데는 비소와 석회 성분뿐만 아니라 현금도 필요했다. 이처럼 특별한 공간에 사랑하는 이를 안치시키려는 유족은 부득이 거금을 치러야 했다. 돈이 부족하면 해당 시신에 대한 처우가 격하되어 그다지 선호되지 않는 위치의 선반 위로 아무렇게나 옮겨졌다.

거의 300년간 카타콤에는 시신 8천여 구가 안치되었는데, 이는 곧 평균 2주마다 새로 시신이 추가되었음을 의미했다. 외국인 신분으로 카타콤에 입성한 유일한 인물은 1911년 사망한 시칠리아 주재 미국 영사 지오바니 패터니티Giovanni Paterniti였다. 그의 시신은 뚜껑을 열어놓은 관에 안치되었다. 다행히 그의 시신은 주변의 시신들과 달리 아직 부패하지 않고 생전의 모습을 간직하고 있다. 더욱이 그는 자랑스레 콧수염까지 기르고 있어 1911년 당시 팔레르모의 유행을 짐작하게 해준다. 카타콤에 마지막으로 안치된 인물은 1920년에 사망한 2세 여아 로잘리아 롬바르도Rosalia Lombardo이다. 놀랍도록 생생한 모습으로 평온한 표정을 짓는 그녀의 시신을 바라보노라면 마치 얕은 잠에 빠진 아기를 보는 듯하여 '잠자는 미소녀Sleeping Beauty'라는 애칭이 붙여지기도 했다.

냉동 미라의 출현

신의 가호가 시신의 자연적 보존을 가능케 한 하나의 방편이라면, 카푸친 수도회 수사의 시신이 증명하듯 주변 환경과 자연적 요소의 결합은 시신을 자연적으로 보존하는 또 다른 비법이다. 이 밖에 빙하나 사막, 소택지 등에서도 부패가 지연되어 짧게는 수백 년에서 길게는 수천 년까지 시신이 보존될 수 있다.

1991년에 이탈리아와 오스트리아 경계에 있는 오짤Otzal 알프스 산에서 냉동 인간 외찌Otzi가 발견되었다. 부근을 지나던 산행인 두 명이 발견한 이 냉동 인간은 역사상 가장 유명한 냉동 보존 미라로 추정된다. 방사성 탄소 연대 측정법을 통해 추산되는 외찌의 나이는 5,000~5,350세 정도이며, 영하 20℃를 기록하는 해발 3,100미터 지점에서 동사한 것으로 짐작된다. 발견 당시 외찌의 피부와 체모는 그대로 보존되어 있었고, 입고 있던 의복 역시 대부분 손상되지 않은 상태였다. 시신 옆에서 무기와 연장도 발견되었다. 그의 시신을 연구하던 과학자들은 사망 당시 외찌의 건강 상태를 비롯해 죽기 직전에 섭취한 음식까지 알아낼 수 있었다. 어깨에 박힌 화살촉은 외찌가 사망 당시 전투 중이었음을 짐작케 했다. 오늘날 전문가들의 견해에 따르면 당시 외찌는 적을 피해 산으로 달아나다가 쓰러져 과다 출혈과 허기, 심한 추위를 이기지 못하고 사망한 것으로 보인다. 현재 외찌의 미라는 이탈리아 볼차노Bolzano에 소재한 사우스 티롤 고고학 박물관에 전시되고 있다. 이처럼 빙하 환경에서 시신이 완벽히 보존되었지만 현대 과학 기술은 이러한 자연 효과를 아직 따라잡지 못하고 있다. 박물관에서 외찌의 관리를 담당하고 있는 에두아르드 E. 비질Eduard Egarther Vigil 박사는 이 냉동 인간의 무릎에 세균이 침투하여 부식이 진행되고 있다고 언급했다. 물론 기본적인 사전 조치는 모두 취해놓았지만, 일단 사체가 공기와 접촉하면 부패의 영구 차단이 어려워진다.

꽤 훌륭한 방부제 역할을 하는 빙하 지대는 또한 파지리크Pazyryk 냉동 미라의 탄생지이기도 하다. 1947년에서 1948년 사이 세르베이 루덴코 Servey Rudenko가 시베리아 알타이 산맥에서 파지리크 미라로 보이는 여성 두 명과 남성 한 명의 시신을 발견했다. 이들도 외찌와 마찬가지로 기원 전 5~3세기 인물로 추정된다. 이후 1969년 카하시아Khahsia에서는 완벽히 복장을 갖춘 미라가 발견되었고, 이 미라는 다른 미라들과 함께 상트페테르부르크에 소재한 에르미타주 국립 박물관으로 수송되어 2003년까지 그곳에 소장되었다.

그즈음 한 가지 놀라운 사실이 드러났다. 미라의 옷을 벗기자 어깨 부위에 남은 희미한 문신 자국이 관찰된 것이다. 과학자들이 적외선 검사를 진행한 결과 미라의 어깨에는 콤마, 로제트(잎이 여러 겹 겹쳐진 둥근 꽃 모양), 괴물, 활과 화살 등 다양한 문양이 새겨져 있었다. 그뿐만 아니라 재검사 결과 다른 파지리크 미라 3구에서도 문신이 발견되었다. 이들이 몸에 새긴 호랑이, 표범, 말, 야생 산양, 사슴, 날개 달린 괴물, 나무망치 등의 문양은 현대의 문신 예술가들이 애용하는 해골이 조각된 단검이나 장미 문양에 상응하는 것으로 짐작된다.

시신 보존에 효과적 매개로 간주되는 환경 조건에는 '사막'도 포함된다. 실제로 초기 이집트인들은 왕족과 평민, 부자와 빈민 등의 계층을 막론하고 사막 주변에 땅을 얕게 판 다음 시신을 매장했다. 작열하는 태양의 열기와 건조한 모래가 적절한 환경 조건을 부여한 탓에 시신은 자연히 미라로 보존될 수 있었다. 이집트인들이 중상위 계층을 겨냥해 인공적 미라 제작술을 고안해낸 것은 나중의 일이다.

한편, 중국 신장 성(중국 북서쪽 위구르 자치구)에서 발견된 타림Tarim 미라는 가장 주목할 만한 사막 미라로 손꼽힌다. 1985년 타클라마칸 사막에서 보존 상태가 뛰어난 시신이 몇 구 발견되었는데 이들의 사망 시기는 기원전 2000년으로 추정된다. 이들이 견뎌낸 오랜 세월만큼이나 놀라운 점은 미라 중 일부가 붉은색 머리카락이고 켈트 족의 격자무늬처럼 보이는 의상까지 갖추어 스코틀랜드 '바미 아미(영국을 대표하는 축구 팬클럽)' 회원을 연상케 했다는 점이다. 실제 DNA 검사 결과 이 미라들은 유럽 혈통임이 드러났으나, 이들이 그토록 머나먼 이국에서 생을 마감한 이유나 과정은 전혀 예측할 수 없다. 중국 정부는 두 가지 사유를 들어 미라에 대한 추가 조사를 꺼렸다.

우선 해당 지역에 거주하는 이슬람 소수 민족인 위구르 족이 미라를 자신들의 소유라고 주장했기 때문이다. 비록 인구 700만 명에 불과한 소수 민족이지만 위구르 족은 중국 중앙 정부로부터의 정치적 독립을 열망해 왔다. 이들이 몽골에서 현재의 거주지로 이주해온 지는 2,000년이 채 되지 않았다. 그러나 전문가들의 견해로는 위구르 족이 붉은 머리 미라의 후손들을 학살하고 나머지 유랑민을 자신들의 부족으로 흡수했음이 확실시된다. 미라와 위구르 족 DNA 간에 부분적으로 연계성이 밝혀지면, 독립 주권을 주장하는 위구르 족의 목소리에 힘이 실릴 것이기 때문에 중국 당국에서는 이를 우려하고 있다. 물론 중국 정부 측은 위구르 족의 독립을 인정할 의사가 전혀 없으며, 특히나 타림 분지에 180억 톤에 달하는 원유가 매장되어 있을 것이라는 지질학자들의 전망이 발표된 후로는 더욱 그러하다. 머나먼 타국에서 유명을 달리한 붉은 머리카락의 미라가 후일 위구르 독립국에 엄청난 부를 가져다줄지 모를 일이다.

그런가 하면 '소택지' 역시 자연이 빚어낸 천연 방부제로 꼽힌다. 소택지는 물이끼로 이루어진 자연 카펫이라고 할 수 있는데, 두 층으로 구성된다. 위쪽은 표층으로 물이 자유롭게 통과할 수 있으며, 그 아래쪽의 심층은 무정형 토탄층이다. 이 같은 소택지는 두 종류가 있으며, 하나는 '고층 습원'으로 토탄 2%와 물 98%로 구성된다. 다른 하나는 85%만이 물로 구성된 단열 습지이다. 둘 중 어느 형태든 부주의한 사람들에게는 치명적인 장소가 될 수 있다. 아서 코난 도일Arthur Conan Doyle이 쓴 『바스커빌 가의 개The Hound of the Baskervilles』속에 등장하는 잭 스테이플턴Jack Stapleton 역시 방

심한 나머지 호되게 곤욕을 치렀다. 소택지의 종류가 무엇이든 아래쪽의
토탄층은 지상의 환경적 변화에 전혀 영향을 받지 않는다. 따라서 이곳은
훌륭한 천연 방부제 효과가 있으므로 발을 헛디뎌 이곳에 빠진 대상은 그
대로 보존될 수 있다. 게다가 토탄과 물이끼는 자체적으로 '스패그놀
sphagnol'이라는 화학 방부 성분을 방출한다. 일부 과학자가 주장하는 바로
는 소택지의 물속에 포함된 산 성분과 혐기성 환경의 조합으로 부패균의
활동이 둔화된다고 한다. 흥미로운 사실은 제1차 세계 대전 당시 마른 이
끼가 항균 작용을 하는 것으로 널리 알려져 상처 부위를 붕대처럼 감는
용도로 사용되었다는 점이다. 뱃사람들은 우물물이나 샘물보다 녹조류가
덜 낀다는 이유로 항해할 때 습지대에서 채취한 물을 이용했다.[65]

1950년 덴마크에서 발견된 톨런드 인간Tollund Man은 가장 오랜 역사를
자랑하는 습지 미라 중 하나이다. 이 미라는 기원전 200년경 가죽 끈으로
목이 졸린 채 숨졌으며, 당시 나이는 30세 정도였을 것으로 추정된다. 또
그는 종교의식에 따라 처형되고 나서 토탄 성분이 가득한 습지로 내던져
진 것으로 보인다. 오늘날 톨런드 인간은 덴마크 실케보르 박물관에 전시
되고 있다. 그의 주름진 이마와 감긴 눈꺼풀, 턱수염은 놀랍도록 사실적
인 인간의 형상을 보여준다. 그뿐만 아니라 톨런드 인간의 보존 상태가
너무도 뛰어난 나머지 과학자들은 그의 위 속 내용물을 검사하여 그가 마
지막으로 섭취한 음식물이 보리를 비롯한 여러 가지 씨 열매라는 사실까
지 밝혀낼 수 있었다(처형수가 맞이한 최후의 만찬이었던 셈이다).

아마도 가장 쟁점이 되는 습지 미라는 이른바 '토탄의 선도자'로 알려
진 시신들일 것이다. 1904년 네덜란드의 한 자연공원 내에 있는 토탄 늪
에서 힐브란트 흐링후이스Hilbrand Gringhuis라는 이름의 토탄 채취 인부가 발

---

65 『습지 미라: 새로운 발견과 조망(Bog Bodies: New Discoveries and New Perspectives.)』, R. C. 터너, R. G. 스카이
프 공저

견한 이 부부의 미라는 족히 2,000년은 된 것으로 추정된다. 서로 애틋하게 부여안고 있는 두 시신은 더 큰 쪽이 오른팔로 작은 쪽의 오른팔을 감싸고 있어 이 둘은 서로 손을 잡고 있을 수 있었다. 시신의 상태가 양호하지 못한 관계로 둘 중 더 작은 쪽의 성별은 단정하기 어려웠다. 다만 더 큰 시신에서는 음경이 관찰된 바 있다. 또 더 큰 시신의 복부 위로 내장이 드러나 있는 것으로 보아 망자는 생전에 복부에 큰 부상을 당했으리라고 짐작해볼 수 있다. 1990년에 이르러 이 두 시신에 대한 재검사가 이루어졌는데 당시 조사팀은 둘 중 작은 쪽의 턱에서 여성성과는 거리가 먼 거무스름한 수염을 발견했다. 이는 네덜란드 동성애자들에게는 분명히 반가운 소식이었을 것이나, 한때 조안Joan으로 추정된 작은 시신의 이름은 존John일 가능성이 커진 셈이다. 이 두 시신이 실제로 동성애자 부부였는지는 알 길이 없다. 그러나 그들의 자세로 미루어 짐작해볼 때, 둘 중 더 큰 쪽이 전장에서 싸우다가 복부에 큰 부상을 당해 사망한 후 부리던 하인이나 연인과 함께 매장된 것으로 추정된다. 역사에 가려진 사연이 어떤 것이든 이 둘의 뭉클한 포옹은 2,000년간 계속되었다.

불사신의 탄생

1975년 인도 북부 히마찰 프라데시 주의 외딴 지구 스피티Spiti에 지진이 덮쳤다. 이곳은 인도와 중국 국경에 인접한 황량한 티베트 산악 지대로, 생각만 해도 아찔한 해발 3,600미터에 자리했다. 당시 훼손된 도로를 복구하기 위해 인도 사병 두 명이 파견되었다. 이들은 작업을 진행하다가 목과 무릎 주변에 가죽 끈을 두른 채 명상에 빠진 듯 웅크린 자세의 남성 미라를 발견했다. 미라 옆에는 두루마리 문서도 놓여 있었는데, 건드리자마자 산산이 부스러져버렸다. 주민들은 시신을 거두고 작은 예배당을 지어 그 미라를 안치했다. 나중에 과학자들이 밝혀낸 바로는 미라는 500년 전 인물로 생전에 '승려 텐진'으로 명명되었다고 한다.

해당 지역에 일반인의 출입이 금지된 탓에 미라 텐진의 존재는 한동안 베일에 가려져 있었다. 그러던 중 2004년 인도의 저널리스트가 텐진이 안치된 성소를 방문했다가 사진을 찍어 공개하면서부터 비로소 이 미라의 존재가 외부에 알려지기 시작했다. 당시 펜실베니아 대학에 재직하던 인류학자 빅터 메어Victor Mair는 수도승 미라의 소식을 접하고 미라를 직접 확인하기 위해 다른 여러 과학자와 함께 스피티 지역으로 떠났다. 사실 메어는 처음부터 이 수도승이 '자가 방부 처리'되었을 것이라는 추측에 무게를 두고 있었다. 동행한 과학자들이 엑스레이 검사를 진행하고 모발 샘플을 검토한 결과, 메어 교수의 심상치 않은 가설은 결국 사실로 판명되었다. 그런데 과연 어떤 이유로, 그리고 어떠한 원리로 한 인간이 자기 자신을 스스로 방부 처리할 수 있었던 것일까?

그 의문을 해결하고자 메어 교수는 일본을 방문했다. 일본에서는 진언종파 승려 20명이 자가 방부 처리를 한 바 있다. 진언종파 승려들은 생전에 독실한 믿음으로 가뭄과 전염병, 지진, 태풍을 조절하는 능력이 있다고 널리 알려졌다. 그러나 승려로서 이들의 삶은 순탄하지 않았다. 사실 이들은 홀로 산속 계곡을 찾아 들어가 곧은 자세로 정좌한 채 수일 동안이나 쉼 없이 명상에 정진하거나 얼음장 같은 계곡물에 여러 시간 동안 몸을 담그는 것으로 유명했다. 최초로 자가 방부 처리를 한 일본의 승려 구카이 Kuukai는 약 천 년 전에 와카야마현 구야 산자락에 자리한 절에 기거했다. 오직 육체적 고문을 통해서만 깨달음을 얻을 수 있다는 가르침에 따라, 스스로 목숨을 끊은 사람이 있었을 정도로 진언종파는 다소 소름끼치는 신념을 바탕으로 수립되었다. 이토록 극단적인 방식으로 자신의 육신을 지배할 수 있었던 승려들은 온갖 재해를 막아내는 힘이 있는 부처로 인정받았고, 신도들은 오늘날까지 이들을 숭배하고 우상화한다.

19세기부터 일본에서 법으로 금지된 자가 방부 처리는 그 과정이 길고도 험난했으며 성공하기까지는 10년이라는 세월이 걸렸다. 우선 수도승들은 1,000일 동안 주변의 숲에서 채취한 견과류와 씨 열매만 섭취하며 고된 육체노동과 고행을 병행해야 했다. 사후에 살점이 가장 먼저 부패한다는 점을 염두에 둔 이들은 이러한 수행 과정을 통해 체지방을 최소로 줄이고자 한 것으로 보인다. 그다음 1,000일 동안 수도승들에게 허락된 음식물은 해당 지역에서 자라는 소나무 껍질과 뿌리가 고작이었다. 따라서 얼마 지나지 않아 체내 수분이 감소함에 따라 수도승은 뼈와 가죽만 남은 형상으로 변한다. 이러한 2차 수행기가 끝나갈 무렵부터 승려는 옻나무 수액으로 만든 차만 마실 수 있었다. 이 수액은 독성이 강해서 대개 사발이나 가구에 칠하는 래커lacquer의 원료로 쓰인다. 그런 만큼 이 차를 마시면 구토와 발한, 과도한 배뇨에 시달리게 되어 체내 수분 함량은 급격히 떨어진다. 이처럼 치명적인 독성은 사체의 부패가 시작될 즈음 구더기와 미생물을 박멸하는 효과를 발휘하는 것으로 알려졌다. 드디어 마지막 1,000일 동안의 고행이 시작되면 수도승은 간신히 목숨만 붙어 있는 상태에 이르고, 겨우 가부좌를 틀고 앉을 수 있을 정도로 좁은 석실에 안치되었다. 이 공간에는 종이 비치되어 승려는 매일 종을 울렸다. 마침내 그가 종의 추조차 당기지 못하게 되면, 외부 사람들은 석실묘를 폐쇄할 때가 왔음을 알아차리고 공기 유입을 차단했다.

1877년을 끝으로 이러한 수도승들의 자가 방부 처리는 막을 내렸고, 그때 자가 방부 처리된 승려는 오늘날 일본 쓰루오카에 소재한 난가쿠지 사에 안치되어 있다. 이 승려 외에도 미라 18구가 곳곳에 소재한 절에 전시되고 있으며, 하나같이 법복을 제대로 갖춘 상태로 조심스럽게 관리된다. 유려하게 떨어지는 법복을 두르고 꼿꼿한 자세로 정좌한 채 희미한 미소를 짓는 이 불교 미라들은 분명히 카푸친 수도회의 카타콤이나 가톨릭 성소의 유리 진열장에는 무심할 것이다.

메어 교수가 검증한 티베트 승려 미라는 일본 수도승과 유사한 과정을 거친 것으로 보인다. 이들은 소나무 껍질 등을 먹지는 않았으나, 금식과 더불어 강도 높은 명상에 몰입했다. 독실한 티베트 불교 수도승은 탄트라 명상 요법을 수행했다. 이 요법은 너무도 강력한 힘을 발휘한 나머지 소수의 일부 승려만 대상으로 특별히 구두로 전수되었다. 전해오는 가르침에 따르면, 죽음의 순간에 정확한 시점을 간파하여 이 명상 요법을 수행하면 '칠채화신(고급 수행을 통해 경지에 이르면 사후에 시신이 빛 속으로 녹아들어 사라진다는 현상)'의 경지에 도달하여 순수한 빛을 발하는 동시에 해탈에 이를 수 있다고 한다. 이처럼 성스러운 경지에 오른 승려의 '순수한' 신체는 자연 보존되어 유물로 관리되었다.

식욕을 억누르지 못해 소식을 어려워할 뿐만 아니라 후식의 유혹마저 뿌리치기 어려워하는 현대인으로서는 명상이나 소나무 껍질뿐인 식단 혹은 옻나무 수액 차만으로 버텨내야 하는 자가 방부 처리 과정이 불가능하게만 보일 것이다. 그러나 하버드 대학 의학부에 재직하는 허버트 벤슨 Herbert Benson 박사는 오늘날에도 자가 방부 처리가 가능하다고 믿고 있다. 그는 명상이 신진대사에 미치는 영향력을 가늠하고자 티베트 승려들을 대상으로 여러 가지 시험을 수행했다. 이 승려들은 투모(인체 내부의 열기를 활용하는 요가)라는 방식의 명상을 수행했다. 이 방식으로 명상하는 동안 승려들의 체온은 놀라운 수준으로 상승했다.

이러한 사실을 증명하는 벤슨 박사의 실험을 한 가지 살펴보자. 벤슨은 주변 온도를 4℃로 맞춘 상태에서 얼음장처럼 차가운 덮개로 승려의 몸을 감쌌다. 잠시 후 명상에 몰입한 승려의 체온이 크게 상승해 덮개에서 김이 나고 점차 건조되었다고 한다. 벤슨 박사는 이러한 기현상이 실현될 수 있다면 현대의 수도자들도 충분히 체액을 감소시켜 자가 방부 처리를 할 수 있다는 결론을 내렸다.[66]

---

66 2005년 TV 다큐멘터리 《티베트 미라의 비밀(Mystery of the Tibetan Mummy)》, 애틀랜틱 프로덕션, LA7 공동 제작

　메어 박사가 이끄는 조사팀이 추가로 진행한 연구 결과에 따르면, 티베트 내 특정 지역은 수년 동안 작황 부진으로 기근에 시달렸다고 한다. 이에 겸허한 승려 톈진이 자신을 희생하기로 굳게 결심하고 탄트라 방식으로 명상에 돌입했다. 칠채화신의 경지에 도달하면 지역 주민들을 비호할 수 있을 터였다. 또 톈진은 자신이 목숨을 끊음으로써 불모의 땅에 자비가 내릴 것으로 믿었던 것이다. 톈진은 수행에 앞서 금식에 들어갔고, 행여나 집중력을 잃었을 때 스스로 목을 졸라 숨을 끊을 수 있도록 목과 무릎에 명상용 특수 가죽 끈을 둘러두었다. 톈진의 희생으로 경작지가 과연 옥토로 변모했는지 확인되지 않았으나 그의 대범한 시도가 주민들의 마음을 움직였으리라는 것은 틀림없다.

　흥미롭게도 대의를 위해 자신을 희생한 티베트 승려는 톈진 외에도 다수였을 것으로 추정된다. 1951년 중국이 티베트를 합병할 당시 중국 당국은 수백 구에 달하는 승려의 미라를 한곳에 모아놓고 대중이 보는 앞에서 불살라버렸다. 이는 독실한 티베트 불교 신자들을 종교에서 멀어지게 하기 위함이었다. 이로부터 수세기 전, 전혀 다른 대륙에서도 집권층의 횡포가 자행되었다. 즉 스페인 집권 세력이 잉카인의 미라 수백 구를 모아 공개적으로 화형한 것이다. 짐작하는 바와 같이 스페인 군은 이러한 의식을 치름으로써 잉카 토착민들의 미라 숭배를 막으려고 했다. 레닌과 에비타, 성 프랜시스 사비에르, 또 여전히 베일에 싸인 티베트 승려 등 일부 시신은 살아 있을 때 못지않게 대중을 고취하고 감흥을 불러일으키는 듯하다.

지상에서 우주까지

추모의 다각화

영미권 가정에서는 얼마 전까지만 해도 간소하면서 틀에 박힌 장례 의식을 치렀다. 검은 영구차와 목재 관, 고풍스러운 성가 몇 곡, 묘지에서 치러지는 장례식, 이 모든 과정의 끝을 알리며 세워지는 묘석이나 천사 석상 등은 장례식 하면 으레 떠올리게 되는 이미지들이다. 그러나 최근에는 장례식 분위기가 지나치게 예를 갖춘다거나 장엄하지만은 않다. 현대인들은 창의적이면서 각별한 방식으로 사랑하는 이를 떠나보내고자 하기 때문이다. 예를 들면 유해를 우주로 쏘아 올리는가 하면, 인공 산호초로 에워싸기도 하고, 망자가 응원하던 축구팀을 대표하는 색으로 맞춤 제작한 관에 시신을 안치하는 등 오늘날 장례식은 실로 다채롭게 진행되고 있다. 성가조차 〈때 저물어 날 이미 어두우니Abide with Me〉와 〈나 같은 죄인 살리신mazing Grace〉 등의 기존 인기곡이 빌보드 차트 40위에 드는 곡들에게 자리를 내주는 추세이다. 영국, 캐나다, 프랑스 등지의 우편물 데이터베이스에서 고인의 성명을 삭제하는 업무를 담당하는 고인 등록 센터 측이 발표한 바로는 여론조사에 참여한 5천 명 가운데 51%가 장례 당일에 성가 외에 특별히 고른 곡을 사용할 의사가 있다고 답한 것으로 나타났다. 제임스 블런트의 〈잘 가요 내 사랑Goodbye my Lover〉과 로비 윌리엄스의 〈엔젤스Angels〉는 가장 선호되는 곡으로 꼽힌다.

한때 중국에서는 파격적인 분위기의 장례식이 시도된 바 있다. 2006년 8월 중국 장쑤 성에서는 장례식에 스트립쇼 공연단을 보낸 혐의로 5명이 체포되었다. 장례식 참가자들은 영국에서나 볼 수 있을 법한 에로틱한 공연의 관객으로 대우받았고, 이러한 분위기는 마치 남성들의 술자리(총각 파티)를 연상케 했다. 이러한 형태의 추모 행사가 잦아지자 장쑤 성에서는 장례식에 앞서 당국에 장례 당일의 일정을 제출하도록 명령해 외설적인 공연을 막고자 했다. 물론 지역 주민들은 불만스러워했는데, 그들은 장례식 참석 인원과 고인의 명예는 비례한다고 생각했기 때문이었다. 아슬아슬한 옷차림과 풍만한 가슴을 뽐내는 젊은 여성 공연단을 투입하는 것보다 장례식 규모를 부풀릴 효과적인 방법이 또 있을까?

엄숙히 슬퍼해야 할 때

적어도 과거 영미권에서는 꽤 엄숙한 자세로 장례식과 애도에 임했다. 1827년 요크 공작이 사망하자 노퍽Norfolk의 12대 공작 얼 마셜Earl Marshal은 '모든 이가 성심을 다해 깊은 애도를 표할 것'을 명했다. 19세기 영국 사회에서는 요크 공작과 같은 왕족은 물론 남편이나 부친 등 친족에 이르기까지 대상의 신분 계층을 막론하고 무척 진지한 태도로 애도의 예를 갖추었다. 《월간 여성Ladies Monthly》과 같은 패션 잡지는 애도 기간에 바람직한 복장을 소개하기도 했다. 애도 의식이 진정한 예술로 승화된 시점은 이로부터 수년 후인 빅토리아 여왕 시대부터이다. 남편 앨버트 공Prince Albert의 죽음을 40년간 애도한 빅토리아 여왕의 뜻을 좇아 고인을 애도할 때 준수해야 할 모든 예의범절을 지정하는 장례 원안이 발표되었고, 중상류층의 여성들이 이러한 형식적 규범의 직격탄을 맞았다.

빅토리아 시대의 애도 풍습은 탈레반이 아프가니스탄 여성들에게 강요하는 예법만큼이나 엄격했다. 일례로 1860년대 후반, 영국에서 과부는 사실상 사회와 단절된 존재였다. 남편의 사후 첫해 동안 이들은 어떠한 초청도 받아들일 수 없었으며, 공공장소에 모습을 드러내는 것조차 금지되었다. 과부들은 또한 꼬박 일 년 하루 동안 깊은 애도에 임해야 하고 반사광 기능이 현저히 떨어지는 검은색 크레이프만 착용할 수 있었다. 패니 더글러스 부인Fanny Douglas은 1890년에 발행된 『숙녀의 복장 규범서Gentlewoman's Book of Dress』에서 마침내 외출을 허락받은 과부의 자세를 다음과 같이 심각한 어조로 기술했다. "거리의 오물이 묻는 것을 피하도록 치마를 들어 올릴 때는 주름 장식이 달린 검은색 페티코트와 무늬 없는 검은색 스타킹을 살짝 드러내어 남편을 잃은 슬픔이 자신의 가장 은밀한 성역에까지 침투했음을 입증해야 할 것이다. 양산을 펼치는 것은 지극히 경박한 행위로, 과부에게는 상복 소맷자락으로 햇빛을 가리는 것조차 사치가 아닐 수 없다." 이러한 대목에서 드러나듯이 당시 과부들은 속옷을 통해서까지 애도를 표해야 했다. 이와 대조적으로 아내와 사별한 남성은 검은색 양복을 입고 검은색 완장을 두르기만 했다. 그뿐만 아니라 여성들과는 달리 아내가 사망한 후에라도 원한다면 즉시 재혼하여 전과 다름없는 삶을 꾸릴 수 있었다.

일 년간의 애도를 마친 과부들은 이제 약식 애도 단계로 들어가며, 이때부터는 검은색 크레이프 대신 비단 옷을 입을 수 있었다. 그렇게 12개월이 지나면 자주색이나 연한 자주색 옷을 입는 것이 허락되었다. 또 1850년대 아닐린 염료가 개발되면서부터는 보라색이나 청자색, 엷은 자색, 체꽃 색, 엷은 자줏빛 의상도 입을 수 있게 되었다. 애도 기간은 고인과의 친분에 따라 달라졌다. 부모나 자식을 잃었을 때의 정식 애도 기간은 9개월이고 약식 애도는 3개월간 진행해야 했다. 형제가 사망하면 각각 3개월간의 정식 애도와 약식 애도를 치르고, 시가나 처가, 백모, 백부, 사촌이 사망했을 때의 애도 기간은 수주에 불과했다. 이 모든 규범은 1874년에 발행된 카셀Cassell의 『가정 예법Household Guide』을 통해 소개된 바 있다.

약식 애도 기간에는 특정 보석류를 착용하는 것이 허락되었다. 일반적으로 진주와 자수정 등을 지닐 수 있었으나 가장 인기를 끈 것은 흑옥이었다. 흑옥은 선사 시대 칠레 소나무에서 얻어지는 무연탄의 일종인데 파도에 밀려 휘트비Whitby 부근 노스요크셔 해안 지역으로 들어오기도 했고, 1890년대 초까지는 요크셔 클리블랜드 힐Cleveland Hills에 있는 빌스데일Bilsdale에서 채굴되기도 했다. 채굴이 본격화되자 희소성이 높아져서 나중에는 가격이 폭등했다. 아일랜드의 과부는 주로 자국의 토탄 늪에서 자생하는 보그오크Bog Oak(토탄 늪에 오랜 기간 잠겨 있다가 흑화된 오크 나무)로 만든 목각 장신구를 착용했으며, 과부들 외에 일반 추모객들은 귀각(거북이 등딱지) 무늬의 애도 전용 장신구를 선호했다. 피케pique로도 알려진 이 귀각 무늬 장신구는 본래 17세기에 프랑스의 위그노 교도들을 통해 유입된 것이다. 빅토리아 여왕은 남편이 사망한 지 25주년이 되는 1887년에 마침내 상복을 벗고 은 장신구를 착용한 채 공식 석상에 모습을 드러내 애도 규범을 완화하는 데 동의했다. 이 시점을 기준으로 과도한 애도의 형식이 막을 내리고, 애도를 대표하는 색으로 검은색 대신 은색이 성행하기 시작했다.

빅토리아 시대의 애도 방식이 성행한 시기에는 몇몇 부자도 탄생했다. 에식스 주 브레인트리 지역의 코틀즈Courtaulds 사는 급속히 성장한 크레이프 시장을 거의 독점하다시피 했다. 위그노계 비단 직조공의 자손인 조지 코틀즈George Courtauld가 1809년에 해당 업체를 설립했고, 19세기 말경에는 이 업체에서 생산한 가재도구가 영국을 비롯한 유럽 전역에서 상용되었다. 1870년에 있었던 프로이센-프랑스 전쟁 중 크레이프의 수요가 치솟자 코틀즈 사는 밀려드는 주문을 감당하기 어려울 지경이 되었다. 본래 크레이프는 꽤 비싼 가격에 거래되었는데, 코틀즈 사에서 '앨버트 크레이프Albert crape'라는 저렴한 제품을 발 빠르게 개발해 노동자 계층에서도 유행을 좇을 수 있도록 했다. 가격 면에서 부담이 적었던 이 크레이프는 면과 실크 혼방으로 이전 크레이프보다 촉감이 훨씬 거칠어서 입기에는 불편했다.

빅토리아 시대에는 장례를 치르고 나면 으레 '애도 카드'를 발송하여 망자의 죽음을 주변에 알렸다. 처음에는 고인의 영혼을 위해 기도해줄 것을 부탁하는 의미로 주변에 카드를 나눠주었으나 빅토리아 시대에 이르러서는 카드 발송이 장례 절차로 굳어졌다. 전문 업체를 통해 엽서 정도의 크기로 제작된 이 카드는 종종 화려한 디자인을 자랑했고, 대개는 수심에 잠긴 여성이 베개에 얼굴을 묻고 앉아 있는 문양이 새겨졌다. 지역별 인쇄소에서는 카드에 여백을 두어 인적 사항을 기재할 수 있게 했다. 20세기에 접어들어서는 오늘날의 카드와 유사한 접이식 카드로 바뀌었다.

제1차 세계 대전이 끝나자 다소 과장되고 지루할 만큼 길던 영국식 애도 풍습도 차츰 사라졌다. 74만 5천 명이라는 유례없이 많은 전사자를 낸 전쟁이 끝나자 영국 정부는 기존의 빅토리아 시대 상복 대신 검은색 완장을 착용하도록 장려했고, 이를 계기로 병사들의 사기 저하를 방지하는 동시에 여성들을 은둔 생활로부터 해방시키고자 했다. 그로부터 거의 100년이 지나 21세기에 이르렀다고 해서 고인을 잃은 데 대한 현대인의 슬픔이 과거 사람들보다 가벼운 것은 아니겠지만, 오늘날 영미권의 애도 풍속은 예전과 비교해 확실히 가벼워졌다. 고용주는 장례식 참석을 사유로 휴가를 허락해야 할 법적 의무가 없으며(물론 대부분의 사람들이 장례식에는 참석한다), 설령 그러한 이유로 휴가를 받은 직원일지라도 그 이튿날에는 출근하는 것이 관례이다. 그뿐만 아니라 배우자나 친족, 친구 등 고인과의 관계에 따라 애도 방식이 달라지는 것도 아니고 복장도 반드시 검은색일 필요는 없다. 사실 꼭 짙은 색이 아니더라도 상관은 없어졌다. 고인을 기리는 엄격한 의식은 사라진 지 오래이며, 사람들은 더 기발하면서도 개인적 취향을 고려하여 다양한 방식으로 고인을 추모한다.

그렇더라도 여전히 일부 문화권에서는 애도 의식에 관해 고집스럽게 전통을 고수하기도 한다. 그리스 정교회 중심의 사회에서 과부들은 2년 동안 검은색 옷만 입어야 한다. 힌두교에서는 애도 기간에 흰색 복장을 입는 것만 허락되고, 과부는 평생 사별한 남편을 기리며 살아야 한다. 그뿐만 아니라 과부는 한 달에 한 번씩 머리카락을 잘라야 함은 물론 장신구를 착용하지 못하며, 결혼 피로연과 같은 축제에 참석할 수 없다. 만일 그녀가 샤이바(시바신을 섬기는 인도 남부 종파) 교도라면 이마에 남편의 유해 가루를 발라야 한다.[67] 중국에서는 고인의 자녀는 검은색, 손자 손녀들은 푸른색, 그보다 촌수가 먼 친척들은 흰색 의상을 입는다. 더욱이 자녀는 부모가 사망하고 나서 49일 동안 이발도 하지 않는다.

그런가 하면 힌두교의 사티sati 제도는 무척이나 잔인한 애도 풍습으로 손꼽힌다. 힌두교 사회에서 과부가 된 기혼 여성은 남편에 대한 사랑과 충성을 입증하는 의미로 장례 당일에 죽은 남편과 함께 화장되어야 했다(자의든 타의든 간에). 주로 상류층에서 성행한 이러한 풍습은 700년 이전에 창안된 것으로, 남편이 전쟁 포로가 되었을 때 그의 아내가 노예로 전락하는 상황을 막기 위해 시행되었다. 그러나 이러한 이유 외에 남성 우위 사회에서 당돌하게도 재정 지원의 의무를 제기하는 불순한 여성을 처리하기 위한 방편으로도 이용되었다. 나중에는 이러한 순장 풍습에 종교

---

67 『힌두교의 관습, 문화 그리고 의식에 대하여(Hindu Manners, Customs, and Ceremonies)』(Phoenix, AZ: Simon Publications, 2001), 진-안토니 두보이 저, p. 353

적 의미도 부여되었는데, 희생자는 하늘로 올라가 더 불운했던 선대의 영혼을 구원하는 여신 같은 존재로 숭배되었다. 인도로 파견된 개신교 선교사들은 이러한 풍습에 격렬히 반발했으나, 19세기가 시작되고 10여 년이 지날 때까지도 매년 500명이 넘는 여성이 남편의 장례식날 화형당했다. 1829년에 이르러서야 연방 총독 윌리엄 벤팅크William Bentinck가 이 악명 높은 풍습을 비합법화했다. 그러나 이러한 법적 제지에도 불구하고 1947년 인도가 독립한 이후 화형 사례가 40여 건이나 보고되었다. 그중 가장 유명한 일화는 1987년 9월에 사망한 루프 칸와르Roop Kanwar에 관한 것으로, 당시 18세였던 그녀는 미모와 지성을 겸비했다고 전해진다. 혼인한 지 8개월째에 접어들던 어느 날 남편이 맹장 파열로 사망하자 칸와르 부인은 결혼 당시 착용했던 예식 사리를 두른 채 남편을 화장하기 위해 쌓아놓은 장작더미로 기어 올라가 무릎에 얼굴을 묻고 시동생에게 점화할 것을 재촉했다. 시동생은 어쩔 수 없이 그녀의 말에 따랐고, 곧 불길이 칸와르 부인을 집어삼켰다.

근래 들어서는 마디아프라데시 주의 중심부에서 사티 화형식이 두 건 거행된 바 있다. 2002년 여름에는 꾸뚜 베이Kuttu Bai라는 65세의 한 여성이 남편의 유해를 불태우던 장작더미에 몸을 던졌다. 당시 4,000명에 이르는 많은 사람들이 이 광경을 지켜보았는데, 그중에는 그녀의 두 아들도 섞여 있었으나 모친을 말리지 않았다. 오히려 불길로 뛰어드는 과부를 저지하고자 한 경찰들이 군중의 돌멩이 세례를 받았고, 주변 사람들은 경찰이 그녀를 구하지 못하도록 막았다. 그로부터 4년이 지난 2006년 8월에는 새까맣게 탄 40대 여인의 유해가 남편을 화장한 장작더미 위에서 함께 발견되었다. 사망자의 신원을 조사한 경찰은 그녀의 이름이 자나크라니Janakrani라는 것을 확인하는 데 그쳤고, 이후 당국은 자나크라니의 죽음이 사티 화형식에 의한 것이 아닌 단순 자살로 발표했다. 그러나 이 같은 당국의 공식 발표는 사람들의 호기심을 충족시키지 못했다. 이에 수많은 관광객이 그녀가 살던 마을로 몰려가 타다 남은 장작 등의 흔적을 구경하려 했다. 이 밖에도 미슬리쉬 프러사드Mithlesh Prasad라는 27세 여성이 관습에 따라 목숨을 끊으려 한 일이 있었는데 다행히 친척들의 만류로 사망에 이르지는 않았다고 한다.

머리카락의 소장 가치

엄격한 규범과 크레이프는 자취를 감추었으나 빅토리아 시대를 풍미한 애도 의식은 여전히 21세기 영미권 사회에 남아 있다. 예를 들면, 유족들은 고인의 머리카락을 한 움큼 잘라내어 유품으로 소중히 간직함으로써 떠나간 이를 조금이라도 더 가까이 두고자 했다. 사실 18~19세기 영국 부유층에서는 고인의 모발로 제작한 가발을 착용하는 풍습이 성행한 바 있다. 그런가 하면 빅토리아 시대에 영국 중산층에서는 브로치, 목걸이, 팔찌, 리본, 시곗줄 등에 조심스레 잘라낸 고인의 머리카락을 넣어서 착용하고 다니기도 했고, 이러한 풍조는 유럽 전역과 미국으로 유행처럼 번졌다. 고인의 머리카락으로 장신구를 제작하고자 모발을 땋고 가공하는 작업의 수요가 급증하자 헤어 아티스트라는 직종이 생기기에 이르렀고, 이들의 기술은 높이 평가되었다. 거금을 들여 헤어 아티스트의 손을 빌릴 수 없는 사람들은 알렉사나 스파이트Alexanna Speight의 안내서 『모발의 취급Lock of Hair』(1891) 등을 참고해 스스로 작업을 시도하기도 했다. 물론 이 경우에는 결과물의 완성도를 장담할 수 없었다. 그러던 중 1880년대 말에 사진 기술이 등장하자 데스 마스크death mask와 더불어 모발을 삽입한 장신구의 가치는 퇴색되었다. 브로치에 넣어 다녔던 머리카락은 곧 작은 사진으로 대체되었고, 이와 함께 비용 부담도 현저히 줄어들었다.

오늘날에도 브로치나 팔찌, 목걸이 등에 고인의 머리카락 몇 가닥을 넣어 봉한 다음 평소에 지니고 다닐 수 있다. 콜로라도 파커에 있는 장례

유품 가공 업체는 이러한 형태의 유품 소지를 권장하며, 흔히 인기를 끄는 하트나 십자가 모양을 비롯해 골프채나 카우보이 모자, 부츠 등 독특한 디자인의 다양한 장신구를 제시한다. 또한 해당 업체는 빅토리아 시대의 전통을 현대식으로 응용하여 머리카락 대신 소량의 유골(화장 시 유해를 태운 재)을 장신구에 넣는 방법을 제안하기도 한다.

  고인의 머리채를 잘라내는 풍습이 한 차례 성행하자 중세의 유물 매매와 크게 다를 바 없으나 다소 기이한 형태의 거래가 난무하기 시작했다. 역사적으로 유명한 지도자들은 유명인의 유품을 간직하고자 한 누군가에 의해 머리카락이 잘려나가거나 전담 이발사가 이발 중에 잘려져 나간 머리카락을 몰래 챙겨두기도 했다. 이러한 인물들은 오늘날 경매 시장이나 희귀 골동품 컬렉션에 종종 이름을 올린다. 현재 미국 내에만 머리카락 수집가가 수백 명 활동하고 있으며, 이베이에서 케네디 대통령과 영국 다이애나 비의 머리카락이 거래되기도 했다. 코네티컷 주 웨스트포트에 거주하는 존 레지니코프John Reznikoff는 가장 왕성히 활동하며 높은 수익을 올리는 수집가 중 한 사람으로 손꼽히며, 백여 점이 넘는 다양한 머리카락을 소장하고 있다. 샬럿 브론테Charlotte Bronte, 나폴레옹, 웰링턴 공작Duke of Wellington, 에이브러햄 링컨(거래가 75만 달러), 헨리 포드, 알베르트 아인슈타인, 마릴린 먼로, 엘비스 프레슬리(군대식 헤어스타일이었을 당시)의 머리카락이 모두 그의 소장품이다.

  최근 레지니코프는 고인이 아닌 살아 있는 사람의 머리카락을 매입해 논란에 휩싸였다. 머리카락의 주인은 바로 닐 암스트롱Neil Armstrong으로 당시 3,000달러에 매매되어 현재 레지니코프의 컬렉션에 포함되어 있다. 사건의 발단은 암스트롱의 전담 이발사 맥스 시즈모어Max Sizemore가 암스트롱의 머리카락을 이발하고 나서 매번 몰래 그의 머리카락을 쓸어 모아둔 것이었다. 이후 암스트롱은 시즈모어를 상대로 소송을 제기하겠다고 위협했고, 레지니코프에게서 암스트롱의 머리카락을 되찾아 올 수 없었던 시즈모어는 결국 거래 금액을 자선 단체에 기부했다.

손톱이나 혈액을 대상으로 성행한 중세 시대의 유물 거래가 다소 역겹거나 끔찍하게 여겨지는가? 그렇다면 오늘날의 유물 거래도 과거의 그것과 크게 다르지 않은 형태로 지속되고 있다는 사실을 되새겨봄 직하다. 즉 신체 소유권 따위는 박탈당한 채 최고가를 부르는 이에게 신체 일부가 매매되었던 성인들이, 오늘날에는 저명인사나 유명 정치가로 대체되었다고 볼 수 있다.

다이아몬드, 여성의 로망

목걸이나 브로치에 고인의 머리카락을 넣어 간직한다는 개념도 충분히 기발하지만, 고인의 유골을 이용해 다이아몬드를 제작해서 그것을 아예 장신구로 착용한다면 다소 허무맹랑하게 들리기까지 할 것이다. 그러나 실제로 미국과 스위스의 한 업체가 각기 고인을 화장하고 나서 남은 재를 이용하여 다이아몬드로 변모시키는 방법을 개발했다. 그리고 최대 2만 2,000달러에 달하는 거금을 들여 연간 수백 점에 달하는 '인간 다이아몬드diamond geezers'를 제작하기 시작했다. 인체는 탄소를 토대로 구성되므로 화장된 재에 3,000℃의 열을 가하면 흑연으로 변한다. 바로 이 흑연을 압축하면 인공 다이아몬드가 탄생한다. 대개 시체 한 구를 화장하면 다이아몬드를 50~100개 정도 만들 수 있는 탄소가 배출되므로 사망한 배우자의 유해를 목걸이로 만들어 착용하는 것이 가능해진다.

시카고에 본사를 두고 있으며 영국 지점도 운영 중인 업체 '라이프젬LifeGem Memorials'은 유골을 16주 만에 맞춤식 다이아몬드로 제작할 수 있으며, 이 기술은 유럽 보석학EGL에서도 인증받았다. 라이프젬 세공사들은 다이아몬드를 자유자재로 다듬을 수 있는 것은 물론이고 레이저를 이용해 다양한 무늬도 새겨 넣는다. 그뿐만 아니라 다이아몬드와 다양한 광물을 혼합하면 다채로운 색이 탄생하므로, 고객은 푸른색이나 붉은색 혹은 황색 등 원하는 다이아몬드의 색상을 직접 선택할 수 있다. 한편, 스위스 업체 알고르단자^{Algordanza} 측은 자사의 다이아몬드 제품은 철저하게 자연 소재로 제작되며 일절 첨가물이 더해지지 않는다고 주장한다. 이 업체가 발표한 바로는 다이아몬드의 색은 고인이 생전에 섭취한 음식물에 따라 자연적으로 결정된다고 한다. 예를 들어 고인이 채식주의자였다면 다이아몬드는 옅은 푸른색을 띤다.

2005년 한 해 동안 천여 가구 이상이 라이프젬을 통해 고인에게 반짝이는 빛을 선사할 수 있었던 것으로 알려진다. 한때 라이프젬은 베토벤의 머리카락으로 제작한 다이아몬드 세 점을 경매에 출품하고, 그 수익금은 자선 단체에 기부했다. 존 레지니코프가 이 위대한 음악가의 머리카락 여덟 가닥을 라이프젬 측에 넘겨준 것을 계기로 라이프젬은 그와 협력 관계를 구축했다. 레지니코프가 소장한 방대한 유품을 고려하면 유명을 달리한 대통령과 영화배우도 훗날 다이아몬드로 재탄생할 법하다. 생전에 〈다이아몬드는 여자의 가장 좋은 친구^{Diamonds are a Girl's Best Friend}〉라는 곡을 노래한 마릴린 먼로도 다이아몬드의 이 같은 잠재성은 짐작하지 못했을 것이다. 2007년 9월 18일 라이프젬 측은 처음으로 이베이에 자사에서 제작한 다이아몬드 제품 한 점을 올렸고, 100만 달러 이상의 수익을 낼 것으로 예상했다. 다이아몬드는 결국 판매되었으나 매매가와 매입자의 성명은 공개되지 않았다.

오브제, 예술과의 접목

라이프젬의 다이아몬드가 공개되자 사후 처리와 추모 작업을 전문으로 하는 업계 전반에서 화장이 대세로 자리를 잡아갔다. 이제는 아끼던 이의 유해를 지하에만 가둬둘 필요가 없어졌다. 목걸이나 반지 등에 고인의 유해를 넣어 다니는 데 그치지 않고 유해 자체를 빛나는 보석으로 제작할 수 있게 되었다. 캘리포니아에 있는 '크리스털은 영원히Crystal Eternity'라는 한 업체는 인체를 태워서 나온 재와 액체 상태로 녹인 유리를 혼합한 유리 기념품을 제작하기도 한다. 유리 제품은 제각기 독특한 디자인을 자랑하면서 오래도록 고인을 기릴 수 있다는 장점이 있다. 이러한 방식이 여의치 않다면 마블 코믹스Marvel Comics 사의 편집장 마크 그룬월드Mark Gruenwald처럼 자신의 유해를 회화 재료의 일부로 승화하는 방안도 고려해봄 직하다. 1996년에 사망한 그룬월드는 『캡틴 아메리카Captain America』와 『퀘이사Quasar』 등의 만화와 더불어 잘 알려진 인물로, 그룬월드의 부인은 고인의 유언에 따라 남편의 유골을 잉크와 혼합해 만화 『스쿼드론 수프림Squadron Supreme』의 한정판 포스터를 제작했다. 몇 차례 붓질로 그룬월드는 사후에도 생전에 그토록 애착하던 만화 시장의 일부로 남을 수 있게 되었다. 다소 별나다고 여겨질 수 있겠지만, 사실 그룬월드 외에도 여러 사람이 그의 선례를 따르고 있다. 미시시피 출신 화가 베티 브로클Bettye Brokl은 일련의 추상화에 돌아가신 어머니의 유골을 뿌리다가 추모 기념 미술관을 구상했다. 유골이 뿌려진 그림들은 일종의 유품으로 유족에게 선사된다. 머미 브라운 색 물감으로 탈바꿈한 이집트 미라의 경우와 달리 유골을 물감 등에 섞어서 사용하지 않고, 대신 완성된 작품 위에 뿌린 다음 투명 필름으로 봉해서 후대까지 보존되도록 한다. 이렇게 제작된 브로클의 작품들은 큰 인기를 끌어 현재 밀려드는 주문을 처리하느라 다른 화가 여러 명을 고용해 작업하고 있다. 맞춤식 주문 작품은 350~900달러 선에서 거래된다.

이즈음에서 더 실제적인 유물의 예를 들어보자. 1967년에 프리스비(원반 던지기 놀이에 쓰이는 플라스틱 원반. 고유 상표명)로 특허를 획득한 에드 헤드릭Ed Headrick은 친구와 친족들에게 즐거움을 선사하고자 프리스비에 자신의 모습을 찍어 넣었다. 그가 사망한 지 4년째 되는 2002년에도 프리스비 골프 협회('프리스비 골프'는 헤드릭이 창안한 프리스비 게임)의 웹사이트에서는 '불멸의 에드 기념 원반'이 세트당 210달러에 거래되었고, 해당 수입금은 캘리포니아 프리스비 박물관을 건립하는 데 충당되었다.

고인이 스포츠와 야외 활동을 선호한 인물이었다면 아이오와 주 디모인에 있는 캐넉스 스포츠맨 메모리얼Canuck's Sportsman Memorials 사의 문을 두드려보는 것도 좋을 듯하다. 이 업체에서는 오리 모양 공예품이나 총탄, 혹은 고인이 낚시광이었다면 낚시 도구 상자에 유골을 넣어준다. 제이 크누드슨Jay Knudson은 1991년에 주문 맞춤식 기념품을 주종 상품으로 겨냥해 해당 업체를 설립했다. 당시 최초로 접수된 의뢰 중 눈에 띄는 사례는 자동차 사고로 사망한 17세 소년 에릭 브라운Erik Brown의 유골을 농구공 내피에 삽입하는 작업이었다. 생전에 에릭이 열성적인 농구 선수였다는 점에 착안한 그의 형은 이러한 기념품이 에릭에 대한 적절한 애도의 표시가 되리라 생각했다. 유골이 삽입된 농구공은 에릭의 고향집 벽난로 선반에 놓였다.

그런가 하면 친환경적 기념품도 있다. 1998년에 사망한 칼턴 글렌 파머Carleton Glen Palmer는 자신의 유골이 환경 보호와 관련된 분야에 사용되기를 희망했다. 당시 열성적인 환경 운동가이기도 했던 파머의 사위 돈 브롤리Don Brawley는 '리프 베리어 개발 그룹'이라는 업체를 운영했는데, 이곳에서는 친환경 소재의 콘크리트 볼을 해저에 가라앉혀서 파괴된 산호초를 대체하게 하는 사업을 진행하고 있었다. 파머는 숨을 거두기 전에 사위의 업체에서 제작하는 콘크리트 볼에 자신의 유골을 넣어 해저에서 산호초 재건에 이바지할 수 있게 해달라고 부탁했고, 그의 유언에 따라 '영구 산호초'가 탄생했다. 산호초 제작 비용은 산호초의 종류에 따라 달라지는데 대개 2,000~5,000달러 선이다. 유족은 콘크리트와 유골을 혼합하는 작업 과정에 참여할 수 있을 뿐만 아니라 본을 뜨는 동안 축축한 콘크리트에 손바닥을 눌러 자국을 남기거나 각 볼에 붙여둔 청동 명판을 만

져볼 수도 있다. 완성된 콘크리트 볼이 건조되면 유족은 배를 타고 바다로 나가 기념 볼이 바다로 가라앉는 장면을 지켜보게 된다. 이는 수장이라는 개념에 착안한 새로운 발상이라고 할 수 있다. 좀더 대담한 사람이라면 바닷속에 가라앉은 콘크리트 볼 주변으로 헤엄쳐 들어가 해저 생명체들과 함께 잠든 고인을 만나볼 수도 있다.

그러나 화장이 반드시 가장 친환경적인 시신 처리 방식이라고 장담할 수는 없다. 물론 화장을 택하면 토양과 지하수 오염의 우려가 있는 유독 방부 처리 용액을 사용하지 않아도 되고 산이나 바다에 유골을 뿌릴 필요도 없으며, 묘지 정돈에 사용되는 제초제나 휘발유를 연료로 하는 잔디 다듬는 기계를 굳이 사용하지 않아도 된다. 그러나 사실상 거의 모든 화장터에서 환경오염을 일으키는 특정 휘발유를 사용하고 있으며, 칩보드(조각낸 목재를 접착제로 붙여서 굳힌 건재) 관을 소각할 때도 유해 물질이 방출된다. 그뿐만 아니라 관 자체가 환경 친화성에 관한 논쟁을 불러일으키기도 하는데, 미국에서만 매년 5,000만 보드풋(bd. ft. 두께 1인치 1피트 평방의 널빤지를 일컫는 단위)의 목재가 관 제작용으로 소모되고 있다.[68] 무엇보다 문제가 되는 부분은 화장되는 시신이 과거 치과 치료의 결과물로 치아에 충전재가 있을 경우, 충전재가 소각되면서 공기 중에 수은을 방출하는 동시에 토양과 수로 그리고 야생 환경을 오염시킨다는 점이다. 평균적으로 영국인이 1인당 수은 충전재 3그램을 보유한다는 사실로 미루어볼 때 화장터야말로 전국 최대 규모의 수은 오염원인 셈이다. 2007년 사태의 심각성을 깨달은 영국 정부는 2012년까지 모든 치아 충전재를 특수물질로 통일할 것을 명문화했다.

스위스의 한 여성 기업가는 화장의 이 같은 문제점에 착안하여 시신의 사후 처리 시 활용할 수 있는 다른 유형의 기술을 발명했다. 2005년에는

---

68 2002년 1월–2월 판 《과학과 정신(Science and Sprit)》 지, '인체와 토양(Body and Sil)', 질 뉴마크

수많은 매체가 스웨덴 옌셰핑 마을에 거주하는 환경 생물학자 수잔 위그메삭Susanne Wiigh-Masak이 빙장氷藏 방식을 개발해냈다고 일제히 보도했다. 화장을 대신할 친환경적 공법으로 대대적인 관심을 받은 이 방식은 우선 시신을 질소 용액에 담근다. 이 과정을 통해 물러진 시신을 특정 기계에 넣고 마치 지진에 명나라 도자기가 마구 흔들리듯 격렬한 진동을 가해 사체가 수백만 조각으로 분쇄되게 한다. 그 후 금속 분리기가 분쇄된 유골 사이를 지나며 인공 관절이나 금속 조각, 망가진 치아 충전재 등을 추려낸다. 마지막으로 옥수수나 감자 전분으로 만든 상자에 분쇄된 유골을 넣고 얕게 판 묘지에 매장하면 유골과 유골함은 몇 개월 후 거름이 된다.[69]

화려한 최후

그렇다고 해서 모든 사람이 환경 의식을 발현하여 수잔 위그메삭의 빙장과 같은 방식으로 능률적 장례를 치르는 것은 아니다. 오히려 오늘날 장례 시장은 훨씬 요란하고 화려한 작별 문화를 제시하기도 한다. 인간 유해의 처분에 관해서는 깊은 해저부터 무한한 우주 공간에 이르기까지, 그 종착지에 한계란 없는 듯하다. 억만장자들은 2,500만 달러라는 거금을 들여 우주여행을 하기도 하는데, 단 995달러면 자신의 유골을 우주로 쏘아 보낼 수 있다. 실례로 텍사스 주 휴스턴에 있는 셀레스틱스 사Celestics Inc.에서는 추모 우주 비행 편을 제공한다. 1~7그램 정도의 유골을 립스틱 용기 크기의 개별 캡슐에 넣은 다음 인공위성에 부착된 추모 우주선에 실어 우주로 보내는 원리이다. 유골이 담긴 캡슐은 짧게는 2년, 길게는 200년 동안 궤도에 머무르며, 주 인공위성의 최종 고도에 따라 그

---

69 2005년 9월 30일 판 《데일리 텔레그래프(Daily Telegraph)》 지, '빙장, 화장을 대신하다', 케이트 코놀리

시기가 좌우된다. 캡슐은 최종 고드에서 지구 궤도로 재진입하며 요란한 소리와 함께 폭발하게 된다. 물론 가장 친환경적인 시체 처리 방식은 아니지만 특수 영상 효과는 노려볼 만하다.

셀레스틱스 사 최초의 추모 우주선은 1997년 4월에 발사되었으며, 탑승 유골 24구 중에는 인기 TV 시리즈물 〈스타트렉Star Trek〉의 제작자 진 로덴베리Gene Roddenberry의 것도 포함되어 있었다. 당시만 해도 인간의 유골이 우주로 발사된 적이 없었으므로 로덴베리는 대담하게 우주여행을 감행한 최초의 고인이 된 셈이다. 그런가 하면 그중에는 LSD 주창론의 권위자 티모시 리어리Timothy Leary의 유골도 있었다. 그 역시 《워싱턴 포스트》의 표현처럼 '처음이자 마지막, 그러나 혁신적 여행'의 주인공이 되었다.[70] 이들의 유골을 담은 캡슐이 5년간 지구를 선회하다가 대기권으로 재진입하면 유골은 2차 소각의 순간을 맞이한다. 셀레스틱스 사를 찾는 고객들은 몇 가지 상품 중 하나를 선택하게 되는데, '기본 캡슐 서비스'의 경우 캡슐에 유골을 1그램 넣을 수 있다. 한편, 1만 2,500달러에 달하는 '달나라 여행 서비스'나 '탐험 서비스'를 선택하면 달의 궤도나 그 이상의 먼 우주로 유골을 쏘아 올릴 수 있다. 모든 상품에 동일하게 제공되는 혜택으로 고인의 벗과 가족은 유골 발사 현장에 참석할 수 있고 기념 DVD를 소장하게 되며, 셀레스틱스 사 공식 홈페이지를 통해 고인의 프로필을 영구히 볼 수 있다. 2007년에는 로덴베리의 뒤를 이어 배우 제임스 두한James Doohan의 유골이 우주로 솟았다. 두한은 〈엔터프라이즈〉라는 작품을 통해 수석 엔지니어 '스코티Scotty'로 잘 알려진 인물이다. 스코티의 유골은 UP 우주 항공사가 개발한 6미터 길이의 스페이스로프트 XL 로켓을 타고 마지막 빛을 발하며 하늘로 치솟았다.

---

70 1997년 3월 3일 판 《워싱턴 포스트》, '우리 곁을 떠난 24인의 로켓 여행자들(Up in Smoke for 24 Dearly Departed, a Rocket Trip Around the World)', 프랭크 아렌스

　사후에 지구 대기권 밖에서 머무는 것이 내키지 않는다면 '폭죽'이라는 대안도 고려해볼 만하다. 실제로 2005년에 '곤조(취재 대상에 적극적으로 개입하여 일인칭 시점으로 기사를 서술하는 장르)' 저널리스트 헌터 S. 톰슨Hunter S. Thompson의 유골을 품은 34개 폭죽이 현란한 색상을 뿜내며 하늘을 수놓았다. 톰슨의 일대기를 그린 1998년 작 영화 〈라스베이거스의 공포와 혐오Fear and Loathing in Las Vegas〉에서 톰슨을 연기한 배우 조니 뎁Johnny Depp은 250만 달러에 달하는 폭죽 비용을 지불했다. 기념식 당일에는 산업용 크레인에 장착된 길이 46미터짜리 총포를 통해 폭죽이 요란하게 뿜어져 나왔다.

　아무리 아끼던 사람이라지만 수백만 달러에 달하는 장례 비용이 다소 부담스럽다면 더 저렴한 방법도 있다. 에식스에 있는 '폭죽 천국Heavens Above Fireworks'이라는 업체는 1,470~2,950달러 선에서 유골을 넣은 폭죽을 제작해준다. 이렇게 맞춤 제작된 폭죽이 터질 때 업체에서 서비스로 고인이 선호하던 곡을 배경 음악으로 틀어주기도 한다. 베스트셀러 3부작 소설 『다크 머티리얼즈Dark Materials』(인기 판타지 영화 〈황금 나침반〉의 원작)의 저자 필립 풀먼Philip Pullman 역시 폭죽을 통해 양아버지를 기리고자 했다. 풀먼은 에든버러에 있는 스코틀랜드식 폭죽 공연 업체에 의뢰하여 필요한 폭죽 수를 파악하고 총 40개 폭죽에 양아버지의 유골을 채워 넣었다. 그리고 포스 만 북쪽에 자리한 스탈리 포인트Starley Point라는 작은 곳에서 폭죽을 터뜨렸다. 훗날 풀먼은 당시의 느낌을 다음과 같이 묘사했다. "당시 광경을 떠올릴 때면 새삼 어린 조카의 외마디 감탄사를 되새김질해보게 됩니다. '나도 저렇게 해보고 싶어요!'"[71]

　이처럼 다채로운 장례 방식이 존재하는 한편, 단순히 비행기를 타고 공중에서 유골을 바다 혹은 생전에 고인이 선호한 교외의 특정 지점에 뿌

---

71 2007년 3월, 필립 풀먼과의 대담

리는 방법도 있다. 영국에서 유골을 뿌리는 행위가 법적 규제 대상에 속하지는 않지만 미국에서는 주마다 규제하는 법률이 다르다. 법에 저촉되지 않는다고는 해도 이 방법을 행할 때는 어느 정도 주의를 기울여야 한다. 2002년 5월 세스너Cessna 사의 경비행기 한 대가 시애틀 매리너스 Seattle Mariners 구단의 홈구장인 세이프코필드 상공을 선회하다 비행기에 탑재된 컨테이너 틈으로 회색 가루를 살포하자 야구장에 온 관중들은 공포에 휩싸였다. 즉각 시애틀 소방국에서 현장에 독극물 처리반을 투입했고 미 연방 항공국 관계자들은 황급히 비행기 조종사와 연락을 시도했다. 9·11 테러가 발생한 지 몇 개월 지나지 않은 시점이었으므로 당국의 예민한 반응은 충분히 이해할 만한 것이었다. 관계자들의 과장된 반응에 놀란 조종사는 자신은 단지 유골 살포를 위해 고용된 사람이라고 대답했다. 이렇게 사실이 밝혀지자 미 연방 항공국 소속 데이브 밀러Dave Miller는 "유골 살포 위치를 경솔하게 택한 경우"라고 무덤덤하게 언급했다.[72] 그러나 제삼자에게는 경솔한 위치로 비쳤을지 모르나 생전에 시애틀 매리너스의 열렬한 팬이었던 고인으로서는 자신의 유골을 뿌리기에 완벽한 지점을 선택한 셈이다.

차별화된 나만의 공간

꼭 공중이나 우주 공간이 아니라도 우리가 발을 딛고 생활하는 지상 역시 장례 장소로 마땅한 대안을 제시할 수 있다. 이제는 화장이 아닌 매장을 택해도 무조건 밋밋하고 답답한 느낌의 육각형 소나무 관이나 화강암 재질의 엄숙한 묘석이 딸려오는 것은 아니다. 오늘날에는 얼마든지 각자

---

72 2002년 5월 24일자 CNN '파일럿, 매리너스 경기장에 유골을 살포하다 (Pilot Drops Human Ashes on Mariners' Stadium)'에 인용.

원하는 형태나 모양으로 묘석과 관을 맞춤 제작할 수 있다. 뉴캐슬 지역에 거주하는 레슬리 맥기네스Lesley McGuiness는 30대에 요절한 남편을 기리며 생전에 그가 가장 아낀 축구팀의 셔츠 모양과 색상을 본떠 묘석을 제작했다. 이 묘석은 가업을 이어받아 조셉 리치먼드 앤드 선Joseph Richmond and Son 사에서 근무하던 사이먼 리처드Simon Richard가 제작한 것으로, 화강암 재질에 뉴캐슬 유나이티드Newcastle United 팀을 대표하는 검은색과 흰색이 칠해졌다. 완성된 묘석은 얼룩 무늬 묘석으로 칭해지며 그 독창성을 인정받아 2006년도의 가장 참신한 기념비로 업계 대상을 받았다. 이 묘석은 일부를 중국에서 제작하여 매매 가격은 3,200달러에 불과했다. 모든 공정이 영국에서 진행된다면 책정 가격은 아마 8,000달러 이상을 호가하게 될 것이다.

이처럼 날이 갈수록 남들과 차별되는 독특한 묘석을 찾는 이들이 늘고 있다. 오늘날 조셉 리치먼드 앤드 선 사에서 제작하는 묘석 중에 고인의 이름만 새겨 넣는 단순한 형태의 묘석은 전체 물량의 20%에 불과하다. 마찬가지로 점점 관과 유골 단지에도 개인적 취향이 반영되는 추세이다. 타인 위어 주에 있는 관 제작 전문 업체 J. C. 앳킨슨J. C. Atkinson 사는 종교적이거나 회화적인 문양에서 스포츠나 꽃무늬 디자인에 이르기까지 개인적 취향을 반영한 다양한 이미지로 관과 유골 단지를 장식해준다. 해당 업체 이사로 재직 중인 줄리안 앳킨슨Julian Atkinson이 말한 바로는 최근에 가장 인기를 끄는 디자인은 시골 풍경이나 축구팀 대표 색상을 표현한 것이라고 한다. 그런가 하면 브랜디 잔이나 담배, 구운 콩 등 특이한 디자인을 조각해 넣어 고인이 생전에 즐긴 기호품을 묘사하는 경우도 있다. 이 밖에도 한 농부는 자신의 관에 양떼를 새겨달라고 요청하기도 했는데, 이유는 다름이 아니라 '양을 세며 쉽게 잠들 수 있게' 하기 위함이었다. 완성품의 가격은 관 안쪽에 덧대는 합판의 유무나 부대설비 장착에 따라 달라지는데 평균 9,600달러 선이다. J. C. 앳킨슨 사는 자연에 해를 끼치

지 않는 친환경적 페인트와 목재를 사용해 관을 제작한다.[73]

그렇다 하더라도 가나 아크라 지역의 가[Ga] 부족만큼 참신한 형태로 관을 제작하는 이들은 드물 것이다. 전통적으로 가 부족의 족장은 정교한 모양으로 제작된 '가마'에 앉은 채 마을을 돌아다녔다. 20세기 초 가 부족장은 코코아 껍질로 의자 모양의 가마 제작을 명령했으나(코코아는 가나의 주요 작물임) 아쉽게도 시승해보지 못하고 세상을 등졌다. 그러자 이미 확보해두었던 거대한 코코아 껍질은 사망한 족장의 관으로 탈바꿈했다. 1951년에는 족장들의 가마를 제작하던 아타 오우[Ata Owoo]의 견습공 한 명이 최근 사망한 할머니를 위해 비행기 모양의 관을 제작해줄 의향이 있는지 문의했다. 이에 오우는 흔쾌히 견습공의 부탁을 들어주었고, 이후 주문 맞춤식 관이 하나의 유행으로 자리 잡았다.

오늘날 아크라 근교의 떼시[Teshi] 지방에서는 다양한 모양의 관을 직접 제작해보는 워크숍이 성행하는데, 자동차와 배, 새, 물고기를 비롯하여 고인이 특별히 여기던 대상이라면 무엇이든 그 모양을 본떠 만들어볼 수 있다. 심지어 휴대전화와 코카콜라 병 모양으로 제작한 관도 볼 수 있다. 가나에서는 생전에 관을 주문해두는 것이 보편적인데, 이는 자신의 안식처가 될 공간을 사전에 충분히 감상해두기 위함이다. 결국에는 자기 자신이 영원토록 머물게 될 공간이므로 미리 그 작업 상태와 디자인을 점검해두는 것도 나쁘지 않을 것이다.

매장되거나 화장되는 대부분의 현대인은 아담한 묘석이나 해시계 혹은 정원 벤치 정도의 기념비로 만족한다. 반면에 최상위 부유층이나 권력 계층에서는 이와 대조적으로 먼 옛날부터 고인을 으리으리한 무덤이나 영묘에 안치했고, 규모나 외관 면에서 압도적인 기념비를 세움으로써 아끼던 이를 기리고자 했다. 일례로 인도 아그라에 위치한 타지마할[Taj Mahal]은

73 2007년 4월, 줄리안 앳킨슨와의 대담

1654년에 완공된 인도 역사상 가장 아름답고 매혹적인 영묘로, 무굴 제국의 황제 샤자한Shah Jahan이 가장 아끼던 아내 뭄타즈 마할Mumatz Mahal의 유해를 안치하기 위해 마련한 곳이다. 이 영묘를 세우기 위해 2만 2천 명에 이르는 노동자가 17년간 혹사당했다. 시대를 초월하여 최고의 호화로움을 자랑하는 영묘로는 중국 진시황제의 능을 빼놓을 수 없다.

1974년 중국 산시 성 여산驪山 기슭에서 우물터를 파던 농부 한 무리는 도자기 몇 점을 발굴해냈다. 이 유물이 진 왕조(기원전 221~206) 시대에 제작된 것임을 확인한 고고학자들은 본격적인 발굴에 들어갔다. 당시 이들이 발견해낸 것은 실물 크기로 제작된 7천 구 이상의 적갈색 토병과 말, 전차, 각종 무기로, 모두 진시황의 분실을 호위하고 있었다.

기원전 453년 이래 중국 영토 내에 세워진 수많은 국가는 끊임없이 전투를 지속했다. 그러다 기원전 227년에 이르러 뛰어난 전술과 조직력을 갖춘 진나라가 주변 국가들을 정복하고 중국 역사상 최초로 통일을 이룩했다. 기원전 217년에 사망한 한 고위 관리의 무덤에서 발견된 기록을 보면, 진시황은 새로이 이룩한 영토를 36개 성省으로 분할한 것으로 전해진다. 진시황의 수많은 업적 중에서 가장 위대하게 평가되는 부분은 바로 언어와 화폐 통일이다. 이는 오늘날까지도 이어지고 있는 유산이다. 한편, 수도 시안西安에 머물던 진시황은 새로운 궁의 건축을 명하고, 동시에 만리장성 증강도 추진했다. 이집트의 파라오처럼 중국 황제 역시 즉위 후 곧바로 황릉을 건축했다. 이는 사후의 안식을 위해 좋은 위치를 선점해두기 위함이었다. 황릉은 기원전 246년부터 공사가 추진되어 완공될 때까지 거의 40년이 걸렸으며, 해당 공사를 위해 70만 명이 강제 징용되었다고 한다.

황제의 무덤 자체는 공개된 적이 없으나 능 주변은 토병 군단이 들어선 여러 개의 무덤이 에워싸고 있다. 이중 첫 번째 무덤에는 얼굴 생김과 특징이 제각각인 보병 군단이 자리하고, 두 번째 무덤에서는 말 백여 마리와 전차를 갖춘 기병대가 발굴되었다. 세 번째 무덤은 사령부 지휘단의 근거지이다. 사마천이 남긴 기록에 따르면, 황릉 자체는 청동으로 둘러싸여 있으며 내부에는 최상급 가구와 비품을 갖추어 죽은 황제의 편의를 도모했다고 한다. 그뿐만 아니라 어마어마한 양의 보물도 함께 매장되었을 것으로 추정된다.

그러나 역사가들이 진시황의 장례가 치러진 지 몇 년 지나지 않아 항우 장군이 자신의 군대를 이끌고 와, 황릉에 매장된 보물을 약탈해가 버렸다고 추정하므로 보물의 존재 여부는 정확히 알 수 없다. 한 가지 놀라운 사실은 황제와 함께 매장된 대상이 금은보화가 전부가 아니라는 점이다. 즉, 당시 법령에 따라 왕자를 낳지 못한 황제의 부인들은 모조리 생매장되어야 했고, 공사나 내부 장식에 참여한 인부를 비롯한 모든 건설 관계자도 처형되었다. 이처럼 황릉 주변에는 순장된 이들의 묘 터도 많이 발견된다.

투탕카멘도 울고 갈 제 무덤입니다

왕위에 오르지 못한 범인이라면 토병 7천 명이 호위하는 영묘를 차마 엄두도 내지 못하겠지만, 최근 재력가 사이에서는 화려한 무덤을 마련하는 추세가 부활하는 듯하다. 2004년 뉴욕 주 버펄로에 위치한 포리스트 론 공동묘지 측은 "미국 최고의 건축가가 잠든 곳에 동참할 수 있는 일생일대의 기회입니다."라는 광고 문구를 내걸었다. 이 광고는 다름 아니라 프랭크 로이드 라이트의 블루스카이 영묘 내 납골당을 선전하는 것이다. 라이트는 300여 채 건물을 설계한 위대한 건축가로, 그의 건축물 다수는 날카롭고 길게 뻗친 독특한 정면 구조를 자랑한다. 라이트의 작품성을 흠모하여 묏자리 구매를 결정한 사람들은 영묘 안에 자리한 화강암 석관 24개 중 한 곳에 자신의 유해를 안치할 수 있다. 해당 상품의 가격은

30~150만 달러로 건물 내 석관의 위치에 따라 다르게 책정된다. 라이트의 영묘는 천연기념물로 지정된 까닭에 유지보수를 위한 기금이 충분히 조성되므로 구매자들은 일종의 품질 보증도 확보하는 셈이다.

블루스카이 영묘는 2004년 완공되었다. 본래는 다윈 D. 마틴Darwin D. Martin이라는 한 기업가가 1925년부터 해당 프로젝트에 착수했으나 1929년 주식 시장 붕괴와 더불어 재산을 탕진하자 곧 발을 뺐다. 사실 라이트는 마틴과 오랜 우정을 쌓아왔다. 뉴욕 버펄로에 있는 마틴의 거주지를 비롯해 이리 호수Lake Erie 부근의 여름 별장과 마틴이 중역으로 재직했던 버펄로의 라킨 비누Larkin Soap 본사까지 모두 라이트가 디자인한 건물들이다. 어쨌거나 마틴이 철수한 이후 블루스카이 영묘 건립 계획은 비밀로 남았으나, 한때 라이트의 제자였던 건축가가 본래 의도된 바와 똑같이 영묘를 건설해달라는 의뢰를 받으면서 블루스카이 영묘의 존재가 세상에 알려졌다.

교회 부속 묘 터에 약 2미터 깊이로 땅을 파고 시신을 묻은 다음 수수한 묘석으로 마무리하여 비바람과 추위에 고스란히 노출되었던 기존의 매장 형태는 오늘날 보편적인 선호 대상에서 제외된다. 최근에는 오히려 지상에 고인을 안치하는 매장 방식이 더 선호된다. 라이트의 블루스카이 영묘만 하더라도 건축학적으로 빼어나면서 매매될 수 있는 지하 납골당이나 안치소를 갖춘 수많은 영묘 중 하나에 불과하다. 이러한 현대식 영묘는 채광창과 스테인드글라스, 대리석 장식은 물론 정원이나 조경 폭포까지 갖추어 중세 교회의 멋과 호화로움을 그대로 재현한다. 그뿐만 아니라 영묘에는 관 수백 개를 안치할 수 있는 여러 안치소와 지하 납골당이 마련되어 있으며, 각 구매자는 배정된 공간에 다양한 글자체로 고인의 성명을 새겨 넣을 수도 있다. 일부 영묘는 지하 납골당에 공기 정화 및 통풍 시스템까지 설치하여 고인이 쾌적한 환경에서 쉴 수 있도록 했다. 오늘날 이러한 영묘 업계의 선두주자로 꼽히는 업체는 퀘벡 주 성 로랑 지구에 있는 캐리어 영묘 공사Carrier Mausoleums Construction로, 이 업체의 대표 작품은 토론토 북쪽 온타리오 주 번Vaughan 지역의 퀸 오브 헤븐 공동묘지에 자리한 성 안토니 영묘이다. 무려 4,000여 개 이상의 지하 납골당을 갖춘 이 영묘는 드넓고도 우아한 건물로, 이탈리아 대리석으로 만든 도리스식 기둥과 화려한 무늬의 카펫, 샹들리에 등이 자아내는 기품이 마치 5성급 호텔 로비를 연상케 한다. 이 외에도 정면이 유리와 대리석으로 장식된 안치대가 즐비한 지하 유골 안치소는 점차 증가하는 화장 수요에 부응한다.

경제적으로 더 여유 있고 사후의 안식에 더 비중을 두는 이들이라면, 아예 개인 영묘를 사두는 방법도 있다. 콜드스프링 사는 2005년 한 해에만 개인 영묘 2,000여 곳을 판매했다. 이는 연간 평균 판매 실적이 65군데에 불과했던 1980년대와 비교해 엄청나게 늘어난 수치이다. 이러한 현상은 베이비 붐 세대의 사망 인구가 증가함에 따라 영묘 판매 수치도 덩달아 급등한 것으로 분석된다. 베이비 붐 세대의 구성원 중 다수는 생전에 엄청난 부를 쌓아 대저택에 거주하며 부와 권력을 과시했고, 개중에 많은 이가 중국 황제나 이집트 파라오가 그랬던 것처럼 사후에도 자신의 위세를 당당히 드러내고자 했다.

매슈스Matthews는 펜실베니아 주 피츠버그에 위치한 추모 제품 납품 업체로, 화려한 지상 매장을 선택한 사람들이 선호할 만한 다채로운 상품 디자인을 선보인다. 고객은 각기 다른 네 가지 스타일 중 하나를 선택할 수 있다. 그중에 '열주식Colonnade'은 세로 홈이 파인 화강암 기둥이 특징이고, '불탑식Pagoda'에는 청동 지붕과 청동 수호 사자 상이 수반된다. 화강암의 색상 면에서도 '선셋 로즈Sunset Rose'에서 '갤럭시 블랙Galaxy Black'에 이르기까지 선택의 폭이 다양하며, 고객은 무려 9,000여 개에 이르는 문장 가운데 마음에 드는 하나를 선택하여 자신의 종교적 신념이나 개인적 관심사를 반영할 수 있다. 때로는 여기에 그치지 않고 자신의 흉상까지 따로 조각해 진열해두기도 한다.

여러 개의 영묘 가운데서도 특히 두드러지는 것은 플로리다 출신 백만 장자 L. 게일 레머런드L. Gale Lemerand의 유해를 안치하기 위해 건립된 영묘 이다. 유명한 자선가로 활동했던 레머런드는 1995년에 자신의 주택 단열 재 생산 업체를 1억 5,000만 달러에 매각하고 데이토나 공원묘지Daytona Memorial Park에 자신과 가족을 위한 거대 영묘를 짓기 시작했다. 총 65만 달러를 투자하여 적색 화강암으로 호숫가에 건립한 이 영묘에는 1만 달 러가량을 들여 심어 놓은 메듀올 대추야자 나무도 포함되어 있어 또 다 른 볼거리를 제공한다. 무엇보다 2007년을 기준으로 근처 데이토나 비치 Daytona Beach에 있는 침실 4개 주택의 평균 가격이 불과 41만 4,809달러였 다는 점을 감안한다면 레머런드 영묘의 위상은 더욱 두드러진다.[74]

그런가 하면 영국의 실업가 니콜라스 반 후그스트라텐Nicholas van Hoogstraten은 레머런드보다 한층 야심만만한 계획을 실행에 옮긴 인물로 회자된다. 그는 20여 년에 걸쳐 6,500달러를 투자하여 이스트서식스 주 어크필드Uckfield 근방에 웅장한 대저택을 세웠는데, 이곳은 한 세기 동안 영국에서 건립된 사유 저택 중 가장 방대하면서도 호화로운 장소로 알려 졌다. '해밀턴 궁'으로 명명되는 이 저택은 구릿빛의 둥근 천정과 100에 이커에 달하는 정원, 무려 약 183미터 길이의 회랑을 자랑한다. 그러나 저택 내에서 무엇보다 중요한 장소는 동쪽에 자리한 거대한 규모의 영묘 로 이곳은 경계가 매우 삼엄하다. 과거 파라오가 온갖 보물과 더불어 매 장되었던 것처럼 후그스트라텐 역시 훗날 자신의 소장품과 함께 5,000년 동안 이 영묘에 안치되고자 한다. "제가 이룩한 것은 그 누구도 손대지 못하도록 모두 가져갈 것입니다."[75]

74 2006년 4월 17일 판 《뉴욕 타임스》 및 '투탕카멘도 감복할 만한 이 시대 최고의 무덤(For a Price, Final Resting Places That Even Tut Could Appreciate)'
75 2003년 2월 20일 판 《캠든 뉴 저널(Camden New Journal)》, '데빌스 댄디와 타락(Downfall of the Devil's Dandy)', 클레어 데비스

영묘가 아무리 탐난다 하더라도 레머런드와 반 후그스트라텐과 같은 거부들은 화강암이나 야자나무 등의 자재를 구입할 때 신중을 기할 필요가 있다. 퍼시 비시 셸리Percy Bysshe Shelley는 자신의 시 「오즈만디어스 Ozymandia」를 통해 '왕 중의 왕'으로 평가되는 고대의 통치자 오즈만디어스를 기리던 무덤이 불모의 땅 사막 한가운데서 폐허가 되는 과정을 그렸다. 다시 말해 무너져 내린 무덤의 '거대한 잔해'는 오늘날 부유한 베이비붐 세대가 세운 영묘의 앞날을 시사한다.

19세기와 달리 현대를 살아가는 우리는 더 이상 매주 일요일을 할애해 묘지를 찾지 않는다. 사실 19세기에 들어 프랑스 파리에 있는 페르 라셰즈 묘지와 하이게이트 묘지 등의 공동묘지 내에 건립된 으리으리한 무덤 중 다수는 오즈만디어스의 무덤만큼이나 혹독한 시기를 맞아 휘청대고 있다. 심지어 반 후그스트라텐의 저택과 영묘마저 후그스트라텐 생전에 이미 흠집이 나며 갈라지기 시작했다. 2006년도에 발표된 한 신문 기사에는 지방 의회에서 파견한 건물 점검반이 아직 완공되지 않은 지붕에서 초목을 발견한 사연과 저택의 벽면을 등고선 지도처럼 만들어버린 습기 문제가 거론되고 있다.[76] 해밀턴 궁이 이토록 급속히 붕괴된다면 반 후그스트라텐은 과연 본래 의도한 대로 5,000년 동안 편안한 휴식을 취할 수 있을까?

영국의 내추럴 데스 센터NDC에서는 오늘날 너무도 빨리 잊히는 고인들을 기리는 의미에서 4월에 '망인의 날'을 지정해 기념하고 있다. 사람들은 이날 친지나 벗과 더불어 고인을 추모하고 고인에 대한 기억을 나눈다. 특별한 행사에 참석하지 못한 이들은 식사 시간에 촛불을 밝혀두고 고인을 기린다. 1991년부터 활동을 시작한 NDC는 일종의 자선 단체로, 임종의 질을 개선하고 시민들이 합리적인 비용으로 친환경적인 장례를 치를

76 2006년 4월 4일 판 《데일리 텔레그래프》

수 있게 지원한다. 그러나 일부 문화권에서는 이 같은 추모 행사를 불편한 의식으로 간주하기도 한다. 브라질 와리^{Wari} 족은 굳이 고인에 대한 기억을 상기하고 싶어 하지 않기 때문에 자신들만의 독특한 방식으로 망인을 기념한다.

최후의 만찬 : 족내 식인

와리 족은 1956년에 이르러서야 세상에 알려지기 시작했다. 이들은 수렵민으로 공동생활을 했으며 인척끼리 서로 잡아먹는 풍습, 즉 인류학자들이 '족내 식인族內食人'으로 칭하는 관습을 유지하고 있었다. 사실 와리 족 외에도 남아메리카의 여러 부족이 족내 식인을 행해왔으나 족내 식인 문화에 대한 와리 족의 유별난 개방성과 자부심은 이들을 타 부족과 차별화했다. 우리의 관점에서는 인척 간은 말할 것도 없고 무엇보다 인간이 다른 인간을 먹는다는 개념 자체가 거북스럽다. 반면 와리 족은 시신을 매장하고 나서 고인이 차갑고 축축한 땅속에서 썩어가도록 방치하는 풍습을 혐오했다.

실제로 와리 족의 족내 식인 문화는 고인과 유족에 대한 깊은 배려에서 비롯되었다. 시신을 그대로 두면 고인에 대한 가슴 아픈 기억을 지울 수 없어 슬픔이 더 오래갈 것이므로 고인의 주거지와 소지품을 태우고 사체를 먹어 없앰으로써 슬픈 기억을 조금이나마 더 빨리 지우고자 했던 것이다. 인류학자 제임스 W. 다우James W. Dow의 견해에 따르면, 족내 식인 풍습은 '망자에 대한 추모는 물론 고인의 영혼과 남은 후세의 결합을 상징하는 동시에 육신과 영혼을 확실히 구분 짓는 방편'이 되기도 한다. 다우가 별도로 언급한 또 다른 아마존 부족민에 관한 일화를 보면, 마요루나Mayorun라는 남성은 사후에 백인들의 공동묘지에 누워 벌레들의 밥이 되기보다 차라리 마을에 남아서 친자식들에게 먹히는 편을 택하겠다는

뜻을 나타냈다.[77]

한편, 와리 족은 절대로 육친 외의 시신은 먹지 않았다. 즉 족내 식인 풍습의 범위는 인척 사이로 한정되었고, 이는 사회 구성원으로서 준수해야 할 의무 사항으로 간주되었다. 혹여나 인척의 시신 섭취를 거부하는 것은 용납할 수 없는 모욕이었다. 그러나 이러한 와리 족의 풍습은 종종 꽤 불쾌한 경험으로 이어지기도 한다. 추모 의식이 치러지는 동안 시신이 부패하기 때문이다. 비록 한 차례 구워지기는 하나 부패한 살점을 먹어야 한다는 사실은 그다지 유쾌한 일은 아니다. 다행히도 시신 일부는 소각되기도 했으므로 족내 식인의 의무를 이행하는 쪽에서는 시신 전부를 처리하지 않아도 되었다. 그런가 하면 와리 족은 남아메리카의 다른 여러 부족과 마찬가지로 적의 시신을 먹어치우는 인종으로 알려졌다. 그러나 이러한 유형의 식인 문화, 즉 인류학자들이 말하는 족외 식인族外食人 의식을 행하는 와리 족의 태도는 족내 식인 때와 사뭇 달랐다. 동족의 시신을 먹는 행위는 고인에 대한 존중을 반영하지만, 적의 시신을 먹는 것은 적에 대한 신랄한 모욕을 의미했기 때문이다.

오늘날에는 와리 족도 인척이나 적의 시신을 더 이상 먹지 않는다. 1962년까지 고무와 약용 식물을 찾아 이 지역으로 흘러든 외부 세력과 와리 족이 접촉하면서 인플루엔자와 백일해, 유행성 이하선염, 홍역, 말라리아 등의 전염병이 유입되어 와리 족 전체 인구의 60%가 사라졌다. 오늘날에는 약 2천 명가량의 부족민만이 남아 명맥을 유지하고 있다. 애초에 선교사들과 정부 관계자들은 각종 약품을 비롯한 물자를 미끼로 와리 족을 유혹해 이들이 부족 고유의 전통을 버리고 매장 풍습을 받아들이도록 설득했다. 와리 족의 전통적인 생활양식을 기억하는 일부 연장자들

---

77 『라틴아메리카의 역사와 문화에 관한 총서(Encyc.opedia of Latin American History and Culture)』 (New York: Charles Scribner's Sons, 1996) 제1권, 바버라 A. 테넨바움 외, pp. 535-7, '식인 문화(Cannibalism)', 제임스 W. 다우 저

은 외부인들이 몰고 온 다른 매장 풍습에서 오는 생경함을 아직도 떨치지 못하고 있다. 지몬 마람Kimon Maram이라는 노인은 오래전에 자식을 매장했을 때의 심정을 인류학자 베스 A. 콘클린Beth A. Conklin에게 털어놓았다. "차가운 땅에 누워 있을 아이가 자꾸만 떠오릅니다. 생각이 날 때마다 슬픔도 커집니다. 인척들이 시신을 먹어주던 옛 시절이 훨씬 좋았던 것 같습니다. 그랬다면 땅속에서 썩어갈 아이의 시신에 대해 생각할 필요도 없겠지요. 옛날에는 죽은 아이에 대한 기억을 오래도록 간직하지 않았기에 그 슬픔도 그다지 크게 다가오지 않았습니다."[78]

한편, 족내 식인 풍습으로 특정한 폐단이 유발되기도 한다. 1976년도 노벨상 생리 의학 부문 수상자인 대니얼 칼턴 가이듀섹Daniel Carleton Gajdusek 박사가 발표한 바로는 영양 섭취 및 특유의 상징성 재현을 위해 족내 식인을 행해온 뉴기니 포레Fore 족은 쿠루Kuru 병, 즉 포레 족 언어로 '떨림병'에 노출된 것으로 알려졌다. 여성과 어린 아이들에게 흔히 발병하는 이 질환은 일시적 공격성을 보이는 중간 중간에 웃음을 통제하지 못하는 증상을 수반한다. 수년간 진행된 연구 끝에 가이듀섹 박사는 쿠루 병이 '크로이츠펠트야코프 병'(40~50대에 증상이 나타나서 인격 파괴와 치매가 빠르게 진행되는 병)은 물론 광우병과 같은 기타 유사 질환과 연관되어 있음을 밝혀냈다.

그렇다면 식인 풍습이 있는 타 부족은 무사한 가운데 유독 포레 족만이 쿠루 병에 잠식된 이유는 무엇일까? 부분적으로는 단순한 불운의 작용으로 볼 수도 있겠고 아니면 '플랜더즈와 스완Flanders and Swan'의 곡 〈사람을 잡아먹는다는 건 나쁜 일Eating People is Wrong〉에 포함된 노랫말처럼 '그가 잡아먹은 사람이 문제였을 수도' 있다. 즉 부족민 중 일부 부주의한 사람이 도살된 고깃점과 접촉하면서 스크래피(양 바이러스성 전염병) 등의 병원

---

78 『슬픔을 삼키며(Consuming Grief)』, 베스 A 콘클린 저. p. xv 인용

균에 감염되었을 경우 이는 곧 크로이츠펠트야코프 병으로 발전한다. 이처럼 우연한 경로로 감염된 사람을 먹은 부족민은 훗날 동일한 질병에 시달리게 된다.

어떻게 보면 와리 족과 포레 족은 시대를 앞서 식인 문화를 선도했다고 할 수 있다. 2006년, 44세의 독일인 컴퓨터기사였던 아민 마이베스Armin Meiwes는 베른트 유르겐 브란데Bernd Jurgen Brande라는 사람을 잡아먹은 혐의로 종신형을 선고받았다. 해당 사건은 일반적인 식인 사례로 쉽게 분류될 수 없었다. 피해자인 브란데가 애초에 살해 대상이 될 것을 자청하고 나섰기 때문이었다. 2001년 마이베스는 '처절하게 살해된 후 잡아먹히고 싶은 사람'을 모집한다는 인터넷 광고를 올렸고, 브란데가 해당 광고를 보고 응하면서 두 사람은 만나게 되었다. 해당 과정이 녹화된 비디오 화면에는 자신의 성기를 잘라내어 함께 요리해 먹자고 마이베스를 부추기는 브란데의 모습이 담겨 있다. 마이베스는 브란데의 채근에 순순히 응한 후 잘라낸 성기를 마늘과 함께 튀겨냈다.

자신의 생명이 꺼져가는 상황에서도 브란데는 농담을 던질 정도로 태연했다. "내가 내일 아침까지도 살아 있다면 내 고환을 아침 메뉴로 내어주겠네."[79] 확인된 바로는 브란데는 다음날 아침 욕조에 잠긴 채 사망한 상태로 발견되었으며 사인은 과다출혈이었다. 브란데가 발견될 당시, 마이베스는 《스타트렉》 문고본을 읽으며 빈둥대고 있었던 것으로 전해진다. 2002년 12월경 경찰 조사팀은 마이베스의 냉장고 냉동칸에서 브란데의 시신 일부를 찾아냈는데, 토막난 사체는 여러 묶음으로 나뉘어 봉해진데다 유효 기간까지 표시된 채 피자 상자 아래쪽에 숨겨져 있었다. 마이베스는 여기에 그치지 않고 희생자의 절단된 발을 접시에 올려 그 위에

---

79 2007년 9월 18일 판 《타임스》, '식인 실천 과학자의 기록 영상물, 책으로 발간되다(Cannibal Trial Scientist Turns the Ultimate Video Nasty into a Book)'

소스를 붓고는 포크를 꽂아서 사진으로 남기기도 했다. 훗날 밝혀진 바로
는 마이베스는 체포되기 전까지 21개월 동안 20킬로그램에 달하는 희생
자의 인육을 먹어치운 것으로 추정된다. 한편, 그토록 잔혹한 식성을 자
랑하던 마이베스도 섭취를 꺼린 부위가 있었으니 그것은 바로 냉동칸 맨
아래쪽에 처박혀 있던 '목'이었다.

　그런가 하면 유골을 활용한 더 참신하고 기발한 추모 의식을 꿈꾸는
이들도 있었는데 이들이 추구하는 방식은 아마존 부족 연장자의 공감을
이끌어내기에 충분한 것이었다. TV 시리즈물 〈내 사랑 지니I Dream of Genie〉
와 〈달라스Dallas〉로 유명해진 배우 래리 해그먼Larry Hagman은 사후 자신의
추모 방식과 관련하여 구체적인 청사진을 제시한 바 있다. 그는 우선 자
신의 시신을 톱밥 기계로 잘게 저민 다음, 밀과 대마초 종자를 섞어서 밭
에 뿌려달라고 부탁했다. 그뿐만 아니라 추수하고 나서 돌아오는 자신의
생일을 기념해 케이크를 크게 만들고 생일에 모인 벗과 친척들이 자신의
유골이 섞인 케이크를 먹으면서 사흘 동안 즐겁게 보내달라고 당부했
다.[80]

　해그먼이 마련한 '최후의 만찬'을 과연 지인들이 먹을 수 있을지는 미
지수다. 이와 더불어 버트 리처드Bert Richards가 자신의 생을 기리는 기념
방식에 대해 전적으로 흡족해했을지 여부 역시 의문으로 남는다. 물론 리
처드의 아들 키스 리처드Keith Richards는 아버지가 충분히 만족했을 것이라
고 확신하고 있다. 2007년 롤링스톤스Rolling Stones의 기타리스트 키스 리처
드는 현대식 로큰롤 버전의 족내 식인 행위를 시인했다. 리처드의 부친
버트는 84세를 일기로 사망한 후 화장되었지만, 당시 수많은 가정에서
부모의 유골을 다루었던 방식과 같이 화려한 유골 단지에 담겨 벽난로 선
반 위에 소박하게 안치되지 못했다. 사실 키스처럼 고질적인 마약 중독자

80　타니스 캐리와의 인터뷰. TV 드라마 〈달라스〉 공식 웹사이트(http://ultimatedallas.com/news/larryhealth.htm)

에게 희끄무레한 가루 형태의 유골을 건넨 것은 장의사의 불찰이라고 할 수도 있겠다. 결과는 불을 보듯 뻔했다. 리처드가 영국 음악 예술 잡지 《NME》 기자에게 고백한 바로는 흡사 마약같이 보이는 유골을 받아든 그는 충동을 억제하지 못하고 곧장 부친의 유골을 코카인과 섞어 흡입했다고 한다.

훗날 그는 "생각보다 잘 넘어가더군요. 그리고 난 아직 멀쩡하잖아요." 라고 말하며 으스대기도 했다. 불멸의 로커는 오늘날까지도 자신의 조제물(코카 잎 성분이 아닌 인간 유해)이 인체에 전혀 해롭지 않았다고 믿고 있다. 실제로 유골은 화장 당시 고온에서 자연 살균 처리됨은 물론 탄소는 탄산가스로 방출된다. 이후 남는 성분은 칼륨과 나트륨, 철, 칼슘 등의 미네랄이 대부분이므로 유골 가루를 흡입한 것은 종합 비타민을 빨아들인 것이나 마찬가지인 셈이다. 전문가들은 버트 리처드의 유골 성분이 아들의 점액에 섞여 기침이나 재채기를 통해 배출되었을 것으로 짐작하고 있다.

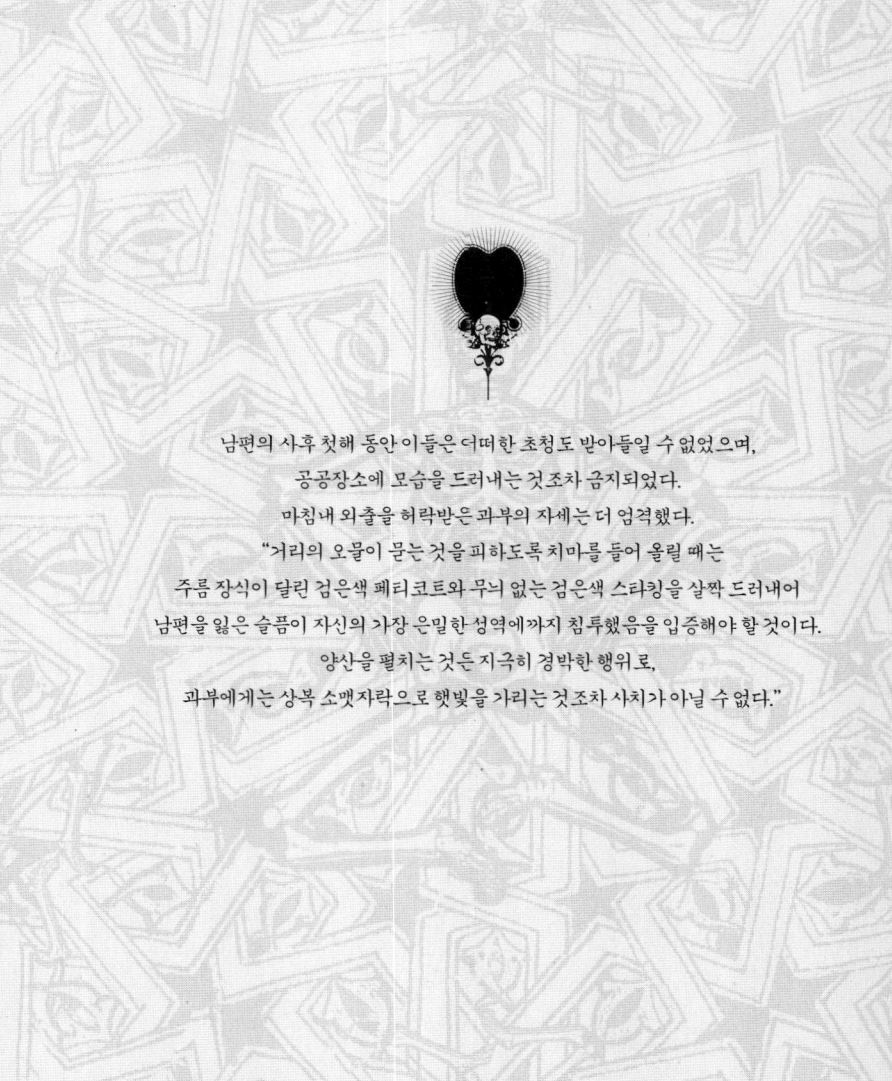

남편의 사후 첫해 동안 이들은 더떠한 초청도 받아들일 수 없었으며,
공공장소에 모습을 드러내는 것조차 금지되었다.
마침내 외출을 허락받은 과부의 자세는 더 엄격했다.
"거리의 오물이 묻는 것을 피하도록 치마를 들어 올릴 때는
주름 장식이 달린 검은색 페티코트와 무늬 없는 검은색 스타킹을 살짝 드러내어
남편을 잃은 슬픔이 자신의 가장 은밀한 성역에까지 침투했음을 입증해야 할 것이다.
양산을 펼치는 것든 지극히 경박한 행위로,
과부에게는 상복 소맷자락으로 햇빛을 가리는 것조차 사치가 아닐 수 없다."

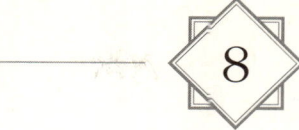

이승과 저승의 행보,
축제와 속죄

영혼의 구제

온라인 쇼핑몰 이베이는 거의 모든 품목을 취급하는 곳으로 통한다. 상하이 인근의 자싱嘉興 시에 거주하는 한 중국인 청년 역시 이 사실을 잘 알고 있었다. 《로이터통신》에 따르면 우발적인 성향이 있는 이 청년은 2006년에 중국판 이베이 격인 타오바오Taobao 웹사이트에 기발한 품목을 올린 것으로 전해진다. 거래 품목은 다름 아닌 자신의 영혼이었다. 타오바오 사(혹은 엄밀히 말해 야후가 후원하는 타오바오 사의 모회사—Alibab. com) 측은 영혼 매매와 관련한 정책이 수립되지 않은 관계로 당시 입찰자가 이미 58명에 이르렀음에도 불구하고 해당 게시물을 삭제하기로 했다. 타오바오 측은 비상소집 회의를 마련하여 대책을 논의하기에 이르렀고, 결국 해당 웹사이트 가입 회원들로 하여금 영혼을 매매할 수 있도록 허용하되 윗선의 서면 허가를 받은 품목에 한해 거래할 수 있도록 범위를 제한했다. 애초에 영혼을 경매 상품으로 내놓았던 청년은 여전히 승인을 기다리고 있지만 서류 절차가 마무리되는 대로 거래가 성사될 것으로 기대하고 있다.

타오바오 사에서도 감지했듯이 한 사람의 영혼을 속세의 잣대로 가늠하기란 쉽지 않은 일이다. 옥스퍼드 영어 사전은 영혼(종종 혼령이라고도 함)을 '인간의 생사 여부와 관계없이 영원히 존재하는 무형의 정신적 영역'으로 정의한다. 관점에 따라 죽음을 초월한다는 개념은 수많은 의미를 내포할 수 있다. 그도 그럴 것이 사후에도 고인의 혼은 온갖 다채로운 일들을 경험하게 되기 때문이다. 영혼은 다른 사람의 신체를 빌려 세상에 다시 태어나기도 하고 불타는 지옥에 빠져 허덕이거나 천국에서 행복한 나날을 보낼 수도 있다. 그런가 하면 적어도 일 년에 한 번씩 속세 인간들이 온갖 재물과 음식을 바쳐가며 청하는 여러 가지 소원에도 귀 기울여야 한다. 곧 살펴보겠지만 일부 문화권에서는 고인의 영혼에 비아그라를 선사하는 경우도 있다. 한편, 이승을 떠난 이의 영혼은 향료와 제등提燈의 도움으로 속세를 방문하는가 하면 약초 나뭇가지나 종 울림, 요란하게 발사된 예포禮砲 소리 등에 겁을 집어먹고 달아나기도 한다. 그뿐만 아니라 주술서나 마법의 힘을 빌려 저승으로 되돌아갈 수도 있다. 앙심을 품은 신이 고인의 영적 세계를 잠식한다거나 사신이 죽은 자의 피를 마시고 뇌수를 빨아 먹는다는 등의 설은 일부 문화권에서 낯선 이야기가 아니다. 세상을 등진 영혼 중 다수는 매년 여름이면 뉴욕 변두리 소도시에 자리한 영매들의 가게로 나들이를 나서기도 한다.

영혼의 이승 나들이

이승을 방문하는 영혼이 어느 문화권에서나 환영받는 것은 아니다. 실제로 중세 유럽 사회에서는 영혼의 출현을 두려워한 나머지 온갖 종류의 예방책과 미신적 방법을 동원하여 혼령의 방문을 막으려고 했다. 따라서 당시에는 누군가 죽음을 맞이하게 되면 유령의 귀환을 우려한 친족들이 곧바로 문과 창문을 열어젖힘으로써 영혼이 속히 그 집을 떠나도록 부추겼다. 그뿐만 아니라 시신을 집 부으로 옮길 때에도 사체의 발부터 문을 통과할 수 있도록 하여 고인의 영혼이 다른 식구에게 손짓하여 저승으로 꾀어내는 일이 없도록 했다. 이 외에도 영혼의 이승 나들이를 한층 더 확실히 예방하는 방책으로 문지방을 꼼꼼히 문질러 청소해두거나 마룻바닥에 딜dill(미나릿과 식물)과 회향 열매를 뿌리는 방법도 동원되었다. 유향과 몰약을 벽난로에서 태우고 문간에 마늘을 걸어두는 풍습 역시 이러한 방책의 일환이었다.

검은 의상을 갖추고 베일을 드리운 채 장례식에 참석하는 영국의 관습은 행여 교회 묘지에 잠복해 있을 악한 영혼에게 조문객들의 정체가 탄로나지 않도록 감추려는 의도에서 유래했다. 장례식이 끝날 때까지 커튼을 쳐두고 덮개로 거울을 덮어씌움은 물론 시계까지 멈추게 해두는 이유도 채 이승을 뜨지 못하고 떠도는 영혼이 생전의 거주지를 낯설게 느껴 하루빨리 그곳을 떠나도록 하기 위함이었다. 한때 네덜란드 농가에서는 귀환하려는 망인의 영혼을 교란시키기 위해 엉뚱한 현관문을 설치해두기도 했다. 또 망인의 영혼이 이승에 남은 사람들을 괴롭히지 않도록 달랠 목적으로 종종 관 속에 동전이나 장신구를 함께 넣기도 했다. 고대 중국에서는 인상이 험악한 수호신의 입상을 무덤에 모셔두면 고인의 혼이 안에 갇힘은 물론 다른 영혼의 접근도 방지된다고 믿었다. 색슨 족은 망자의 영혼이 한밤중을 틈타 자취를 감추는 일이 없도록 아예 시신의 발을 잘라냈다. 게다가 에트루리아 출신의 포르세나Lars Porsena 대장이 안치된 무덤과 같은 일부 고대 무덤은 입구에 미로가 설치되어 있는데, 이러한 미로는 죽은 이의 영혼이 무덤 밖으로 쉽게 빠져나와 사람들 앞에 출몰하는 일이 없도록 방지하는 역할을 했다.

그런가 하면 사람들은 혼령이 되살아나는 날이 따로 정해져 있다고 믿기도 한다. 일례로 고대 켈트 족(기원전 600년경)은 이승과 저승을 구분하는 경계선이 흐릿해지는 날이 따로 정해져 있다고 생각했다. '삼하인 Samhain'(겨울의 시작을 축하하는 고대 켈트 족의 축제)으로 불리는 11월 첫째 날은 켈트 족이 추수를 마치고 새해를 시작하는 날로, 사람들은 다가올 매서운 겨울에 대비하는 의미로 배불리 음식을 먹었다. 삼하인 전날, 즉 10월 31일은 처음부터 존재하지 않는 날로 간주되며, 이날은 이승과 저승의 기운이 충돌하는 틈을 타 세상으로 돌아온 영혼들이 사람들과 섞여 지내는 시간이다. 다른 여러 민족과 달리 켈트 족은 유령을 반겼다.

따라서 혼령에게 예를 갖추어 음식이나 오락거리를 바치는 한편 추모객들은 온갖 동물의 머리와 가죽을 뒤집어쓴 채 거대한 모닥불 주변을 돌며 춤을 추었다. 이러한 의미뿐만 아니라 삼하인 날에는 성직자들도 영혼의 도움을 얻어 각자의 예지 능력을 향상시킬 수 있었다. 빅토리아 시대에 스코틀랜드에서 잉글랜드로 전파된 핼러윈Halloween 역시 삼하인에서 유래한 것으로 알려졌다. 이민자들과 더불어 유입된 핼러윈 풍습은 이제 미국에서 인기 있는 행사로 자리 잡았다.

영혼을 꽤 친밀한 존재로 여기는 일부 문화권에서는 일 년에 한 번씩 혼령을 이승으로 불러들여 잔치를 벌이기도 한다. 매년 10월이면 멕시코를 비롯한 라틴아메리카 국가들의 거리 노점상은 혼응지混凝紙(펄프와 아교를 섞어 제작한 종이로 말리면 단단해짐)로 만든 해골 머리와 해골, 설탕을 바른 해골, 팡 데 무에르토pan de muerto(멕시코 전통 명절에 만들어먹는 해골이나 뼈 모양의 둥근 빵) 등을 가판대에 즐비하게 내놓는다. 이 상품들은 모두 '죽은 자의 날Dia de Muertos', 즉 '망자의 날'을 기념하기 위해 특별히 생산된 것으로 이날은 해당 문화권에서 최대 규모를 자랑하는 축제일 중 하나로 꼽힌다. 멕시코 인들은 11월 1일과 2일 이틀간 고인의 영혼이 이승으로 돌아와 친족들과 함께 먹고 마시며 즐긴다고 믿었다. 멕시코 내에서도 지방별로 다양한 전통이 존재하지만, 흔히 조개껍데기를 옷에 달거나 촛불을 밝히고 향료를 태움으로써 망인의 영혼을 가족에게 인도하는가 하면

때때로 종을 울려 떠나간 영혼을 불러들이기도 한다. 축제일이 다가오면 사람들은 조상의 묘를 정돈한 다음, 무덤을 금잔화로 꾸민다. 이때 고인이 어린 자녀일 경우에는 새 장난감을, 성인이면 진귀한 음식이나 테킬라, 메스칼 주, 용설란 주, 아톨레(옥수수 가루와 우유 혼합 음료) 등의 주류를 함께 올린다. 물론 이러한 제물은 결국 살아 있는 사람들이 먹게 되지만 어차피 고인에게 바쳐졌던 음식은 영양적 가치를 상실한 것으로 간주되었다. 이는 바로 혼령이 음식의 영적 정수를 모두 빨아들였다고 생각한 데서 비롯된 발상이다(음식의 칼로리에 연연하는 사람들을 안심시키는 편리한 관점이 될 수도 있겠다). 온갖 제물 외에도 인간들이 벌이는 한바탕 법석에 지쳤을 법한 혼령들이 쉴 수 있도록 베개와 담요까지 가져다두기도 한다. 각 가정에서는 제단과 사당을 마련해두고 고인에 대한 추모를 이어나간다.

물론 대다수 사람은 망자의 날이라고 해서 특별히 유령과 맞닥뜨리거나 하지는 않지만 이처럼 축제에 참여함으로써 '육신의 죽음이 끝이 아니라는' 고대 중앙아메리카 전통을 계승한다. 사실 스페인 정복자들이 라틴아메리카에 가톨릭교를 전파하기 전까지만 해도 지역 토착민들은 죽음을 삶의 연장선에서 바라보았다. 즉 인생은 한낱 꿈에 불과하며 죽은 후에야 꿈에서 깨어날 수 있다고 믿었다. 설탕 입힌 해골을 먹는 것도 해골이 죽음뿐만 아니라 부활을 상징하기 때문이다. 본래 이 축제는 7, 8월에 걸쳐 진행되었으나 스페인 성직자들이 기독교식 명절인 핼러윈과 날짜를 동일하게 조정하고자 축제일을 뒤로 늦춘 것으로 전해진다. 따라서 오늘날 11월 1, 2일 이틀 동안 진행되는 이 축제는 중앙아메리카와 유럽의 전통을 모두 아우르는 셈이다.

그렇다고 해서 고대 켈트 족이나 현대 멕시코 문화권에서만 매년 축제를 통해 고인을 기리는 것은 아니다. 중국 문화권에서도 조상 숭배는 중요시되는 부분이다. 전통적으로 중국에서는 매년 춘분 후 2주가 지나 벌초

할 때가 돌아오면 온 가족이 모여 조상의 묘를 정돈한다. 후손들은 현금을 비롯해 리무진이나 정부情婦, 비아그라 등 사후 세계에서도 조상에게 소용될 만하다고 추측되는 모든 물품을 종이로 제작한 다음 여기에 상징적 의미를 부여하여 벌초 날 무덤 주변에 모여서 다 함께 태우고 개구리나 잠자리 모양의 연을 날린다. 조상에게 바치는 음식 중에는 '저승 떡'이라는 것도 있다. 이 떡은 붉게 물들인 쌀 반죽에 거북 모양을 새기고 으깬 콩가루나 팥을 채워 넣어 만든다. 이러한 음식을 조리할 때는 일부러 풍미 없이 밋밋하게 만들어서 조상 외에 다른 영혼들이 꼬이지 않도록 했다.

'중원절'은 중국의 또 다른 명절로, 불교와 도교를 비롯한 중국 민간 신앙 신봉자들이 이날을 기념한다. 일본에서는 오본 또는 본이라고 하여 이날 조상을 기린다. 중국 달력을 기준으로 일곱 번째 돌아오는 음력 달의 14일째 밤(일본은 7월에 해당)에는 지옥문이 열리고 모든 혼령이 세상으로 나와 친족들이 마련한 음식을 먹고 마신다고 알려졌다. 이 잔치의 기원은 부처의 제자 목건련(마우드갈리아야나)의 일화에서 유래한다. 어느 날 깊은 명상에 잠겨 있던 목건련은 방종한 나머지 아귀餓鬼도에 떨어져 허우적대는 모친의 환영을 보았다. 그가 곧장 부처에게 달려가 아귀도에서 모친을 구제할 방법에 대해 묻자 부처는 7월 15일에 잔치를 열어 지난 7대 조상을 기리도록 명했다. 이날에는 고인의 영혼을 위해 기도를 올리는 동시에 아귀들에게 음식을 베푼다. 목건련의 모친은 결국 지옥에서 구제되어 너그러운 가정의 애완견으로 환생했다고 전해진다. 지방별로 축제는 다양하게 진행되지만, 제등을 내걸어 혼령을 가족들에게 인도하고 무덤을 손질한 다음 다과를 차리는 모습은 어디서나 공통으로 찾아볼 수 있다. 일본에서는 특별한 무용을 선보여 조상의 넋을 기리는데, 특수 복장을 갖춰 입은 무용수들이 야구라(축제용으로 높이 지어 올린 목재 건물) 주변을 돌며 조화로운 공연을 펼친다.

유령 마을

고인들에게 은혜를 구하는 풍습이 비단 멕시코와 중국에서만 관찰되었던 것은 아니며, 오늘날에도 여전히 많은 사람이 영혼과의 만남이 가능하다고 믿는다. 일부 회의론자들이 '얼간이 데일Silly Dale' 혹은 '유령 마을Spooksville'이라고 칭하는 미국의 한 작은 마을 '릴리 데일Lily Dale'은 이승과 저승의 경계가 뚜렷하지 않은 곳으로 알려졌다. 1879년에 세워진 이 마을은 아담한 판잣집과 나무들이 늘어선 그림 같은 거리가 인상적인 곳으로, 뉴욕 버펄로에서 남쪽으로 100킬로미터가량 떨어져 있다. 마을에는 여러 혼령과 정기적으로 접촉하는 영매와 무당 36명이 거주하며, 매년 여름 저승으로부터 조언을 구하고자 하는 방문객 2만여 명이 릴리 데일을 찾는다. 배우 매 웨스트Mae West 역시 이 마을을 자주 찾는 방문객 중 한 사람인데 영매 잭 켈리RerdJack Kelly와 스캔들이 있었다는 점을 생각하면 그녀의 방문 목적은 다른 사람들과 조금 달랐을 것으로 짐작된다. 어쨌거나 이 여배우는 영적 세계가 존재한다고 굳게 믿었다. 1976년 한 매체와의 인터뷰 당시 웨스트가 말한 내용을 보면 오래전에 죽은 그녀의 애완 원숭이가 언젠가 침실 벽 귀퉁이에 모습을 드러냈을 때처럼 영매 켈리도 그녀를 만나기 위해 저승에서 귀환한 적이 있다고 했다.[81]

죽은 원숭이가 이승을 방문하는 경우는 꽤 드물다 하더라도 사실상 모든 문화권에서 어떤 식으로든 죽은 이와의 소통이 시도되었다. 릴리 데일 역시 범상치 않은 마을임이 틀림없지만, 고인과의 접촉 시도는 오래전부터 곳곳에서 행해져 온 관습이다. 고대 이집트인들은 망자의 도움으로 속세의 여러 문제가 해결되기를 바라는 마음에서 죽은 지 얼마 안 되는 친족들에게 편지를 썼다. 일단 천이나 종이에 쓴 편지가 망자에게 당도하면

---

81 1976년 7월 25일 판 《타임스》, '매 웨스트, 주연 배우 6인과 호흡을 맞추다(Mae West to appear Opposite Six Leading Men)', 톰 버크

망자는 저승 세계에 아부를 해서라도 해당 문제에 관여하도록 되어 있었다. 그리스인들은 예언자를 찾아가 망자의 도움을 구했고 아시리아와 로마에서는 점이 성행했다. 그런가 하면 잉카 왕가에서는 중요한 결정을 내려야 할 때마다 평소 보존해 오던 조상의 시신에게 먼저 조언을 구한 것으로 전해진다. 신구약 성서에도 치유와 주술 등 실제적인 영매의 능력이 언급되어 있다. 그러나 서기 325년 니케아 공의회(동서 교회가 소아시아 비티니아 주 니케아에 모여 개최한 세계 교회 회의) 당시 가톨릭교회 측에서는 오직 성직자들에게만 내세와 소통할 자격을 부여하되 이러한 소통 역시 성령을 통해 이루어져야 한다고 공표한 바 있다. 따라서 이 외에 다른 경로를 통해 이루어지는 내세와의 접촉은 신성하지 못한 것으로 간주되었고 심령술을 행한 사람은 마녀로 몰려 처형당했다.

당시 가톨릭 측의 이러한 규정에 대해 공공연한 이의 제기는 없었으나, 18세기에 이르러 스웨덴 출신의 과학자이자 천문학자 임마누엘 스베덴보리Emmanuel Swedenborg, 1688~1772가 최면 상태에서 망자의 영혼과 교감한 경험을 글로 남겨 널리 알림으로써 큰 화제를 불러일으켰다. 스베덴보리는 이러한 영혼들이 신과 인간의 관계를 중재하는 역할을 담당하며, 천국과 지옥으로 구분된 공간은 따로 존재하지 않는다고 말했다. 그리고 그 대신 영혼이 넘나드는 일련의 천구Sphere가 있으며, 천구가 신을 향해 조금씩 전진한다고 생각했다. 각 천구는 한 사람이 이승에서 살아온 양상을 그대로 반영한다. 예를 들어 살인자는 자신과 같은 살인자들이 모인 천구에서 생활하며 내내 신변의 안전을 우려해야 한다. 스베덴보리의 학설이 발표되고 얼마 지나지 않아 또 다른 급진적 사상가가 출현했는데, 바로 프란츠 메스머Franz Mesmer, 1734~1815라는 오스트리아 출신 의사로 최면 기법을 고안한 인물이다. 메스머는 가수면 상태에서라면 망자의 영혼과 접촉할 수 있다고 주장했다.

그러나 소위 심령술이라는 영적 기법의 발상과 유행에 결정적으로 관

계된 사람은 뉴욕에 거주하던 두 소녀라고 볼 수 있다. 1848년 당시 9세
에 불과했던 소녀 캐서린(혹은 케이트) 폭스와 여동생 마거릿은 하이즈빌
Hydesville에 있는 부모 소유의 농장 지하실에서 문 두드리는 소리가 들린다
고 어머니에게 알렸다. 게다가 이 두 소녀는 소리를 내는 정체 모를 존재
와 소통할 방법도 궁리해두었는데 노크 두 번은 긍정을, 한 번은 부정을
의미했다. 소녀들이 알 수 없는 존재를 상대로 끝없는 질문 공세를 펼친
끝에 마침내 어머니에게 설명한 바에 따르면, 문 두드리는 소리의 주인공
은 살해되어 농장 지하실에 매장된 행상인이었다.

두 소녀의 언니뻘이었던 레아는 케이트와 마거릿의 특별한 재능이 금
전적 가치가 있다는 점을 재빨리 간파하고 동생들을 무대로 데뷔시켰다.
주변인들도 들을 수 있게 영혼과 대화를 나누는 이 자매들의 소식은 발
빠르게 퍼져 나갔고, 이들은 급기야 대중의 초청을 받아 시범을 보이게
되었다. 곡예단장 'P. T. 바넘P. T. Barnum'은 케이트 자매를 뉴욕으로 데려갔
고, 자매는 순식간에 유명해졌다. 비평가들이 자매를 묶거나 바닥에서 들
어 올려 보기도 하고 심지어 알몸 수색까지 펼쳤으나 어떠한 부대 장치도
발견할 수 없었다.

한편, 두 소녀가 유명해지자 이들과 대화를 나눈 영혼들까지 덩달아
유명세를 탔다. 가령 벤저민 프랭클린이 정기적으로 자매와 이야기를 나
눈다고 알려졌다. 이렇게 큰 인기를 얻었지만, 두 자매는 그다지 행복한
삶을 누리지 못했다. 둘 다 알코올 중독자가 되었고, 1892년 케이트가 알
코올 중독으로 먼저 사망하자 마거릿도 병마와 환영에 시달리다가 일 년
후 언니의 뒤를 이어 세상을 등졌다.

몇몇 사람이 만약 폭스 자매의 재능을 알아보지 못했더라면 대중은 아
직도 문 두드리는 행상인의 영혼에 대한 망상에 사로잡혀 있을 것이다.
폭스 자매가 세상에 알려지고 나서 얼마 지나지 않아 이들과 유사한 능력
이 있다고 주장하는 영매들이 곳곳에서 출몰해 영업을 시작했고, 이들을

찾는 고객들은 적지 않은 비용을 치러야 했다.

19세기에는 교회라는 기존 단체에 강하게 반감을 품은 급진적인 사상가들이 심령술에 심취하는 경향을 보이기도 했는데, 그들이 보기에 당시 교회는 노예 제도 폐지나 여성 인권 신장 등의 사회 문제에 지나치게 무관심했다. 자연스럽게 심령술은 특히 여성층의 호감을 샀다. 여성에게 영매라는 특수한 지위가 허락되고, 영매로서 대중에게 자신의 의견을 피력할 수 있었기 때문이다.

그러나 폭스 자매 중 마거릿이 나중에 가톨릭교로 개종한 것도 모자라 1888년에 사실은 모든 것이 속임수였다고 털어놓음에 따라 심령술 업계는 크게 들썩였다. 마거릿의 뒤늦은 고백에 따르면, 자매는 남몰래 무릎과 발가락 관절을 움직여 달그락대는 소리를 꾸며냈다고 한다. 그러니까 저승 세계와 소통할 수 있었던 비법은 결국 무릎 연골과 뼈가 전부였던 셈이다. 마치 어린 두 자매가 어느 날 무료함을 떨치려고 단순히 어머니를 골탕먹이기로 합심한 듯도 하다. 그런데 여론이 걷잡을 수 없이 일파만파로 퍼지자 자매는 그만 겁을 먹고 차마 모든 것이 장난이었다고 밝히지 못했던 것이다.

그러나 그녀의 고백에도 여전히 많은 사람이 발가락 관절과 관련한 내막 따위는 믿으려 하지 않았을 뿐만 아니라 마거릿 역시 1893년 사망하기 직전 자신의 고백을 번복하여 자매의 재능에 대한 진위는 더욱 불확실해졌다. 그러던 중 1904년에 폭스 가의 농장 지하실에서 사람의 뼈가 실제로 발굴되자 자매의 재능을 신뢰했던 무리는 언젠가 자매가 예견한 행상인의 존재가 틀림없는 사실이었다고 확신했다. 이후 이 신원미상의 행상인은 찰스 B. 로즈마Charles B. Rosma라는 이름으로 사람들에게 불렸지만, 실존 인물이었는지는 현재까지도 밝혀지지 않았다.

사람들이 폭스 자매의 이야기를 그토록 쉽게 받아들였던 것은 자매가 생존한 시기와 장소 때문이기도 하다. 사실 릴리 데일이라는 마을이 세워지기 훨씬 이전부터 뉴욕에서는 혼령과 관련된 사건이 종종 발생했다. 1823년에는 조셉 스미스Joseph Smith라는 사람이 뉴욕의 소도시 팔미라Palmyra 근방의 한 언덕에서 금동판 한 벌을 발굴하고 자신이 모로니Moroni라는 천사에게서 그 금동판을 받았다고 발표했다. 금동판에 쓰인 내용을 해석하기로 한 스미스는 우선 천사 모로니가 자신에게 부여한 신비한 통찰력을 발휘하여 예언석을 넣은 모자에 머리를 파묻었다. 그 결과 탄생한 것이 『몰몬경Book of Mormon』과 말일성도末日聖徒 교회Church of Latter-Day Saints로, 오늘날 1,200만 명 이상의 추종자를 거느리고 있다. 그런가 하면 폭스 자매가 처음으로 혼령과 접촉하기 몇 년 전, 윌리엄 밀러William Miller라는 한 침례교 목사가 1844년 10월 22일에 세계의 종말이 올 것이라는 예언을 발표하기도 한다. 이 예언이 퍼져 나가자 수천 명이 심판의 날에 대비해 재산을 처분하기 시작했다. 훗날 성령의 존재를 믿는 셰이커Shakers 교도들은 뉴욕에 신천지 교회Holy Sanctuary of the New World를 세웠다.

1852년에는 혼령과 소통하는 것이 하나의 새로운 유행으로 영국에 유입되었고, 보스턴 출신의 영매 헤이든Hayden이 이러한 유행의 선두에 섰다. 그러나 당시 영국 언론은 그녀를 한껏 조롱했고, 영국 국교회에서도 그녀의 활동에 대해 비난을 퍼부었다. 이러한 사회적 반발에도 일 년 후에는 데이비드 리치먼드David Richmond라는 인물이 요크셔 케일리Keighley 지역에 영성파 교회Spiritualist Church를 세우기에 이르렀다. 이윽고 강신술이나 자동기술(심령술에서 영혼이 전하는 메시지를 자동으로 무심결에 받아 적는 행위) 등을 선보이는 영매가 영미 문화권에서 인기를 끌었고, 이러한 풍조와 더불어 금전적 이익을 노린 사기꾼과 협잡꾼도 난무했다. 게다가 빅토리아 여왕이 갓 세상을 등진 남편 앨버트 공Prince Albert과 조우하려 영매 로버트 제임스 리Robert James Lee와 만났다는 사실이 알려지자 심령술은 전보다 더 큰 지지를 얻었다. 그러나 1900년에 이르러서는 영국과 미국을 막론하고 심령술에 대한 대중의 관심이 시들해졌다. 이러한 현상은 특히 영

매들의 사기 행각에 대한 조사가 잇따르면서 더욱 두드러졌다. 그렇긴 해
도 최근의 통계를 보면 1990년대 후반까지만 해도 미국 내에만 600여 곳
이 넘는 심령론 단체가 산재했고, 회원 수는 무려 21만 명을 넘었던 것으
로 추산된다.

현대 인물 가운데 심령술에 심취한 것으로 유명한 이를 꼽아보면 우선
다이애나 비를 들 수 있다. 그녀는 1997년 사망하기 전까지 영매 시몬 시
몬즈Simone Simmons와 정기적으로 만나 조언을 얻었던 것으로 전해진다. 어
쩌면 당연한 일인지도 모르겠지만, 오늘날 세계 곳곳의 많은 영매가 고
다이애나 비와 주기적으로 대화를 나눈다고 주장한다. 실제로 2003년 3
월에 미국의 한 TV 방송사에서 강신술을 통해 고인이 된 전 영국 황태자
비와 대화를 나누는 영국 출신 영매 크레이그Craig와 제인 해밀턴 파커Jane
Hamilton-Parker의 모습을 생방송으로 내보냈으며, 해당 프로그램에는 14.95
달러의 시청료가 부과되었다. 당시 다이애나 비의 혼령은 자신이 내세에
서 행복한 삶을 누리고 있으며 테레사 수녀와 자주 만나 함께 시간을 보
낸다고 말한 것으로 전해진다. 그뿐만 아니라 해밀턴 파커는 다이애나 비
가 생전에 연인이었던 이집트의 재벌 도디 알 파예드Dodi al-Fayed와 결혼을
염두에 두었다는 메시지도 공개했다.

이처럼 죽은 이의 영혼이 우리와 함께하는 데는 그만한 이유가 있을 법
도 하다. 마이클 잭슨Michael Jackson 박사는 자신의 박사 논문 「정신 이상과
영적 경험의 상관성에 대한 연구A Study of the Relationship between Psychotic and Spiritual,
Experience. Oxford University, 1991」에서 문제 해결 상황에서는 정상적인 조정 과정
의 주된 반응으로 누구나 영적 현상을 체험할 수 있다고 피력했다. 끊임
없이 미래를 불안해하고 현재의 삶을 확신하지 못하는 우리는 아마도 이
러한 이유로 더더욱 혼령의 개입과 영향력을 무시하지 못하며 어느 정도
의 존경심과 예를 갖추어 이들을 대해야 한다고 여기는지도 모르겠다.

영혼의 정화

고인의 영을 기리는 대표적인 기독교 추모제는 11월 2일에 열리는 만령절All Soul's Day로, 만성절All Sains Day 바로 다음날이다. 만령절은 11세기 프랑스에서 시작되었으며, 클루니Cluny 수도원의 제5대 대수도원장 성 오딜로St. Odilo가 제정했다. 전해오는 설에 따르면, 성지 순례를 마치고 귀국하던 순례자가 작은 섬에 다다랐는데 그곳에서 생활하던 한 수행자가 달려나와 큰 바위 뒤에서 연옥煉獄(라틴어 purgare에서 유래한 말로 '깨끗이 함' 또는 '정화'를 뜻함)의 고통받는 영혼이 울부짖는 소리가 들린다고 말했다. 그런가 하면 한쪽에서는 믿음 깊은 자들의 기도로 희생양들이 자신의 손아귀에서 벗어나는 것을 개탄하는 악마의 목소리도 들렸다. 영혼이 이승에 출몰할 수 있다고 간주하는 일부 문화권의 믿음과 달리 기독교에서는 영혼이 천국이나 지옥으로 흘러들어 가기에 앞서 수천 년 동안 연옥이라는 영역에 갇혀 지낼 수 있다는 견해를 고수했다. 연옥은 미처 속죄를 다하지 못한 영혼들이 머물러야 하는 곳으로, 이승의 사람들이 기도로써 이들의 죄를 갚아 연옥에서 보내야 할 시간을 줄일 수 있다고 전해진다.

어쨌거나 다시 프랑스로 시선을 돌려보면, 섬의 수행자에게서 연옥 영혼들의 사정을 들은 순례자는 대수도원장에게 이 소식을 전달했고, 이에 수도원장은 11월 2일을 만령절로 정하여 연옥에서 죗값을 치러야 하는 영혼을 위해 기도하는 날로 삼았다. 이 기념일은 빠르게 서방 교회로 전파되었으나, 종교 개혁을 기점으로 영국 국교회에 의해 폐지되었다가 19세기 후반에 고교회高敎會를 통해서 부활했다. 1980년 영국 국교회 예배서는 만령절 준수를 권장하였다.

연옥이라는 개념이 처음부터 기독교 교리의 근간이 되었던 것은 아니다. 초기 기독교에서 죽음은 죄악으로 가득한 이승의 고난과 시련에서 해방되어 하느님에게로 귀환하는 경사스러운 순간을 의미했다. 실제로 예수가 태어난 이후의 초기 기독교 시대에는 제사가 생일보다 훨씬 중요한 행사로 인식되었다. 당시 죽음은 운명에 대한 순응이라는 의미가 있어 임종 시에 어린 아이를 비롯하여 벗과 친족이 모두 모여 죽음을 맞이하는 자가 생전의 과오에 대해 용서를 구하는 순간을 함께한 것으로 전해진다.

그러나 이러한 풍속은 계속되지 못하고 곧 변화의 시기를 맞았다. 5세기 초에 히포의 성 어거스틴St. Augustine of Hippo은 교황 그레고리 1세590~604의 비준을 받아 연옥이라는 개념을 도입했다. 이때부터는 지인들에게 둘러싸여 맞이하는 평화로운 최후의 순간이 더 이상 천국 입성의 전 단계를 의미하지 않게 되었다. 신자들은 이제 임종 이후 정화의 불구덩이ignis purgatories를 거쳐야 했다. 어느새 기독교에서 죽음은 암울한 통과의례로 자리 잡아가고 있었다. 따라서 11세기경 중세 사람들은 생전의 행복과 부를 만끽하던 중에도 이 모든 것을 앗아갈 죽음의 순간을 두려워해야 했다.

12세기 말에 이르러서는 삶의 마지막 순간에 하느님 앞에서 심판을 받고, 그 결과에 따라 제각기 천국과 지옥 혹은 연옥에서 최후를 맞게 된다는 개념이 기독교 교리로 확립되었다. 마침내 죽음은 하느님의 품에 안기기 전에 거치는 '즐거운 의례'에서, '두려워해야 마땅한 절차'로 변모한 것이다. 사람들은 복잡한 의식을 치르고 기도함으로써 영혼들이 연옥을 벗어나 천국에 당도하기를 기원했다. 이 외에도 신도들은 미사를 올리고 순례에 참여하며 면죄부를 취득하는 등의 회개와 끊임없는 기도로 연옥에서의 세월을 조금이나마 줄이고 이승에서의 죄악을 무마시킬 수 있음은 물론 죽은 다음에라도 행동을 조심하면 처음에 선고받은 연옥에서의 형량이 줄어든다고 믿었다.

한편, 성직자들은 영혼이 연옥을 쉽사리 통과할 수 있도록 무료로 기도문을 낭송해주기도 했다. 당시 많은 사람들이 유언과 더불어 얼마간의 돈을 남겼다. 그러면 주변 사람들이 이 자금을 활용하여 장례 당일은 물론 장례 이후 3일, 7일, 30일째 되는 날 성가를 불러 고인을 기렸으며, 1주

년이 될 때 고인을 위한 마지막 ㅁ 사를 올렸다. 그런가 하면 믿음이 깊고
형편이 넉넉한 가정에서는 심지어 고인이 죽은 지 최대 10년 후까지도 미
사곡을 바치며 고인의 안녕을 기원했다.

중세에는 부유층만이 이러한 추모 의식을 감당할 수 있었다. 그도 그럴
것이 당시에는 의식에 참여한 사람들 수대로 상복과 양초를 갖춰야 하고,
추모제에 동원된 빈민층에게 답례로 식사도 제공해야 했기 때문이다. 그
뿐만 아니라 미사를 주도한 성직자에게도 상응하는 비용을 주어야 했고,
해당 교회 측에도 마땅히 기부금을 내야 하는 것으로 여겨졌다. 그래서
일부에서는 이러한 제반 비용을 충당하기 위해 유언 당시 아예 교회 측에
집과 토지를 넘기는가 하면, 사회 부유층에서는 개인 예배당을 세우고 성
직자들이 미사와 기도를 진행하게 하여 자신의 영혼을 달래도록 했다. 예
배당 건립을 희망하는 개인이나 단체는 우선 해당 예배당의 성직자가 지
역 목사의 책무에 관여하지 않도록 한다는 다짐을 전제로 영국 국왕의 허
가를 취득한 다음 예배당 건설과 유지에 소용될 기부금을 헌납하는 것이
관례였다. 이러한 과정을 거쳐 세워진 대표적 건물로 1437년에 서퍽^{Suffolk}
공작 부부가 빈민 13명을 위해 옥스퍼드 주 엘윔 영지에 건립한 구빈원을
들 수 있다. 왕실의 승낙을 받아 구빈원이 세워지자, 운 좋은 빈민 13인
은 예배당 성직자와 함께 생활하며 예배당 설립자와 이웃, 국왕, 그리고
신자들의 영혼을 위해 기도하는 데 여생을 바쳤고, 그 대가로 숙식을 지
원받았다.

부자들이 개인 예배당을 지어 연옥에서 보내는 시간을 쉽게 줄인 반
면, 가난한 자들은 오랜 기다림을 감수해야 했다. 너무도 많은 사람이 교
회 측에서 마련한 조합(길드)으로 몰려들어 가입자가 넘쳐났기 때문이다.
이 조합에 가입하고 일정 금액을 내면 예배당 성직자가 그 사람의 영혼을
위로하는 미사를 열어주었으므로 연옥에서 보내는 세월을 줄일 수 있었
다. 한편, 번화가와 도시에 자리한 일부 조합은 꽤 큰 규모를 자랑하며

전속 성직자는 물론 교회 내에 제단이나 예배당까지 갖춘 경우도 드물지 않았다. 이러한 대규모 조합에서는 사회 자선 사업에도 참여하여 학교나 병원, 구빈원 운영을 담당했다. 단, 문법학교는 애초부터 예배당 측에서 설립한 것으로 전해진다.

영국에서 종교 개혁이 본격적으로 시작된 1533년, 국왕 헨리 8세가 전 처를 버리고 앤 불린Anne Boleyn과 혼인함으로써 로마 가톨릭교회에서 파문 당하는 사건이 발생했다. 영국 국교회의 수장이 된 헨리 8세는 로마 교황 청과 긴밀히 연계된 수도원을 해산시키고, 그때까지 수도원 측에서 보유 하던 온갖 문화재와 자산이 자신에게 귀속된다고 주장했다. 수도원뿐만 아니라 연옥이라는 지극히 가톨릭적인 개념을 고수하던 예배당 역시 국 왕에게는 눈엣가시였다. 마침내 헨리 8세는 의회를 채근하여 1545년 최 초로 챈트리 법(경제 위기 심화와 더불어 국고 증대를 위한 방책으로 종교 재산 의 추가 압수를 위해 제정된 법안)을 통과시키며 영국 내 모든 예배당과 그 자산이 국왕의 소유물임을 법령으로 공포했다. 그러나 이 시기에 실제로 폐쇄된 예배당은 극히 소수에 불과했다. 이후 1547년 헨리 8세가 서거하 면서 왕위를 계승한 에드워드 6세가 챈트리 법을 부활시켜 2,374곳에 달 하는 예배당과 교회 내 조합 부속 교회당을 탄압했다. 이러한 상황에서 마땅히 자선사업에 쓰여야 할 교회 관련 기금은 번번이 에드워드 6세의 왕실 고문 측에 상납되기 일쑤였다. 예배당 탄압이 가속되자 문법학교와 같은 예배당 부속 시설 역시 하나 둘 자취를 감췄고, 이는 결국 지역 사 회에 막대한 손실을 안겨주었다.

의아하게도 거의 300년이 지난 1837년에 이르러 예배당 체제가 성공 회로 편입되었다. 당시 런던 하참Hatcham 지역의 세인트 제임스 교구 소속 이던 평신도 요셉Joseph과 월터 플림턴Walter Plimpton, 에드워드 프레더릭 크 룸Edward Frederic Croom이 만령 조합Guild of All Souls을 설립했는데, 이 단체는 오 늘날까지 현존하며, 노퍽 주 리틀 월싱엄 소속 예배당 성직자를 영입해

스물한 곳에 달하는 주교구에서 미사를 진행하고 있다.[82] 그러나 이 종교 단체에서는 미사 의식이 망자들에게 정확히 어떤 방식으로 도움이 되는지 명확히 공개하는 것은 꺼린다. 단지 이 단체가 배포한 전단에서 다음과 같은 문구를 확인할 수 있다.

"우리는 내세에 대해 속속들이 알 수도 알 필요도 없으며, 망자의 운명은 이승에서와 마찬가지로 오직 하느님의 뜻에 따라 결정됨을 믿는다. ……하느님은 필요한 모든 것을 제공해주실 것이며, 하느님의 뜻에 부응하면 자연히 은총 안에서 성장할 것이다."[83] 현재 미국과 오스트레일리아에서도 찾아볼 수 있는 이 단체의 분파는 영국에서와 마찬가지로 각종 기부금과 유언에 의한 기증을 통해 운영되고 있다.

죄를 덮어쓰는 방법

어느 정도의 비용 부담이 있다 하더라도 훗날 연옥에 빠져 허덕일 자신의 영혼이 누군가의 기도로 구제될 것을 미리 확신할 수 있다면 안심이 될 것이다. 그런데 연옥에 당도하기도 전에 죄악을 씻어낼 수 있다면 어떨까? 연옥을 거치지 않고 천국으로 직행하는 방도 중 하나는 독실한 신앙인의 자세로 삶을 영위하며 선행을 생활화하는 것이다. 이러한 신실한 신도로서의 태도 외에도 연옥을 피해갈 방편은 있다. 가령 연옥으로 향하기도 전에 자신의 죄를 대신 짊어지고 벌을 받겠다는 사람이 나선다면 어떤 기분이 들까?

---

82 배스 앤 웰스(Bath & Wells), 버밍엄(Birmingham), 첼름스퍼드(Chelmsford), 치체스터(Chichester), 일리(Ely), 엑서터(Exeter), 글로스터(Gloucester), 헤리퍼드(Hereford), 레스터(Leicester), 리치필드(Lichfield), 런던(London), 노리치(Norwich), 옥스퍼드(Oxford), 피터버러(Peterborough), 로체스터(Rochester), 세인트 올반스(St. Albans), 세인트 에드문즈버리 & 입스위치(St. Edmundsbury & Ipswich), 셰필드(Sheffield), 트루로(Truro), 웨이크필드(Wakefield), 윈체스터 우스터(Winchester and Worcester) 교구
83 런던 세인트 캐서린 크리 교구(St. Katharine Cree Church) 소속 만성 조합 발행 팸플릿 중

존 오브리John Aubrey가 1686년에 발표한 저서에는 "헤리퍼드 주에서는 빈민을 고용하여 망자의 죄를 떠맡게 하는 오랜 장례 풍습이 전해지고 있었다."라는 문구가 포함되어 있는데, 이를 통해 당시 남의 죄를 대신 짊어져 주는 사람들이 실존했음을 알 수 있다.[84] 그렇다면 죄는 어떤 식으로 전가되었을까? 1852년에 스완지Swansea 출신의 모그리지Mr Moggridge는 1820년대까지도 웨일스 란더비Llanderbie 지역에서 자행된 이러한 풍습에 대해 증언했다. 모그리지의 진술에 따르면 '씬-이터sin-eater'(죄를 대신 짊어지는 자)는 "송장의 가슴팍에 놓인 빵과 소금을 먹어치우고는 그 대가로 반 크라운(오늘날의 12.5펜스)을 받고 속히 그 자리를 떴다. 이처럼 야박한 처우는 이들이 최하층민이었기에 가능한 일이었다."[85]라고 전해진다. 시신에 닿았던 음식물을 실제로 섭취하는 이런 행위는 한 사람에게서 다른 사람에게로 죄를 넘기고자 하는 의도를 실현하는 적절한 방식인 듯했다. 알려진 바로는 사람들은 씬-이터들을 두려워한 나머지 모든 사회 활동 영역에서 이들을 제외했다. 그래서 씬-이터는 마을에서 동떨어진 변두리에 거주하며 장례식이 치러질 때만 사람들 앞에 모습을 드러냈다. 한편, 씬-이터가 음식물을 섭취할 때 사용한 도구는 해당 의식이 마무리되는 대로 소각 폐기되었다.

오브리의 책에 명시된 사례 외에 또 다른 씬-이터의 흔적을 찾는 것은 쉽지 않은 일이다. 그뿐만 아니라 이러한 풍습의 기원도 명확하게 확인되지 않는다. 다만, 고대 히브리 사회에서 제물로 희생양을 바치던 의식이 그 발단일 것으로 추정될 따름이다. 히브리인의 죄를 떠안고 제물로 바쳐진 양은 모든 의식이 마무리되고 나서 불살라졌다. 한편 히브리인 사이에서는 다른 사람의 죄를 사들이는 행위가 보편적이지 않았는데, 오늘날 우

---

84 『이교도와 유대 문화의 잔해(Remaines of Genti..isme and Judaisme)』(1686–7) (London: The Folklore Society, 1880), 존 오브리 저. 제임스 브리튼 편저, p35

85 『영국의 악귀들(British Goblins)』 (Boston: Osgood, 1881), 윌트 사익스 저, pp. 322–4

크라이나를 근거지로 하는 폴란드 내 브로디^{Brody} 히브리인들은 한때 죄를 매입하는 관습이 있었던 것으로 전해진다.[86] 대개 사회 구성원들에게 환영받지 못하는 계층의 사람이 얼마간의 비용을 받고 다른 이들의 죄를 떠넘겨 받는 것이 죄악 매입의 일반적인 형태였으며, 이러한 직업의 특성으로 죄를 전가받은 이들은 점점 사회에서 고립되었다.

영국 제도 내에서 활동한 씬−이터의 수는 많다고 볼 수는 없으나 관 주변에서 케이크나 와인, 빵, 맥주 등 음식물을 먹어치우는 풍습은 18~19세기에 영국 중북부 지방에서 일반적이었다. 본래 이 풍습은 중세부터 시작된 것으로, 빈민층이 고인을 위해 기도를 올려주면 그 대가로 구호품과 음식을 제공하던 관습에서 유래한다. 1895년 더비셔^{Derbyshire}에 거주하던 한 농부의 딸은 영국의 유명 민속연구가 시드니 올덜 애디^{Sydney Oldall Addy}에게 다음과 같이 증언했다. "장지에서 마시는 와인 한 방울 한 방울은 고인의 죄악을 의미하므로 고인의 죄를 거두어들여 내 것으로 짊어지고 가는 셈이 됩니다."[87] 이처럼 장례 당일에 음식을 나누어 먹는 행위는 비단 씬−이터에게만 국한된 것이 아니라 모든 조문객이 동참한 의식이라고 볼 수 있다. 이러한 의식이 행해지는 도중에 염치없는 난봉꾼들이 줄기차게 술을 청해댔을 법도 하다.

사후 비책

대다수 문화권에서는 사후 영혼의 향방에 대한 개념이 확립된 편이다. 즉 영혼은 대개 연옥이나 지옥, 천국으로 보내지거나 사람이나 동물, 광물질 혹은 초자연적 형태로 환생하기도 한다. 한편, 여러 국가에서는 이

---

86 『유대 백과사전(Jewish Encyclopedia)』(제4권), '민속'에 대한 설명 중

87 『가정 설화와 기타 유산(Household tales and Other Traditional Remains)』(London, 1895), 시드니 올덜 애디 저, pp. 123-4

러한 일반적 개념을 정립하는 데 그치지 않고 사후 세계에 대한 안내서까지 편찬했다. 해당 안내서는 일종의 전문 서적으로 일반인들에게 죽음 전반에 대한 설명을 제공하는 한편 망자의 지침서가 되기도 했다. 『사자의 서The Book of the Dead』는 역사상 가장 오래된 안내서 중 하나로 기원전 2600년경에 고대 이집트인들이 펴냈다. '사자의 서'라는 제목은 독일 출신의 이집트 학자 카를 리하르트 렙시우스Karl Richard Lepsius가 1842년 붙인 것으로 사실 다소 부정확한 표현이다. 실제로 이집트에서 발간된 원본은 오늘날의 책처럼 겉표지와 책머리로 묶여 있지 않았기 때문이다. 고대 이집트인들은 우선 무덤 외벽에 안내서의 내용을 새겨 두었다가 나중에 파피루스 두루마리에 이를 옮겨 적고 석관에 넣어서 고인과 함께 매장했다. 본래 '피라미드 텍스트'로 불렸던 이 문서는 이집트에서 피라미드가 성행하던 시기에 왕과 그 가족만을 위해 제작되었다. 그러나 피라미드 텍스트가 훗날 '장례 문서'로 대체됨에 따라 석관을 마련할 형편이 되는 사람이라면 누구나 제작을 의뢰해 무덤에 넣을 수 있었다. 완결된 『사자의 서』는 이전 버전에 소개된 내용이 통합되었을 뿐만 아니라 내세에 대한 설명이 더 자세하게 기술되었다.

절대적 존재, 즉 신이 내린 지침을 전달하는 성서나 코란과 달리 『사자의 서』는 망자를 내세로 인도할 목적으로 저술된 까닭에 고인이 저승으로 이동할 때 사용하는 마법과 주문 등이 주요 내용이다. 망자에 대한 심판 장면도 상형 문자와 삽화로 표현되었는데, 이중 대표적인 심판은 마트Maat(이집트 신화에 등장하는 법과 정의, 조화, 진리, 지혜의 여신으로 머리 위에 깃털을 꽂고 있음)가 등장하여 고인의 심장의 무게를 재는 부분으로, 미라의 신이며 동시에 망자의 안내자이자 벗인 신 아누비스Anubis가 직접 심장의 무게를 측정했다. 아누비스가 저울에 심장과 깃털을 올렸을 때 심장이 깃털보다 가벼우면 망자는 여정을 계속할 수 있었다. 반면에 죄악의 무게가 더해져 심장이 깃털보다 무거운 것으로 판정되면 무시무시한 괴물 아미트^Ammit(악어의 머리와 사자의 몸통, 하마의 다리를 한 기형 괴수)가 나타나 단숨에 심장을 삼켜버렸다.

『사자의 서』는 개별화된 문서였으므로 내용은 제각기 달랐다. 서기관을 위해 만든『사자의 서』는 그 길이가 28미터에 달한 반면에, 지위가 낮은 사람들의 것은 훨씬 짧게 제작되어야 했다. 따라서 하층민을 대상으로 한『사자의 서』에는 중요한 마법이나 주문이 생략될 가능성도 있었던 관계로 서민들은 안전하게 저승을 통과할 수 있을지 확신하지 못해 전전긍긍했고 모든 것을 운에 맡기는 수밖에 없었다.

한편, 기원전 6~기원전 1세기경에 유럽 남부에서는 오르페우스^Orpheus 종파 신봉자들이 내세에 대한 안내서를 지참한 채 매장되는 풍습을 이어가고 있었다. 그리스 신화에 따르면 오르페우스의 아름다운 노래와 하프 연주 선율은 사나운 야수를 누그러뜨리고 흐르는 강물을 멈추게 하며 바위와 나무를 움직이게 할 정도였다고 전해진다. 그러나 오르페우스와 관련하여 무엇보다 널리 알려진 설화는 뱀에 물린 그의 아내 에우리디케 ^Eurydice가 아리스타이오스^Aristaeus를 피해 달아나던 도중에 숨진 사건일 것이다(아폴론과 님프 키레네의 아들인 아리스타이오스는 산책하는 에우리디케를 따라갔는데, 에우리디케는 이를 피해 도망치다가 독사에게 물려 죽었다). 아내를 잃고 비탄에 잠긴 오르페우스는 저승 세계로 들어가 저승의 신 하데스 ^Hades와 지옥의 여왕 페르세포네^Persephone를 위해 하프를 연주했다. 너무나 슬퍼하는 오르페우스의 모습에 마음이 움직인 하데스와 페르세포네는 오르페우스와 아내를 지상으로 돌려보내 주기로 했다. 단, 오르페우스가 앞장서서 걸으며 저승을 완전히 벗어날 때까지 절대로 뒤돌아보지 말아야 한다는 조건을 내걸었다. 어리석게도 오르페우스는 저승 세계를 빠져나오는 도중 뒤를 돌아보고 말았고, 에우리디케는 영영 자취를 감춰버렸다.

오르페우스 종파는 육체에서 영혼을 해방하는 데 중점을 두었다. 각각의 영혼은 영속하며, 본디 천상의 존재로 간주되었으나 어김없이 윤회의 법칙에 따라야 했다. 오르페우스의 주장에 따르면 모친 레아 데메테르 Rhea-Demeter와 성관계를 한 제우스Zeus에서부터 시작된 원죄에 기인하여 영혼은 인간이나 동물은 물론 푸성귀의 형태로까지 환생하게 되었다고 한다. 오르페우스 종파에서는 인간에 대해 하나같이 타락한 존재로 간주했고, 망자가 천상으로 복귀하는 동시에 끝없는 슬프고도 지긋지긋한 윤회의 쳇바퀴를 탈출하려면 금동판이나 얇은 합판에 새겨진 안내서를 무덤에 넣어주어야 한다고 생각했다. 이 안내서에는 윤회의 굴레에서 벗어나 행복하게 내세의 삶을 영위하는 방법이 기술되어 있었다. 기원전 4세기에 발견된 합금 소재의 안내서는 다음과 같은 문구를 담고 있다. "나는 고결한 존재, 저 드높은 저승의 여신을 찬양하라. 이 사람 역시 축복받은 그대의 혈통. ……수심 가득한 애처로운 윤회의 굴레에서 한달음에 벗어나 바라고 바라던 면류관을 얻었네. 은총으로 가득한 행복한 그대여, 너는 죽지 않는 영혼."

오르페우스 신봉자들은 소수였고 주로 이탈리아 남부와 크레타 섬에 살았다. 입회자들은 부정한 일을 멀리해야 했으며 교리 역시 구두로 은밀히 전달되어 현재까지도 종파의 많은 부분이 베일에 가려져 있다. 공동체 생활을 하는 신자들은 철저한 채식주의를 고수함으로써 환생한 영혼을 섭취하는 일이 없도록 주의를 기울이는데, 이러한 사상은 기원전 5세기 중반에 인도에서 발원한 부처의 가르침과도 일맥상통한다.

『티베트 사자의 서』는 사후 세계 설명서의 또 다른 모범 예시로 꼽힌다. 8세기경에 인도의 요기 파드마삼바바Padmasambhava가 티베트 국왕을 위해 저술한 이 책은 사람이 죽음을 맞이하는 순간을 3단계, 죽음, 죽음과 환생의 중간 상태, 환생으로 나누어 단계별 의식의 흐름(bardos, 바르도)을 설명한다. 본래 암호문으로 작성된 이 문서의 원본은 티베트 고산 지대에 숨겨져 있었다. 그로부터 500년이 흐른 어느 날, 비법을 행하는 15세 소년 카르마 링빠Karma Lingpa가 홀연히 나타나 이 문서를 발견하고 암호를 해독해 훗날 자신의 아들에게 구두로 문서의 가르침을 전달했다. 이 문서의 내용이 기록되어 티베트 불교의 핵심 교리로 자리 잡기까지는 긴 세월이 걸렸다. 1927년에 이르러서야 월터 에번스 웬츠Walter Evans-Wentz 라는 한 미국인 신지론자가 영문 번역판『들음을 통한 해탈The Great Liberation by Hearing』을 편찬하면서『티베트 사자의 서』중 극히 일부 내용이 공개되었다. 이 내용은 죽음을 맞이하는 당사자가 스스로 잘 기억해두거나 사후에 다른 사람들이 망자에게 읽어줌으로써 내세의 고난에 대비할 수 있게 하는 것이었다. 한편, 단계별 죽음의 순간이 아무리 생생하고 두렵게 다가온다 할지라도 망자의 영혼이 당시 상황을 현실로 인지하지 않는다면 그 영혼은 해방될 수 있었다.

『티베트 사자의 서』가 정의하는 죽음의 첫 단계는 눈부신 백색의 빛이 망자의 정신을 감싸는 순간이다. 이 빛이 진정한 본연의 정신을 나타내는 것으로 인정되면 망자는 그 즉시 윤회의 굴레에서 해방되어 환생을 거치지 않아도 되었다. 반대의 경우 망자의 영혼은 다음 단계로 진입하며, 이때 온갖 무시무시한 영상이 망자의 정신을 덮친다. 이러한 영상을 일련의 정신적 과정으로 인식하는 영혼은 해방되겠지만, 생전의 기억과 연관된 온갖 부정적 생각으로 혼돈에 빠져서 정신이 침체되면 망자의 영혼은 더욱 깊은 수렁으로 곤두박질치게 된다.《티베트 사자의 서》에 따르면, 일정한 죽음의 단계에 도달하면 생전의 덕행과 악행을 돌이켜보는 '반추의 순간'을 맞이하게 된다. 이때 대다수 망자는 두려움과 경외심, 공포에 사로잡힌다. 그도 그럴 것이 이 순간이 오면 생전에 망자가 행한 일들이 실제처럼 낱낱이 눈앞에 펼쳐지고 무엇보다 죽음의 신 야마Yama가 망자의 머리를 잘라내고 심장을 도려내고 내장을 파내는 것도 모자라 뇌수를 핥아먹으며 피를 빨아 마시고 살점도 먹어치우기 때문이다. 그렇다 하더라도 이것이 망자의 최후는 아니었으며, 망자는 결국 신이나 반신반인, 인간, 동물, 원혼, 지옥의 생명체 등으로 환생했다.

『티베트 사자의 서』는 뉴에이지 구도자들과 불교 개종자들 사이에서 수년간 인기를 끌었다. 이 문서는 근래에 번역된 데 이어 2005년 책으로 출판되었다. 티베트 수도승들이 출판의 전 과정을 주도했으며, 동방 재단 대표이자 불교 신자인 그레이엄 콜먼Graham Coleman이 편집을 담당했다. 2006년 3월 옥스퍼드 문학 축제 기간에 콜먼은 강의에서 달라이 라마Dalai Lama의 메시지를 인용했다. 즉 사람들은 휴가를 위해 대개 여행 지역을 사전에 조사하고 지도와 안내서를 준비한다는 것이었다. 콜먼은 "우리는 모두 기쁜 마음으로 휴가를 준비하지만, 확실히 다가올 죽음에 대비하고자 하는 사람은 드물다. 이 책은 죽음에 앞서 확인해 두어야 할 안내서다."[88]라고 매듭지었다.

한때는 중세 유럽에서도 죽음에 대비한 안내서가 있었다. 『죽음의 기술Ars Moriendi』이라는 이 안내서는 본래 1415년 한 익명의 도미니크 수도회 수사가 라틴어로 저술한 문서였다. 14세기 중반 흑사병으로 유럽 인구가 격감하기에 앞서 이 성직자는 임종 시 기도와 전례를 올렸다. 그러나 성직자들 역시 다른 사람들과 마찬가지로 지위를 막론하고 흑사병의 무차별적인 공격을 피하지 못한 채 속속 세상을 떠났다. 따라서 망자의 넋을 위로해줄 성직자가 부족한 지경에 이르고 말았다. 이때 등장한 것이 바로 이 안내서인데, 이 문서는 일종의 '가상의 성직자' 역할을 했다. 즉, 흑사병이 쓸고 간 폐허에서 사회 구성원들이 성직자 없이도 올바른 장례 의식을 준수할 수 있게 이끌어준 것이다. 안내서는 모범적으로 죽는 방식을 설명한 대목에서 임종을 맞는 사람의 내면에서 선악이 충돌하는 모습을 묘사함으로써 선과 악의 대립을 표현했다. 유럽의 여러 언어로 번역된 이 문서는 특히 영국에서 인기가 높았고 17세기까지도 다양한 사본이 곳곳에서 등장했다. 사실 애초에는 『모범적 죽음의 기술에 관하여』라는 제목

88 『티베트 사자의 서』 (London: Penguin Classics, 2005), 그레이엄 콜먼 편저

의 긴 문서가 있었다. 6장으로 구성된 이 안내서는 우선 죽어가는 이에게 죽음은 두려움의 대상이 아님을 알려 위로함과 동시에 유족에게는 망자가 천국을 통과하는 데 도움이 될 만한 적절한 기도문을 알려주었다. 1450년경부터는 블록 북(나무 블록에 글자와 그림을 새겨 이를 인쇄한 책)이 소개되면서 『죽음의 기술』로 잘 알려진 짧은 안내서가 시중에서 판매되기 시작했다. 이 약식 안내서는 유혹에 대한 내용을 다룬 제2장에 집중하여 제작되었으며, 목판화 11개로 구성되었다. 처음 10개의 목판화를 다섯 개씩 나눠 보면, 한쪽에서는 악마가 죽어가는 이를 유혹하고 다른 한쪽에서는 특정 유혹을 물리칠 적절한 방법이 그림으로 묘사되어 있다. 마지막 판화에서는 고인이 천국에 입성하고 유혹에 실패한 악마가 왔던 곳으로 되돌아가는 모습이 나온다.

내세의 존재 여부에 관한 한, 내세에 대한 사상의 종류와 관계없이 현대 사람들이 250여 년 전 제임스 보즈웰보다 명백한 과학적 근거를 확보했다고 말할 수 없다. 보즈웰은 "유사 이래 5,000년이라는 세월이 흘렀으나 당사자가 누가 되었든 간에 사후에 영혼이 출몰한 사례가 있었는지 아직 확인되지 않고 있다. 찬반 여론은 극명한 대조를 이룬다."라고 간략하게 말을 맺었다. 어쨌거나 고대 이집트에서부터 근대의 릴리 데일 마을에 이르기까지 내세에 대한 믿음은 꾸준히 계속되었다.

대세는 과학 수사

범죄와 감식

오늘날에는 죽음의 원인과 결과에 대한 연구, 수치화, 문서화가 과거 어느 때보다 활발하게 이루어지고 있다. 특히 사체가 살인 사건에 연루되면 정밀한 과학 수사가 진행된다. 일단 살해 사건이 발생하면 고도로 숙련된 전문가 집단이 투입되어 지문과 치과 진료 기록은 물론 치아에서 발견되는 산소 동위 원소와 뼛속의 폴로늄 성분, 콧구멍에 남아 있는 꽃가루에 이르기까지 단서가 될 만한 모든 요소를 철저히 조사함으로써 신원 확인과 사건의 전모 추적에 도움이 될 만한 실마리를 찾아낸다. 큰 인기를 끌었던 퍼트리샤 콘웰(『버지니아 검시관Chief Medical Examiner of Virginia』의 저자. 한때 테크니컬 라이터이자 컴퓨터 프로그램 분석가로 활동)의 소설과 에미상 수상에 빛나는 CBS TV 시리즈 〈CSI: 과학 수사대〉는 현대적인 사체 검시 과정에 매료된 대중의 관심을 반영한다. 특히 2004~2005년에 방영된 CSI 시리즈 5편은 미국 내에서만 회당 평균 2,600만 명이 시청했다. 2007년 시카고 과학 산업 박물관에서는 'CSI: 체험의 장'이라는 전시회가 열렸다. 이 전시회에서 관람객들은 다양하게 설정된 '범죄 현장'에 직접 참여하여 물증 확보와 살인 사건 해결 과정을 체험했다. 해당 박물관 측은 토요일에도 각종 수업을 진행하므로 참가자들은 수업료 12달러만 내면 지문 분석법과 독극물 및 법의학 현미경 검사법 등을 두루 배울 수 있다. 곧 살펴보겠지만 이러한 검사 기법들은 모두 과학 수사에서 큰 비중을 차지한다.

과학 수사에 특별히 관심이 많은 사람이라면 옥스퍼드 주 슈리브햄 Shrivenham 소재 크랜필드 대학Cranfield University 캠퍼스에서 운영하는 5일 과정 '법의 고고학 및 인류학 워크숍'에 참여해볼 만하다. 홍보 자료에 따르면 이 대학에서는 워크숍 참가자들에게 법의 고고학 분야를 소개하고자 해당 프로그램을 운영하고 있다. 이 워크숍의 등록비는 1,000달러로 참가자들은 대화식 수업을 통해 법의학적 골격 분석과 총상, 사체 부패 과정 등을 학습하게 된다. 이 수업을 흥미롭게 해주는 또 하나의 요소는 바로 '사체 감별견cadaver dog'의 시연이다. 이 개는 공항 내 마약 탐지견과는 역할이 다르지만 사체를 찾아내도록 특별한 훈련을 거친다. 비위가 약하거나 법의학 분야를 처음 접하는 이들에게는 이 모든 과정이 다소 소름끼치는 경험으로 다가올 수 있을 것이다. 그러나 사체가 최첨단 과학 수사의 중심에 서 있다는 점은 부인할 수 없는 사실이다. 이러한 맥락에서 볼 때 일부 계층에서는 생전의 그 어느 때보다 사후에 더 큰 관심과 주목을 받는다고 할 수 있겠다.

과학 수사의 시초

3에이커에 달하는 부지에 사체 수십 구가 너부러져 있어, 마치 남북전쟁 시절의 전장이나 화려한 전과를 자랑하는 연쇄 살인범이 선호할 법한 시체 하치장을 연상케 한다. 테네시 주 녹스빌Knoxville 변두리에 마련된 이

장소는 사실 1863년 포트 샌더즈^{Fort Sanders} 전투 당시 남부군 813명이 전사한 지점과도 꽤 가까운 편으로 테네시 강 기슭 근방 숲에 있다. 이곳은 사방이 철조망으로 둘러싸였으며, 부근의 테네시 대학 병원에서 과거에 병원 폐기물을 소각할 때 활용한 장소로도 알려졌다. 이곳에 있는 시신 가운데 일부는 얕은 구덩이에 대충 매장되어 무언가에 쫓긴 살인범이 급하게 마무리한 듯 보이기도 하는데, 나머지 시신은 제각기 다른 방식으로 처리되어 있다. 제대로 무덤에 안치된 시신이 있는가 하면, 수몰되거나 운반용 부대 자루에 담긴 경우도 있다. 그뿐만 아니라 지상에 그대로 방치되거나 버려진 자동차 트렁크 속에 구겨 넣어진 시신도 있다. 평균 온도가 30.5℃를 넘나드는 7월이면 온갖 설치류와 곤충에 비바람까지 가세해 사체의 상태는 더욱 악화된다.

퍼트리샤 콘웰의 1994년 작으로 베스트셀러에 오른 《바디 팜^{The Body Farm}》을 접해본 독자라면 끔찍한 광경이 펼쳐진 이곳이 다름 아닌 테네시 대학에서 운영하는 '법인류학 시설'이라는 사실을 눈치챘을 것이다. 이 장소는 이른바 '시체 농장'으로 더 잘 알려져 있다. 이 시설은 저명한 법인류학자 빌 배스^{Bill Bass} 박사가 사체의 부패 정도와 상태 연구를 위한 특별 구역을 지정하도록 대학 측을 설득한 끝에 1981년 마련한 공간이다. 최초의 시체(생전에 폐기종과 심장병 전력이 있는 73세 알코올 중독자의 사체로, 산성 용액으로 살짝 세척된 채 딸에 의해 기증되었고 곧장 세례를 받았다)가 당도한 이래 의학 발전을 위한다는 명목으로 시체 수백 구가 이곳 야외 실험실에 속속 배치되었다. 이후 매년 30~50구가 기증되는 추세로, 2005년도에는 100여 명 이상이 해당 대학에서 발행한 신체 기증 각서에 서명했다.⁸⁹

---

89 해당 시설의 연혁은 빌 배스, 조 제퍼스 공저 『죽은 자들의 땅: 전설의 '시체 농장' 조명(Death's Acre: Inside the Legendary 'Body Farm')』을 참조

배스 박사의 사체 농장은 사실 '팔은 언제쯤 떨어져 나가는가?' '부패한 사체에 칙칙한 검은색 반점이 나타나는 원인과 그 시기는?' '머리뼈에서 치아가 빠져나가는 순간은 언제인가?'와 같은 사체 부패 과정에 대한 가장 기초적인 물음을 토대로 착안되었다.[90] 사체 농장이 설립된 이래 배스 박사와 동료들은 사체의 변화와 관련된 기본적인 사실 외에도 훨씬 많은 양상에 대해 파악할 수 있었다. 가령 사체에서 가스와 산이 방출되는 방식(400여 종에 달하는 휘발성 화합물이 확인됨)이나 시신이 파리의 생태 혹은 효모균의 증식에 미치는 영향까지 파악된 바 있다. 이제는 FBI 측에서도 요원들의 훈련을 위해 이 시설을 찾고 있으며, 세계 곳곳의 법의학 전문가들도 정기적으로 이곳을 방문한다. 이러한 여세를 몰아 2006년에는 노스캐롤라이나 쿨로위Cullowhee에 부속 시설이 설립되었으며, 이 시설은 서부 캐롤라이나 인체 감정 연구소Western Carolina Human Identification Laboratory 산하 기관으로 운영되고 있다. 그런가 하면 텍사스와 아이오와에도 시체 농장을 건립할 계획이 있었다. 그러나 2007년 서부 지방 특유의 문제점으로 텍사스 주의 시설 건립 계획이 무산되었다. 당시 문제점은 다름 아닌 독수리와 같은 맹금류였다. 이 동물들이 먹잇감을 찾아 수시로 해당 구역의 상공을 선회함에 따라 주변을 지나는 여객기에 위험 요소로 작용할 정도였다.

한편, 시체 농장이 아무리 최첨단 시설에 속한다고 해도 법의학 또는 과학 수사 자체는 사실 새로운 개념이 아니다. 법의학이라는 용어는 2,000년 이전에 발생한 역사상 가장 유명한 살인 사건에서 비롯되었다. 기원전 44년 3월 15일 로마의 카이사르Julius Caesar가 광장Forum(로마 시대 정치 및 사회 활동을 위해 따로 마련된 공간)으로 출두했다. 이날 그는 로마 원로원 측에 권한을 넘기라는 청원에 응해야 했다. 당시 56세였던 황제가

90 같은 책, pp. 110–11

청원서를 읽어 내려가기 시작하자(카이사르 몰래 공모자 무리가 철저히 꾸며
낸 상황) 카스카Casca의 검이 그의 목 위로 번뜩였다. 그리스의 작가 플루
타르코스Plutarch가 기록한 바로는, 카이사르가 도움을 청할 때쯤에는 주변
의 다른 공모자들도 제각기 칼을 뽑아들었고 결국 카이사르는 "공격자들
에게 온몸 구석구석을 난도질당하기에 이르러 마치 사냥꾼들에게 잡힌
한 마리 맹수 같은 모습이었다. 모든 공모자가 살해에 가담하기로 합의된
상태였으므로 각자 카이사르의 몸에 칼자국을 남겨야 했다."라고 전해진
다. 카이사르는 총 23곳에 자상을 입었고 브루투스 역시 비밀 공모에 가
담하여 상관을 해했다고 플루타르코스는 회고했다.[91]

카이사르의 사체는 피가 흥건한 가운데 3시간가량 방치되었고, 그러고
도 7시간이 지난 다음에야 의사 안티스티우스Antistius가 불려와 23군데의
상처 중 결정적 사인이 된 부분을 찾아냈다. 황제의 시신을 살펴본 안티
스티우스가 발견한 치명적인 부상 부위는 왼쪽 어깨뼈를 지나 내리꽂힌
칼자국으로 카이사르의 심장을 관통했다. 안티스티우스는 자신이 확인한
사항을 광장에서 발표했고, 이에 각종 연설과 발언이 잇따랐다. '광장의
대중 앞에서'를 의미하는 단어forensis가 어원인 법의학forensic이라는 단어는
안티스티우스의 이 발언에서 유래한다.

사실 안티스티우스는 세계 최초로 과학 수사를 진행한 사람은 아니다.
중국에서는 대나무 조각을 이어 붙여 만든 문서에 기록된 법의학적 평가
내용이 발견되었는데, 해당 문서는 221년경에 제작된 것으로 추정된다.
그러나 중국은 1248년에 이르러서야 사체 검시에 관한 전문 지식이 살인
사건을 수사하는 당국 측에 전달되는 체계를 갖추었다. 한편, 송자宋慈라
는 이가 저술한 『세원집록洗寃集錄』은 중국의 법의학서로, 익사와 교살의 구

---

91 『셰익스피어의 플루타르코스: 카이사르와 브루투스, 마르쿠스 안토니우스, 코리올라누스의 삶(Shakespeare's
Plutarch: The Lives of Julius Caesar, Brutus, Marcus Antonius, and Coriolanus)』(Harmondsworth: Penguin,
1964), 토머스 노스 옮김, T.J.B. 스펜서 편저, 66장

분법을 비롯하여 사체의 부패 상태와 계절성의 작용을 참작하여 사망 시간을 규명하는 법 등의 내용이 담겼다. 이 법의학서는 송나라 시대 신평 지역의 법관 송자가 편찬했다. 당시의 사체 검시관은 의사가 아닌 단순한 행정관에 불과했으므로 의학적 측면을 전혀 고려하지 않은 채 유해를 조사하는 경우가 허다했다.

송자의 법의학서에는 '무절제한 성행위' 등의 사인을 판별하는 방법과 같은 실용적 내용도 포함되었는데 사체가 발기 상태로 발견된 경우 성행위가 과도했던 것으로 추정한다. 이 외에도 호랑이의 습격이나 자상, 번개, 말에 짓밟힘 등의 사인 판별법에 관한 내용도 포함되어 있다. 예를 들어 말에 밟혀 죽은 사체에 대해서는 "피부가 다소 황색을 띠고 손바닥이 펼쳐진 상태로 머리카락은 헝클어져 있다."라고 기술되었다. 그런가 하면 짐수레 바퀴에 압사한 사체는 입을 벌리고 눈을 뜬 상태일 것이나 "머리카락은 헝클어지지 않는다."라고 전해진다.[92]

이처럼 독특한 사인 판별법 외에도 송자는 법의 곤충학 분야까지 아우르는 뛰어난 학식을 드러냈다. 그는 저서를 통해 칼에 찔린 채 피투성이로 길가에 방치된 사체의 사례를 소개했다. 마을 사람들이 행여 산적의 소행은 아닐까 하고 두려워하자 당국에서 현장 수사관을 파견했다. 수사 결과 희생자에게서 강도질을 당한 흔적이 발견되지 않음에 따라 담당 수사관은 산적의 개입이 없었던 것으로 결론짓고, 모든 마을 주민에게 평소 사용하는 낫을 가져오라고 명했다. 수사관의 명에 불복하는 것은 범죄나 매한가지였으므로 곧 70여 개의 낫이 한군데에 모아졌고 검사가 진행되었다. 검사 당일은 몹시도 무더웠던 탓에 파리떼가 들끓었는데, 유독 한 자루에 파리들이 많이 몰렸다. 수사관은 파리떼가 흉기의 혈흔에서 풍기는 냄새에

---

92 『세원집록: 13세기 중국의 법의학(The Washing Away of Wrongs: Forensic Medicine in Thirteenth Century China)』 송자 저, p. 148

반응한 것으로 짐작하고 그 낫의 주인이 살인에 연루되었음을 밝혀냈다. 추가 조사를 통해 범인은 과거에 피해자에게 돈을 빌려주었는데 피해자가 갚지 않자 낫으로 그를 살해했다고 밝혔다.

현장 수사관과 송자는 모두 사체가 항상 단서를 품고 있다는 데 의견을 같이한다. 이러한 맥락에서 법의학을 통한 범죄 사건 해결이 가능해진다. 실제로 사체에서는 다양한 형태의 실마리가 발견되므로 법의학 분석가로서는 다행이라 하겠다.

파리떼의 암시

앞서 현장 수사관이 짐작한 바와 같이 곤충은 실제 사체와 관련하여 중요 단서로 작용한다. 미국의 시인 어밀리 디킨슨Emily Dickinson은 작품에서 "죽을 때 파리가 윙윙거렸다"라고 표현한 바 있으며, 이는 사실상 전혀 얼토당토않은 이야기라 할 수 없다. 파리 중 일부 종은 사체와 몇 분 거리 혹은 최대 1.6킬로미터 밖에서까지 시신의 냄새를 맡을 수 있다고 한다. 검정파리Pormia regina와 쉬파리는 체모를 통해 온갖 성분의 냄새를 맡을 수 있다. 아세트산과 부티르산, 발레르산, 인돌, 이황화 메틸 등은 모두 부패가 시작되면서 사체에서 방출되는 성분들이다. 파리는 체모에 수반된 화학적 감각 기관이 가리키는 대로 사체를 찾아 날아다니며, 이때 디킨슨이 표현한 것처럼 '둔탁하면서 고르지 못한 윙윙대는 소리'가 난다. 파리들의 일념은 오로지 연한 살점 속에 산란하여 새끼들에게 풍족한 환경을 제공하는 일이다.

법의 곤충학자는 이처럼 파리를 비롯한 여러 곤충과 절지동물을 연구하는 전문가로, 이들의 높은 식견은 다양한 분야에서 도움이 되고 있다. 절지동물들이 사체를 먹어치움으로써 유기체의 생태계 내 순환을 돕는가 하면 병리학자는 애벌레나 구더기의 진화 속도를 파악하여 대상의 사망 시간을 판별할 수 있다. 이러한 감식법은 특히 살인 사건을 해결하는 데 도움이 된다. 그런가 하면 각종 실험실 연구를 비롯하여 시체 농장과 같은 옥외 연구를 통해 파리와 구더기 등의 생태에 대한 지식도 더욱 폭넓어졌다. 가령 파리 종류에 따라 다르겠지만 온도가 22℃로 일정하게 유지되면 대개 15~26시간에 걸쳐 부화가 진행된다. 부화의 산물인 구더기는 사체 속으로 침투해 살점을 먹어치우기 시작한다. 구더기는 엄청난 대식가인데, 구더기의 콧구멍은 항문 옆에 있다. 이들이 부패 중인 사체의 살점에 깊숙이 파고들어 설사 식사 중이라 할지라도 호흡에는 전혀 지장이 없다.

구더기로서 한창 활동하는 단계인 1, 2기는 11~48시간 동안이고, 마지막 단계인 3기에는 36~60시간가량이 소요된다. 먹이 섭취를 마치고 다 성장한 3기의 구더기는 사체에서 기어 나와 어두운 곳에 잠복하며 번데기로 진화한다. 마침내 번데기가 한 마리의 파리로 진화하고, 모든 순환 과정은 처음부터 다시 반복을 거듭하게 된다. 법의학 팀은 사체나 혹은 부근에 있는 구더기와 파리의 진화 단계를 살핌으로써 사체의 사망 시기를 가늠할 수 있으며, 특히 부패가 한창 진행 중이라면 이러한 감식법이 더욱 유용하게 활용된다. 따라서 곤충학자가 범죄 현장에서 구더기를 표본으로 채집할 때는 사방 1미터 지점의 흙까지 삽으로 채취하도록 하고, 사체가 실내에 있다면 사체 부근의 카펫이나 소파까지 꼼꼼히 점검하여 번데기로 진화하기 위해 사체에서 떨어져 나온 구더기가 있는지 살펴야 한다.

17세기까지만 해도 과학계는 여전히 아리스토텔레스의 '자연 발생설'을 신봉했다. 식은 고기에서는 구더기가, 밀가루에서는 깍지벌레가, 견과류에서는 바구미가 튀어나오는 것을 관찰한 아리스토텔레스는 파리와 벼룩도 모체를 통해 탄생하는 것이 아니라 썩어가는 사체나 배설물에서 자연 발생해 성충으로 성장한다고 결론지었다. 이후 파리 자연사 박물관

에 재직했던 수의사이자 기생충 연구원 장 폴 메그닌Jean-Paul Megnin은 1894
년 저서 『야생의 시체: 법의학에 대한 곤충학의 적용The Wildlife of Cadavers: The
Application of Enomolog to Forensic Medicine』을 펴냈다. 이 책을 계기로 법의 곤충학
은 토대를 더욱 견고히 할 수 있었다. 그러나 214쪽에 달하는 자신의 소
중한 연구 결과가 유럽에서 살인 사건 해결을 위한 참고 자료로 활용되자
메그닌은 이를 강력히 반발하고 나섰다. 그는 자신의 연구가 프랑스 파리
지역에서만 진행된 관계로 토양과 기후 조건이 다른 나머지 지역에서는
사체 주변에 모여드는 곤충의 양상 또한 현격히 달라질 것이라고 주장했
다. 어쨌거나 전문 지식의 상이한 적용법에 관한 이러한 이견은 시작에
불과했다.

사실 곤충에 대한 연구는 유럽보다 미국에서 한발 앞서 전개되었으며,
당시에는 살인 사건 해결을 위해서가 아니라 곤충으로 말미암은 농작물
피해를 방지할 목적으로 연구가 진행되었다. 1862년에는 미국 전역에 농
업 전문대학이 속속 들어섰다. 그러던 중 1874년도와 1876년도에 이르러
네브래스카, 콜로라도, 아이오와, 다코타, 미네소타 주 초원 지대에 메뚜
기떼가 몰려와 대단위 경작지들이 파괴되었다. 『초원의 집The Little House on
the Prairie』의 저자 로라 잉걸스 와일더Laura Ingalls Wilder 역시 자신의 가족 농장
을 집어삼킨 메뚜기떼에 대해 기술한 바 있다. 특히 로키 산맥 메뚜기떼
는 지나는 곳마다 모든 것을 먹어치웠다. 보리와 메밀에서부터 전나무와
담배에 이르기까지 무엇 하나 남아나는 것이 없었다. 심지어 농작물을 보
호할 요량으로 덮어둔 모포까지 메뚜기떼의 밥이 되었다. 이처럼 엄청난
대재앙이 덮치자 사람들은 효과적인 살충제를 개발할 필요성을 실감하고
'곤충학 위원회'를 발족했다.

그런데 이 특이 종 메뚜기떼는 어느 순간 저절로 자취를 감추었고, 현
재는 멸종된 상태이다. 그 이유는 아직도 알 수 없다. 1881년에는 워싱턴
국립 박물관에 곤충의 식별과 연구를 위한 곤충 분류학 실험실이 들어섰

다. 이곳은 특히 가축에게 해로운 육식 파리를 연구하는 데 주안점을 두었다. 당시에도 각종 곤충과 벌레의 생태에 관한 정보가 넘쳐났지만, 수사 당국에서 실제 살인 사건에 적용하여 활용할 수 있을 만큼 체계화되지는 않은 상태였다.

사우스캐롤라이나에 위치한 클렘슨 대학Clemson University 대학원에 재학 중이던 제리 페인Jerry Payne은 법의 곤충학 분야에 어느 정도 과학적 신빙성을 부여한 인물로 꼽힌다. 1962년 페인은 대학 측에서 재정 지원을 받아 죽은 돼지와 곤충에 관한 최초의 연구를 시작했다. 페인은 관찰 대상이 될 돼지를 선별하는 데 신중을 기했다. 돼지의 피부와 체모가 인간과 유사하기 때문이었다. 일부 돼지의 사체는 곤충이 없는 돼지우리에, 나머지는 야외에 개방된 돼지우리에 배치한 페인은 단계별 부패 상태를 관찰하고 꼼꼼히 기록해나갔다. 그 결과 페인은 돼지 사체에서 곤충 301종과 무척추 생물 81개를 채집했다. 그리고 관찰 도중에 사체에서 방출되는 보이지 않는 온갖 가스 때문에 각기 다른 시간대에 다양한 곤충이 몰린다는 점을 알아내고, 지금까지도 널리 통용되는 부패의 6단계, 즉 사체, 부풀어 오름, 부패 활성화, 부패 진행, 사체 건조, 유해를 정의했다. 페인은 대학원을 졸업하고 나서 법의 곤충학 부문의 일자리를 주선받았지만 미국 농무부에 취직하여 농작물에 피해를 주는 해충을 억제하기 위한 연구에 몰두했다.

장 폴 메그닌도 지적한 바와 같이 법의 곤충학자라면 사체가 발견된 지점의 기후까지 고려해야 한다. 그뿐만 아니라 사망 시간을 추정할 때도 곤충의 '접근 포인트'를 염두에 두어야 함은 물론이다. 파리는 특히나 변수가 많은 곤충으로 문이나 창문이 닫혀 있더라도 아주 작은 틈만 있으면 비집고 들어올 수 있다. 가령 산금파리Phacencia sericata가 목격되었다면 햇볕이 내리쬐는 도심의 야외 공간이 시체의 발원지가 될 것이고, 검정파리는 선선한 가을 겨울 전원 지역에서 관찰된다. 특히 검정파리는 사실상 모든 지역에서 서식하며, 히말라야 산맥 해발 5,500미터 지점에서도 발견된 바 있다. 흥미롭게도 파리는 빛에 민감하게 반응하여 황혼녘에는 활동을 멈춘다. 흐린 날에도 활동이 둔해지는 경향이 있으나, 일단 온도가 높아지면 곤충들은 광적으로 날아다니며 먹잇감을 물색한다. 애벌레와 구더기 역시 사체 구석구석을 돌아다니다가 한데 뭉치기도 하는 등 활동 중에 스스로 열을 발산할 수 있다.

구더기를 통해 확보된 증거가 발단이 되어 기소로 이어진 사례는 1930년대에 최초로 등장했다. 1935년 스코틀랜드에서는 부패해가던 사체 두 구에서 검정파리 애벌레가 발견됨으로써 희생자들의 사망 시간을 추측해낼 수 있었다. 당시 희생자는 랭커셔 지역에 거주하던 럭스톤 박사[Dr Ruxton]의 아내와 하녀로, 이후 박사는 살인죄로 교수형에 처해졌다.

미국 곤충학회에서는 최근의 사례 5건을 발표한 바 있다. 이 사례들에서 수사관들은 구더기의 활동을 단서로 살인 사건 피해자의 사망 시간을 알아냄은 물론 유죄 판결까지 이끌어냈다. 한 가지 사례를 살펴보면, 어느 11월 중순경 미국 남서부 지역의 한 가정집에서 심한 악취가 풍겨 나와 경찰이 조사에 착수했다. 조사 결과 해당 주택의 지저분한 지하에서 매장된 젊은 여성의 사체가 발견되었으며, 희생자는 총상을 입은 상태로 부패가 진행되고 있었다.

이후 사체와 매장 지점의 지면 토양을 조사하는 과정에서 집파리의 일종인 머스킷 파리[Synthesiomyia nudesita]의 애벌레와 번데기가 발견되었다. 전달의 기후와 토양 온도를 검토한 수사관들은 사체가 발견된 날로부터 28일 이전에 희생자가 사망했으며, 곧 해당 파리떼에게 잠식당한 것으로 추정했다. 이 결과를 토대로 잇달아 체포된 용의자는 수사관들의 짐작대로 정확히 28일 전에 피해자를 살해하고 매장한 사실을 자백했다. 구더기는 거짓말을 할 줄 모르는 법이다.

두개골의 위력

범죄 현장 분석에 도움이 될 만한 전문가 집단에는 '법 인류학자'들도 포함된다. 법의 인류학은 시체 농장으로 유명한 빌 배스 박사가 심취한 학문 분야로, 특히 수년간 발견되지 않은 채 방치된 시신을 조사할 때 유용하게 활용된다. 법 인류학자들은 골 생물학, 인간의 적응력 연구와 관련된 형질 인류학에 기초하여 골격이나 심하게 부패한 사체를 식별해낸다. 총 206개로 구성된 성인 인간의 뼈대는 법 인류학자에게 쓸모 있을 만한 여러 단서를 남긴다. 예를 들어 노인들의 뼈에는 칼슘을 비롯한 기타 무기물이 침착되어 있으므로 전문가들은 사체의 연령을 꽤 정확하게 짚어낼 수 있다. 그런가 하면 성인 남성은 여성보다 골반이 좁고 골격은 더 크므로 성별은 대개 간단하게 구분된다. 연령과 성별뿐만 아니라 인종의 판별도 가능하다. 이 경우 두개골과 코의 간격을 참고하여 백인인지 흑인인지 황인종인지 가려낸다. 키는 다양한 공식을 적용하여 산정된다. 예를 들어 인간의 키는 대개 상박골 길이의 5배에 해당한다. 상박골이 유실되었다면 척추나 경골, 대퇴골과 관련된 공식을 적용하여 키를 추정할 수 있다. 게다가 골 지표를 계산하면 생전의 몸무게까지 산출된다.

20세기 최악의 범죄자 중 한 명을 가려낼 때도 법 인류학자들의 활약이 두드러졌다. 당시 한 취재 기자는 범죄 현장을 다음과 같이 묘사했다. "뼈들이 나뒹구는 가운데 치아 6개가 발견되었고, 머리카락 뭉치와 썩어 문드러진 바지가 흩어져 있었다."[93] 미 연방 항공국 소속 미국인 법 인류학자 클라이드 C. 스노Clyde C. Snow는 항공기 사고 희생자 감식 분야의 전문가로 활동했다. 그는 1985년에 볼프강 게르하르트Wolfgang Gerhard라는 이의 유해 감식을 담당하는 법의학 전문가를 지원하기 위해 브라질을 방문했다. 당시 게르하르트의 시신은 상파울루에서 32킬로미터 떨어진 엠부

---

93 1985년 6월 24일 《타임스》

Embu에 매장되어 있었다. 관계자들은 게르하르트를 한때 아우슈비츠 '죽음의 천사'로 악명이 높다가 1979년에 익사한 요제프 멩겔레Josef Mengele라는 인물로 추정했다. 그는 아우슈비츠의 내과의사로 수감자들을 대상으로 생체실험을 한 것으로 알려졌다. 스노가 개입하기 전 현장에는 1985년 5월 발굴 작업 중에 훼손된 해골과 뼈대, 두개골을 제외하면 수사관들이 활용할 만한 단서가 거의 없는 상태였다. 그러나 스노의 생각은 달랐다. 그는 "작은 뼛조각 하나의 위력은 실로 대단합니다."[94]라고 말했다. 스노는 곧 해당 유해가 오른손잡이 백인 남성의 것임을 확신했다. 그리고 유해의 신장 추정치는 멩겔레의 공식 신장 약 180센티미터와 일치했다. 수사관들은 리하르트 헬머Richard Helmer라는 독일인 법 인류학자가 개발해낸 '두개 안면 영상 중첩' 기법을 활용하기로 했다. 그들은 우선 이미 부서진 두개골을 한데 모으고 해부학적 지점 30군데에 핀을 꽂아 표시한 다음 멩겔레의 사진과 비교했다. 두개골의 이미지를 멩겔레의 사진과 겹치자 해부학적 지점 여러 군데가 완벽하게 일치함에 따라 게르하르트의 실체가 밝혀졌다. 더욱이 DNA 분석 결과와 더불어 멩겔레의 치과 진료 기록이 잇달아 공개되면서 게르하르트와 멩겔레의 일치성은 더욱 확실시되었다. 살아 있는 동안 정의의 심판을 비켜간 멩겔레는 사후에 무덤 속에서 자신에게 불리한 증언을 한 셈이다.

멩겔레의 사체를 식별할 때 중요한 역할을 한 두개골과 사진 대조, 치과 진료 기록은 실제로 유해 식별과 사건 재현 분야에서 결정적 요소로 자리 잡고 있다. 그뿐만 아니라 멩겔레 사건은 법의 치과학의 중요성을 다시 한 번 확인하는 계기가 되었다. 1985년에 뉴욕 시 수석 검시관으로 활동하던 엘리엇 M. 그로스Elliot M. Gross 박사는 《뉴욕 타임스》와의 인터뷰에서 멩겔레 사건에 반영된 법의 치과학의 중요성을 다음과 같이 언급했

---

94 같은 신문

다. "사체에 골격만 남게 되면…… 확실하게 감식할 수 있는 부분은 치아 뿐입니다."[95] 치아 사기질은 인체에서 가장 내구성이 강한 부위로 뼈보다 튼튼하다. 따라서 항공기 사고나 큰 화재가 발생하더라도 쉽게 소각되지 않는다. 희생자 유해의 치아 엑스레이 사진을 생전에 찍은 사진과 겹쳐 놓으면 신원 확인에 도움이 될 만한 실마리가 도출될 수 있다. 또 희생자 의 치과 진료 기록에 기재된 기타 진료 내역 역시 또 다른 단서를 제공한 다. 법 인류학자까지 가세하면 치과의사는 성별과 가계를 확인해낼 수 있다. 치아 발달 양상을 살펴보면 연령을 추정할 수 있으며, 부식된 치아 는 알코올 혹은 약물 남용과 섭식 장애, 열공 헤르니아(해부학적 이상으로 위 일부분이 횡격막을 넘어 흉강 내로 돌출된 것) 등을 시사한다. 만일 치아가 착색되어 있다면 대상자가 흡연자였을 가능성이 크다. 그런가 하면, 치 과 진료 수준이나 횟수를 참고하여 생전의 사회 경제적 수준이나 거주 지역까지도 짐작할 수 있다. 한 이탈리아 조사팀은 치아 충전재에 포함 된 합금 성분의 부식 상태와 성질을 근거로 하여 시체의 신원을 확인해 냈다. 이러한 충전재 성분은 흔히 원산지별로 특징이 다르기 때문이다.[96]

　이 밖에 치아는 또 다른 방식으로 실마리를 제공한다. 과학자들은 우 리가 매일 마시는 물을 통해 출신 지역을 정확히 알아낼 수 있다. 이는 사람이 10~12세 정도에 이르면 식수에 포함된 산소 동위원소가 치아에 침착되기 때문이다. 물을 마실 때 인체로 흡수된 동위원소는 치아와 뼈 형성에 쓰인다. 이러한 동위원소 성분은 고도를 비롯하여 적도와 해면으 로부터의 거리, 연평균 기온 등에 따라 달라지므로 치아는 유아 시절의 행보까지 낱낱이 공개하는 단서를 제공한다고 볼 수 있다. 심지어 갓난아

95　1985년 6월 8일 판 《뉴욕 타임스》 '사체 감식: 치과학적 단서의 활용(Identifying Bodies: Using Dental Evidence)', 존 노블 윌포드 저

96　1999년 6월 판 《법의 치구강학 저널(Jounal of Forensic Odontostomatology)》, '소각 사체의 치아 보철물과 신원 확인에 대한 접근(An Approach to Person Identification by means of Dental Prostheses in a Burnt Corpse)', 기 안 루카 마렐라 외, pp. 16–19

기 때 젖을 뗀 연령 등 지극히 세부적인 정보도 치아를 통해 드러날 수 있다. 2004년에 더럼Durham 대학과 옝국 지질 연구소 측은 노스요크셔 웨스트 헤슬러튼West Heslerton에 위치한 6세기경의 앵글로색슨 공동묘지에서 발굴된 유골 24구의 치아 속 스트론튬과 산소를 조사했다. 조사 과정에서 밝혀진 산소 동위원소 값을 확인한 결과, 시신들은 영국 제도가 아닌 유럽 태생으로 추정되었다.[97]

치아와 마찬가지로 두개골도 유해 감식에서 매우 중요한 정보를 제공한다. 법의 조각가들은 하나의 두개골만 참고하여 안면 형상을 복구해낼 수 있다. 최초로 안면 재건술을 행한 사람은 독일의 해부학자 빌헬름 히스Wilhelm His이다. 그는 19세기 후반에 라이프치히의 한 묘지를 개조하던 중에 발굴된 음악가 바흐의 안면을 재현한 인물이기도 하다. 1895년에 이르러 히스는 피부와 근육에서 두개골까지의 일반적인 깊이를 알아내고자 라이프치히 대학 해부학과를 통해 확보한 시신 28구를 검사했다. 그는 우선 미리 정해둔 얼굴 측면의 6군데 지점과 9군데 경혈에 바늘을 찔러 넣었다. 각 바늘 끝에는 코르크가 달려서 바늘이 뼈에 도달하는 순간 코르크가 피부 표면에 닿게 되어 있었다. 히스는 바늘을 제거해 그 길이를 재고, 측정된 수치를 토대로 밑그림을 그렸다. 그러고 나서 철저한 계산을 바탕으로 바흐의 안면을 재건해냈다.

얼굴 재현을 목적으로 신체 조직의 두께를 연구한 과학자는 비단 히스뿐이 아니었다. 독일의 다른 여러 과학자 역시 시인 실러Schiller와 철학자 칸트Kant의 안면을 재현하는 데 성공했다. 최근에는 라인J. S. Rhine과 캠벨H. R. Campbell, 무어C. E. Moore 등의 과학자들도 다양한 인종과 성별에 따른 생체 조직 측정에 참여했다. 이들이 연구 결과를 토대로 작성한 조직 두께 차

---

97 2004년 3월 17일 BBC 뉴스 프로그램, 과학/자연 부록, 《치아, 앵글로 색슨의 역사를 규명하다(Teeth Unravel Anglo-Saxon Legacy)》, 폴 링컨.

트는 안면 재현 시 반드시 필요한 자료로 활용되므로 안면 재건술의 표준화를 돕는다고 할 수 있다.[98] 마케도니아의 필립 2세와 영국 박물관에 소장된 철기 시대 습지 미라 린도 맨Lindow Man(1세기경 살해된 후 1984년까지 습지에서 자연 건조된 인간 화석)은 최근 들어 재현된 해골에 속한다.[99]

안면 재건 작업을 할 때는 전통적으로 고령토와 칼슘, 황산염, 바셀린을 섞어서 사용했다. 이 점토는 무독 무취의 비경화 물질이고 무게가 약 900그램으로 1킬로그램이 채 되지 않아 안면을 재건하는 데 적합한 재료라고 할 수 있다. 작업을 시작할 때는 특별히 마련된 스탠드에 대상 두개골을 고정하고, 압력으로 두개골이 갈라지거나 깨질 경우에 대비하여 안와眼窩와 비강은 탈지면과 마스킹 테이프로 보호한다. 그런 다음 의안을 끼워 넣어 마무리하면 된다.

법의 조각가는 작업에 앞서 조직 두께 차트에서 해당 유골의 성별과 인종, 신장 조건과 일치하는 특정 조직 깊이를 찾아내야 한다. 그뿐만 아니라 사전에 법 인류학자와 토의하여 두개골에 대한 세부 사항도 파악해 두어야 한다. 그러고 나서 두개골의 특정 지점에 마커를 붙여 조직의 두께를 미리 추산한 다음 점토 조각으로 형상을 만들어나간다. 이러한 안면 재건 작업은 전 과정에 걸쳐 고도의 기술과 시간이 요구된다.

안면 재건술이 처음으로 과학 수사와 접목(역사적 호기심은 좀처럼 충족되지 않았다)된 것은 소비에트 연방 시절이다. 러시아의 한 박물관에 재직하던 고생물학자 미하일 게라시모프Mikhail Gerasimov는 자신이 관리하던 두개

---

98 1970년 4월 25일 판 《과학 수사 저널(Journal of forensic Sciences)》 '미국 흑인의 안면 조직 두께(Thicknes of Facial Tissue in American Blacks)', J. S. 라인 ├. R. 캠벨 공저, pp. 847–58, '법의 인류학적 측면에서 본 미국 백인의 안면 조직 두께에 대한 안면 재건표(Facial Reproduction Tables of Facial Tissue Thickness of American Caucasoids in Forensic Anthropology)', J. S. 라인 C. E. 무어 공저(Albuquerque: Maxwell Museum Technical Series no. 1, 1970)

99 《그리스사 연구 저널(Journal of Hellenic Studies)》 1984년 판 104호 '베르기나 제2고분에서 발견된 두개골: 마케도니아 필립 2세(The Skull from Tomb II at Vergina: King Philip II of Macedon)', R. A. H. 니브 저, pp. 60–78, 《개나다 과학 수사 학회 저널(Canadian Society of Forensic Science Journal)》 1989년 판 22호 '린도 맨의 두개골과 머리뼈 연조직 및 안면의 재건(Reconstruction of the skull and the soft tissues of the head and face of Lindow Man)', R. A. H. 니브 저, pp. 43–53

골을 이용해 종종 안면 재건을 실험했다. 그러던 중 1939년에는 신원 불명인 희생자의 얼굴을 재현해내어 경찰의 살해 사건 해결에 이바지했다. 당시 게라시모프가 사용한 기법은 1983년 작 영화 〈고르키 파크Gorky Park〉에서도 묘사되었다. 그러나 실제로 대중에 안면 재건술을 부각시킨 인물은 필라델피아 출신 조각가 프랭크 벤더Frank Bender다.

1971년에 뉴저지 주에서 존 리스트John List라는 한 남자가 모친과 아내, 세 자녀를 살해하고 도주한 사건이 발생했다. 그로부터 18년의 세월이 흐른 후 벤더는 리스트의 안면 재건 작업을 의뢰받았는데, 이러한 내용은 1989년 당시 미국의 인기 TV 프로그램 〈아메리카즈 모스트 원티드America's Most Wanted〉에도 소개되었다. 벤더는 범죄 심리학자의 도움을 받아 아래턱과 눈가 잔주름까지 세밀히 표현된 입체 안면을 제작해냈다. 이 얼굴 모형은 실제 리스트와 매우 흡사했다. 그래서 과거에 리스트의 이웃이었고 당시에는 버지니아 주에 거주하던 밥 클라크Bob Clark라는 사람이 방송을 보고 직접 경찰에 연락해 자신이 해당 인물과 안면이 있다고 신고했다. 그러나 뜻밖에도 지문 검사 결과 밥 클라크 자신이 바로 존 리스트였음이 밝혀졌다. 당시 그는 착실한 교회 신도이자 회계사로 행세하며 새 아내와 함께 살고 있었다.

현대의 안면 재건술은 점토를 이용한 기법에서 한 단계 진보한 방식을 이용한다. 리하르트 헬머가 처음 시도했던 두개 안면 영상 중첩법은 한 이탈리아 연구팀의 노력으로 개선을 거듭해왔으며, 이 연구진은 인물 사진과 두개골 방사선 사진의 비교를 가능하게 하는 알고리즘을 완성했다. 어쨌거나 이들은 사진 비교 방식이 100퍼센트 성공률을 보인다고 주장한다.[100] 오늘날에는 3D 컴퓨터 그래픽 프로그램을 이용하여 더 비용 효율

100 2006년 3월 27일 판 《미 법의학 & 병리학 저널(American Journal of Forensic Medicine & Pathology)》 '법의 인류학의 새로운 접근, 컴퓨터 안면/두개 감식(A New Experimental Approach to Compputer-Aided Face/Skull Identification in Forensic Anthropology)', 알레쇼 리지, 기안 루카 머렐라, 마리오 알렉산드루 어포스톨 공저, pp. 46-9

적으로 고인의 안면을 재현할 수 있게 되었다. 독일 자르브뤼켄^{Saarbrücken}에 있는 막스플랑크 컴퓨터 과학 연구소 소속 콜리야 쾰러^{Kolija Köhler}와 요르크 하버^{Jorg Haber}는 표정을 표현하는 기능이 추가된 안면 재현 소프트웨어를 개발해냈다. 점토로 구현된 모형과 마찬가지로 조직 차트에 기초하여 제작된 두상 이미지에는 사람들이 인식할 수 있는 범위에서 미묘한 표정을 적용할 수 있다.[101]

  셰필드 대학 내에 자리한 고고학 및 고고과학 연구원 측은 홈오피스 프로그램을 이용한 프로젝트 작업을 진행하던 중에 컬러 레이저와 컴퓨터를 사용해 회전하는 두개골 이미지를 그려냈다. 마치 철사로 단단히 둘러싸인 두상의 3D 영상을 보는 듯한 와이어프레임^{wireframe} 매트릭스가 생성되면 CT 스캔을 통해 얻은 데이터와 연령, 성별, 체격, 인종 등에 관한 정보를 조합하여 조직의 깊이를 산출하게 된다. 심지어 연구진은 컴퓨터 소프트웨어를 활용하여 다양한 표정과 조명 조건이 반영된 얼굴 이미지를 만들어내기도 한다. 그러나 이러한 기법은 들리는 것처럼 간단하지만은 않다. 코와 입의 형태나 헤어라인의 위치와 같은 안면상의 온갖 다양한 특성은 가장 두드러지는 외양적 특성인 데다 두개골 윤곽만으로는 완벽하게 예측해내기 어려운 부분이다. 셰필드 대학 연구원 마틴 에비슨^{Martin Evison}은 다음과 같이 언급했다. "얼굴과 피부 아래의 뼈 구조가 유사하게 들어맞는 범위는 제한적이다. 이러한 맥락에서 안면 재건술은 본래부터 부정확할 수밖에 없다. 따라서 신원을 확인할 때 안면 재건술을 통해 밝혀진 정보를 유력한 단서로 활용하는 행위는 옳지 않다. 더욱이 법정에서라면 두말할 필요도 없을 것이다."

---

101 2003년 10월 29일~11월 4일 판 《뉴 사이언티스트(New Scientist)》, '진보된 과학 수사, 망자의 얼굴을 되살리다 (Forensic Technique Animates Faces of the Dead)'

꽃가루와 폴로늄이 말해주는 것

다행히 사체의 출처와 신원을 판별할 더욱 믿을 만한 방법들도 존재한
다. 사실 우리가 들이마시는 공기와 섭취하는 음식물, 거주 지역조차 신
체에 단서를 남기므로 최첨단 원소 분석법을 이용하면 여러 가지 요소를
판별해낼 수 있다. 영국 최고의 법과학자 중 한 명으로 꼽히는 퍼트리샤
월트셔Patricia Wiltshire는 꽃가루 분석과 연계된 화분학花粉學 전문가이다. 월
트셔는 본래 고고학자로 활동하며 토탄 늪지대 식물의 변천사를 연구하
고 런던 대학에서 미생물 생태학을 강의했다. 동시에 헤리티지 재단과 협
력하여 '하드리아누스의 성벽' 등 장소에 대한 화분 분석을 진행했다. 그
러던 중 1990년대 중반에 하트퍼드셔Hertfordshire 지역 경찰서 측으로부터
범죄 현장에서 발견된 꽃가루의 감식을 의뢰받으면서 그녀의 행보는 새
로운 국면을 맞았다. 당시 범죄 현장에서 발견된 희생자는 도랑에 처박힌
채 불에 탄 상태였다. 이후 월트셔는 80여 건의 범죄 수사에 동참했다.
그중에는 2002년도 케임브리지셔 소햄Soham에서 발생한 홀리 웰스Holly
Wells와 제시카 챔프먼Jessica Chapman 살인 사건처럼 세간의 이목을 끈 사례
도 있다. 이 사건은 이안 헌틀리Ian Huntley라는 인물이 유죄를 선고받았는
데, 가해자의 신발과 차량에서 입수한 꽃가루와 두 소녀의 사체가 발견된
도랑 속의 그것이 완벽히 일치한다는 사실을 월트셔가 입증해냈기에 가
능한 일이었다.

'법의 화분학'이라는 신조어는 범죄 현장에서 발견된 꽃가루와 포자 단
서의 활용 양상을 설명하기 위해 고안된 것이다. 예를 들어 수사관은 꽃
가루를 단서로 희생자가 살해된 시기와 계절, 위치 등을 파악할 수 있다.
헌틀리 사건도 꽃가루를 통해 살해자가 범죄 현장과 연루되었음을 밝혀
낼 수 있었다. 그뿐만 아니라 육지와 해양을 아울러 발견되는 와편모조
류, 미화석, 키티노조아 등의 미생물 연구도 법의 화분학 범주에 포함된
다. 특히 미생물 감식은 아무리 미서한 부분이라도 간과할 수 없는 단서

가 되므로 작업은 끝없이 이어질 수 있다. 대개 꽃가루는 육안으로 거의 식별할 수 없으며, 꽃가루 낱알 10개가 모여도 겨우 바늘 머리 정도 크기에 불과하다. 그래서 윌트셔는 코바늘을 이용해 사망자의 콧속에 붙어 있던 꽃가루를 채취했다. 이처럼 독특한 물증 확보 방법 때문에 그녀는 '코파는 아가씨'라는 별명까지 얻었다.[102]

식물학 지식이 과학 수사에 유용하게 활용된다는 사실은 오래전부터 인정되었다. 시드니 왕립 식물원 소속 과학자 조이스 비커리Joyce Vickery 박사는 1961년 8세 아동 그레이엄 손Graham Thorne이 납치 · 살해된 사건을 해결한 인물로 유명세를 탔다. 그레이엄은 오스트레일리아에서 최초로 복권에 당첨된 사람의 아들로, 몸값을 노린 범인에게 납치되었다가 며칠 후 자동차 바닥 깔개에 싸인 채 사망한 상태로 시드니 인근 숲에서 발견되었다. 당시 스테판 브래들리Stephen Bradley라는 헝가리 출신 이민자가 유력한 용의자로 지목되었으나, 경찰 측은 그를 해당 사건과 연관시킬 만한 직접적인 증거를 확보하지 못한 상태였다. 비커리 박사의 활약은 바로 이 시점에 시작되었다. 자동차 바닥 깔개와 자동차 뒤쪽에서 발견된 식물의 파편을 입수한 비커리 박사는 바닥 깔개에 붙어 있던 풀 조각이 브래들리의 거주지 근방에서 생장하는 사이프러스라는 사실을 입증했다. 그뿐만 아니라 브래들리의 자동차 뒤쪽에서 발견된 풀은 사체가 발견된 지점에서 자라는 잎나무와 일치했다. 이러한 결정적 증거를 토대로 결국 브래들리는 종신형을 선고받았고, 이 사건을 계기로 식물학이 과학 수사의 중요한 수단으로 인식되기 시작했다.

1935년에는 식물학자가 증인석에 최초로 섰다. 바로 유명 조종사 찰스 린드버그Charles Lindbergh와 그의 아내 앤 모로Anne Morrow의 아들이 납치 살해된 사건 재판정에서였다. 세기의 범죄로 알려진 이 사건은 미국 전역을

---

102 2005년 1월 10일 판 《가디언》, '일생일대의 범죄The Crime of Her Life', 머린 패턴 저

충격에 빠뜨렸다. 린드버그가 5만 달러에 달하는 몸값을 치렀음에도 그의 아들은 결국 시신으로 발견되었다. 이 끔찍한 사건에 관심을 느낀 목재 분석가 아르투르 쾰러^{Arthur Koehler}는 자발적으로 수사를 돕기로 했다. 쾰러는 연륜 연대 측정법^{dendrochronology}이라는 새로운 기법을 도입했는데, 이 기법은 본래 1928년에 앤드루 더글러스^{Andrew Douglass}라는 고고학자가 개발한 것이었다. 더글러스는 나무의 나이테를 참고하여 성장 패턴을 연구한 결과 수령과 원산지를 규명했다. 따라서 쾰러는 이 방법을 적용하여 사건 현장에 남아 있던 수제 사다리를 제작하는 데 사용된 원목의 출처를 밝혀낼 수 있었다. 독일 출신 불법 이민자 브루노 하우프트만^{Bruno Hauptmann}은 당시 강력한 용의자로 지목된 인물로, 조사 결과 그의 작업장에서 발견된 목재와 도구가 해당 사다리를 만드는 데 사용된 것으로 추정되었다. (한편, 1936년 당시 하우프트만에 대한 유죄 판결과 처형은 논란의 대상이 되었다. 하우프트만의 차고에서 발견된 현금에 묻은 지문과 하우프트만의 지문이 일치하지 않았다는 점은 의혹을 증폭시켰다.)

영국의 과학자 스튜어트 블랙^{Stuart Black} 교수는 레딩 대학에서 환경 방사능 분야의 강의를 맡고 있으며, 꽃가루나 나이테보다 훨씬 정밀하고 불가사의한 자료를 다룬다. 퍼트리샤 월트셔와 마찬가지로 블랙 교수는 범죄 현장 수사와 큰 상관이 없어 보이는 분야에 종사해왔다. 즉, 주로 발포되지 않은 군용 탱크 셸^{tank shell}나 우라늄 감소와 같은 주제로 논문을 발표했다. 그러던 중 블랙은 뼛속에 포함된 방사성 동위원소 납-210의 양을 파악할 수 있는 기법을 발견해냈다. 납-210은 대개 자연환경에서 저절로 발생해 음식물과 음료, 담배 등 오염 물질을 통해서 신체로 유입되는 성분이다. 블랙 박사는 자신이 발견한 기법을 이용하여 뼛속의 납-210 성분을 측정함으로써 희생자가 섭취한 음식물 등을 추정해낼 수 있었다. 예를 들어 뼛속의 특정 무기물 함량이 적다는 것은 희생자가 채식주의자였음을 암시한다. 납-210과 폴로늄-210 성분이 모두 높은 비

율로 관찰되었다면 그 대상이 생전에 흡연했을 가능성이 크다(폴로
늄-210은 인산 비료로 담배에서 확인되는 성분이다).[103] 이러한 발견 외에도
블랙 박사는 뼛속 미량 원소 수치를 확인함으로써 희생자의 말년 거주 지
역을 정확히 짚어낼 수 있었다. 즉 일반적으로 뼛속에 남아 있는 미량 원
소의 양은 해당 지역의 지질과 그 지역에서 소비되는 휘발유의 종류, 원
자력 발전소에 대한 접근성 등에 따라 달라지기 때문이다. 더욱이 블랙
박사는 식품기준청의 데이터베이스를 참고하여 다양한 식품에 포함된 납
과 폴로늄 성분의 양을 확인하고 나서 그 자료를 바탕으로 식품 섭취 성
향과 관련한 지역별 차이점을 파악해내기도 했다.

블랙 박사가 활용한 이러한 기법은 훗날 놀라운 결과로 이어졌다.
2003년에 케임브리지셔 경찰 측이 블랙 박사에게 연락해 2002년 12월
피터버러 인근의 업턴 마을에서 발견된 사체의 신원 확인 작업에 동참해
달라고 요청했다. 당시 사건 현장에는 단추와 라이터를 제외하면 단서가
될 만한 물증이 거의 없었다. 그도 그럴 것이 희생자는 수차례 칼에 찔리
고 머리에 총상을 입은 채 불태워졌기 때문이다. 희생자의 치아를 조사한
결과 그가 우크라이나 태생임을 짐작할 수 있었다. 그러나 대퇴골에서 원
자력 산업의 부산물인 납-208과 납-207 등 비방사성 동위 원소가 발견
됨에 따라 그가 살해되기 전 3~6년간 원자력 발전소 인근 지역(서퍽 주
사이즈웰) 혹은 에식스 주 브래드웰에 거주했다는 사실이 드러났다. 한편
모발과 피부를 검사한 결과를 보면 희생자는 사망하기 전에 길게는 4주
동안 영국에 거주하지 않았으며 네덜란드나 독일 등지에서 생활했을 것
으로 추정되었다. 희생자의 생전 행보가 밝혀지기까지는 그다지 오랜 시
간이 걸리지 않았다. 악랄한 아르메니아 갱 단원으로 확인된 희생자의 이

103 《방사선 테크놀로지(Radiologic Technology)》 67호 '담배 속 방사능 성분과 암 발생률(Cancer Risk in Relation to
    Radioactivity in Tobacco)', 구스타프 F. 킬타우 저, pp. 217-22. 2006년 2/3 판 《국제 방사능 저널(International
    Journal of Low Radiation)》 3호 등재, '담배와 폴로늄-210(Polonium-210 in Cigartte Tobacco)', 아쉬라프 E. M.
    카터, 하메드 A I. 알-스와이든 저, pp. 224-33

름은 호브한네스 아미리안Hovhannes Amirian으로, 우크라이나가 고향이지만 독일과 네덜란드 갱 조직과 연고가 있는 것으로 드러났다. 2005년 11월에 희생자와 한패였던 니샨 바쿤츠Nishan Bakunts는 살인죄로 실형을 선고받았다.

블랙 박사는 이 사건뿐만 아니라 애덤Adam 사건에도 관여했다. 해당 사건은 2001년 런던 템스 강에서 한 소년의 몸통이 발견되면서 시작되었다. 살해된 아동의 유골을 분석하던 블랙 박사는 주로 아프리카 서부에서 발견되는 선캄브리아대 암석 성분을 찾아냈다. 이에 런던 경찰국에서 파견된 형사들은 나이지리아를 방문해 1만 제곱킬로미터 구획을 기준으로 샘플 백여 개를 채취했다. 샘플은 암석과 토양뿐만 아니라 코끼리와 야생 조류, 부검 사체 등 다양한 대상에서 채취되었다. 수사관들은 이 샘플을 토대로 애덤의 출생지 범위를 좁혀갔고, 최종적으로 나이지리아 남서부 지역의 좁은 회랑 지대를 지목할 수 있었다.

첨단 기술이 몰고 온 죽음의 그림자

독물학 연구는 몹시 난해하고도 정교한 실험 도구와 기법을 수반한다. 대개 범죄 사건 희생자에게서 채취된 혈액과 소변, 모발, 손발톱의 내용물과 성분은 온갖 기법을 적용하여 철저한 검사를 거친다. 이 검시 기법 가운데 몇 가지를 꼽아보자면, ELISA 키트(효소 연계 면역 흡착 분석)와 GC-MS(가스 크로마토그래피 질량 분석), AAS(원자 흡수 스펙트럼), HPLC-MS/MS(고성능 액체 크로마토그래피와 질량 분석계의 조합) 등을 들 수 있다.

독물학자는 이처럼 다양한 기법을 활용하여 각종 독소와 유독 물질을 빠르고 손쉽게 식별해낸다. 그러나 1978년 9월의 어느 날 런던 남부의 완즈워스 공립 영안실에서는 의사 몇 명이 당혹감을 감추지 못했다. 희생자는 49세를 일기로 사망한 전 BBC 기자였다. 그는 생전에 클래펌 지역에 거주했으나 본래는 동부 유럽 태생으로 알려져 있었다. 의사들이 부검을 진행한 결과 간 손상과 백혈구 수치 증가, 내장 출혈이 확인되었다. 그런데 오른쪽 허벅다리 상부에 작은 상처가 목격되었고, 이 상처 내부에는 머리 핀 크기의 작은 알갱이가 박혀 있었다. 더욱이 이 알갱이에는 시계 제조에 사용되는 백금과 이리듐 성분이 포함된 것으로 밝혀졌다. 이어서 진행된 정밀 검사에서 확인된 바로는 알갱이에는 최첨단 레이저를 이용해 뚫은 것으로 짐작되는 두 개의 구멍이 나 있었으며, 누군가가 이 구멍 안에 유독 물질 0.2밀리그램을 삽입한 것으로 추정되었다. 마침내 드러난 희생자의 정체는 '게오르기 마르코프^{Georgi Markov}'라는 불가리아 태생의 반체제자였으며, 유독 물질은 '리신^{ricin}'으로 최종 확인되었다. 사망 5일 전에 마르코프는 워털루 브리지 옆에 있는 버스 정류장에 서 있었고, 이때 제임스 본드식의 '우산 모양 권총'으로 무장한 암살자가 마르코프에게 리신을 투여했던 것이다.

피마자(대극과의 한해살이풀) 씨에서 추출되는 리신은 마르코프의 신체에 아무런 흔적도 남기지 않았다는 점에서 완벽한 유독 물질로 작용한 셈이다. 마르코프 사건이 발생한 이래 20년이 지났지만 아직도 리신에 대한 백신이나 해독제는 개발되지 않은 상태이다. 어쨌거나 마르코프의 부검 상태를 토대로 적이 그에게 해당 유독 물질을 투여했음을 짐작할 수 있었다. 과학자들이 돼지에게 동일 유독 물질을 주사하고 추이를 관찰한 결과 동일한 양상의 내장 손상이 목격됨으로써 해당 유독 물질이 사용되었다는 사실은 더욱 명확해졌다. 한때 화학전에 대비하려는 목적으로 소비에트 연방에 산재했던 여러 연구소에서는 생물 무기 테러를 대비해 리신 연구를 진행한 바 있다. 그런가 하면 영국에서는 2차 세계 대전 후에 건립된 포튼 다운 연구소에서 이 유독 물질에 'Compound W'라는 코드명을 부여했다. 이곳 과학자들은 'W-Bomb'이라 불린 대량 살상 무기를 개발하고자 열을 올렸다. 워털루 브리지에서 버스를 기다리던 중에 우산 모양 권총을 맞고 사망한 마르코프의 살해 방식은 사담 후세인보다 애거사 크리스티식에 가깝다고 여겨질 수 있다. 그렇다면 1929년 크리스티의 단편 소설 「죽음이 도사리는 집The House of Lurking Death」을 통해 리신이 처음으로 대중에 공개되었다는 점은 기억해둘 만하다. 부부 탐정 토미와 타펜스Tommy and Tuppence Beresford는 ELISA 키트나 고성능 액체 크로마토그래피의 힘을 빌리지 않은 채, 이 독특한 사건을 해결할 수 있었다.

히든카드, DNA

1985년에 요제프 멩겔레의 유해를 발굴하던 당시 엘리엇 M. 그로스 박사는 사체에 골격만 남아 있다면 확실하게 감식할 수 있는 부분은 치아뿐이라고 언급했다. 그로부터 16년 후 그로스 박사의 계승자로서 뉴욕 시 수석 검시관으로 재직하던 찰스 S. 허쉬Charles S. Hirsch 박사는 확실한 유해 감식이 가능한 다른 방편을 알아냈다. 2001년 9월 11일, 납치된 여객기 두 대가 미국 세계 무역 센터를 들이받았을 당시 사망자는 2,749명에 달했고, 사고 현장에서 손가락 끝 크기의 조직과 뼛조각을 비롯해 신체 각 부위 2만여 점이 수거되었다. 허쉬 박사 팀은 사망자의 신원 확인과 사망 진단서 발급을 담당했다. 육안으로는 희생자 중 10명의 신원만 확인할 수 있어 대다수 시신은 다양한 방식의 정밀 조사가 필요했다. 우선 지문과 치과 진료 기록이 최대한 활용되었으나 대다수 유해는 10년 혹은 20년 전까지만 해도 과학 수사관들이 사용하지 못한 방식, 즉 DNA 감식법을 적용해야 했다. 희생자들의 DNA는 그들이 사용한 빗, 칫솔, 면도날에서 채취한 DNA뿐만 아니라 친족의 안면 분비물과도 일치성을 보였다. 허쉬 박사와 그가 이끈 팀은 2005년 9월까지 총 1,594인의 신원을 판

별해냈고, 그중 852명은 DNA 분석법을 통해 신원이 파악되었다.[104]

　DNA는 가장 확실하면서도 오래도록 신체에 남아 있어 신원 확인에 유용하게 활용되는 단서이다. '데옥시리보핵산'으로도 명명되는 DNA는 혈액과 정액, 타액 등 체액을 비롯한 거의 모든 인체 세포에서 발견되는 화학 물질이다. 이 화학 물질은 한 세대에서 다른 세대로 유전 정보를 전달하며, 일란성 쌍둥이를 제외하면 각 개인의 DNA는 각기 고유성을 띤다. 이러한 DNA 성분은 절반은 부친에게, 절반은 모친에게 물려받는다. 흥미로운 사실은 DNA의 99%가 타인과 동일하며 나머지 1%로 개인의 특성이 결정된다는 점이다. 그래서 DNA 전문가들은 이 1%에 집중해 희생자나 가해자의 신원을 파악한다.

　DNA는 1869년 스위스의 과학자 요한 프리드리히 미셰르Johann Friedrich Miescher가 발견해냈다. 미셰르는 물고기 정액과 아물지 않은 상처 부위의 고름에서 채취한 세포의 세포질에서 세포핵을 떼어냈다. 그리고 세포핵 내 산성 물질을 따로 추출해 그 물질을 뉴클레인(단순 단백질과 핵산이 결합된 핵단백질)이라고 칭했다. 이후 1909년에는 러시아 태생의 과학자 피버스 레빈Phoebus Levene이 DNA의 성분을 증명해냈다. 그리고 1953년에 이르러 모리스 윌킨스Maurice Wilkins와 프랜시스 크릭Francis Crick, 제임스 왓슨James Watson이 로절린드 프랭클린Rosalind Franklin의 X선 회절상을 참고하여 유명한 '2중 나선 구조'를 발표했다. 재조합 DNA, 즉 복제 기술은 1970년대 초에 공개되었으나 DNA 감식법은 1980년대에 이르러서야 살인 사건 수사에 활용되기 시작했다.

　1986년에 영국 레스터 대학 유전학부에 재직하던 과학자 알렉 제프리스Alec Jeffreys 박사는 레스터셔 주 경찰대의 부탁으로 나보르의 한 마을에서

104　2006년 3월 2일 판 《과학 수사와 의학, 그리고 윤리학(Forensic Science, Medicine, and Pathology)》 '9.11, 그리고 수석 검시관의 뉴욕 사무실(9/11 and the New York City Office of Chief Medical Examiner)', 제임스 R. 질 저

여학생 두 명을 대상으로 발생한 살인 사건을 조사했다. 두 사건 중 하나는 1983년 11월, 다른 하나는 1986년 7월에 발생한 사건이었다. 한편 제프리스 박사는 분자 생물학적 지식을 바탕으로 유전자를 조합하는 방식으로 인간의 DNA 변이를 연구하던 중, 1984년 DNA 지문 감정법을 개발해냈다. 이 감식법을 사용하면 신원뿐만 아니라 혈연관계까지 입증할 수 있었다. 1985년 제프리스 박사와 과학 수사 연구소 소속 과학자 두 명은 논문을 통해 범죄 현장에서 채취한 혈액 및 정액 샘플에서 DNA를 추출하는 방법을 소개함으로써 과학 수사 분야에 일대 진전을 일으켰다.

제프리스 박사는 범인이 소녀들의 신체에 남긴 유일한 단서로 간주되는 정액 샘플을 분석하여 희생자 두 명이 동일범에게 강간되고 살해되었음을 밝혀냈다. 이에 수사 당국은 해당 지역에 거주하는 남성 5,000여 명을 대상으로 장장 6개월에 걸쳐 혈액 샘플을 채취하고 세계 최초로 DNA 대중 선별 검사를 시도했다. 그러나 초기에는 범인의 것과 일치하는 DNA를 발견하지 못해, 아무런 수확도 없는 것으로 보였다. 그러던 중 마침내 용의자가 한 명으로 좁혀졌는데, 바로 이웃 마을에 거주하는 25세 제빵사 콜린 피치포크Colin Pitchfork였다. 나중에 드러났지만, 피치포크가 동료 한 명을 매수해 자신을 대신해 위조 신분증을 제시하고 혈액 검사에 응하게 했다는 사실이 밝혀졌다. 어느 날 술집에서 자신의 무용담을 과시하던 그 동료의 이야기를 엿듣고 수사관들이 피치포크를 체포했는데, 아니나 다를까 피치포크의 혈액 샘플에서 채취된 DNA는 사건 현장에 남아 있던 정액의 유전자형과 정확히 일치했다. 이로써 유죄로 판명된 피치포크는 결국 1988년 징역 14년형을 선고받았다.

그로부터 수십 년이 흐른 후 DNA 선별 검사는 세계적으로 통용되기 시작했다. 영국은 1995년부터 국가 주도 유전자 데이터베이스NDNAD에 DNA 샘플을 반영하고 있다. 이 데이터베이스는 영국 정부가 후원하고 영국 경찰서장 연합회 소속 과학 수사 연구소에서 운영한다. 2004년 이래 영국 경찰 측은 실형 선고 대상에 속하는 체포자들의 입속 성분이나 머리카락을 통해 DNA 샘플을 채취했다. 이에 따라 유전자 데이터베이스의 규모는 갈수록 확장되고 있다. 과학 수사 연구소가 홈페이지에 선전한 바를 보면, 2005년을 기준으로 NDNAD는 유전자형 290만 개를 확보하고 있으며, 매월 살인 사건 26건, 강간 사건 57건, 그리고 3,000여 건에 달하는 자동차 사고와 재산 범죄 및 약물 범죄를 DNA 샘플 대조로 해결하고 있다. 미국은 50개 주가 모두 FBI 산하 DNA 종합 감식 시스템과 연계되어 국가 유전자 정보 시스템[NDIS]이라 불리는 하나의 슈퍼 데이터베이스를 형성한다. 이러한 DNA 데이터베이스는 범죄를 저지르지 않은 사람들의 무고함을 밝히는 데도 유용하게 활용되며, 실제로 1989년 이래 사형을 선고받은 201명이 이를 통해 혐의를 벗고 석방되었다.[105]

이처럼 DNA는 범인을 색출하거나 무고한 이의 혐의를 풀어주는 데 활용될 뿐만 아니라 9·11 테러 사건의 사례를 통해서도 입증된 바와 같이 효과적인 유해 식별의 동인이 되기도 한다. 2005년에는 1995년 스레브레니차 지역 보스니아 자치구어서 세르비아군이 자행한 대학살에 목숨을 잃은 이슬람교 희생자 8,000여 명의 공동묘지가 발굴되었다. 이를 계기로 사라예보에 위치한 국제 실종자 위원회[ICMP] 측은 희생자의 유족들에게 유해를 반환하는 작업을 시작했다. 해당 작업의 일환으로 가족의 자취를 찾으려는 유족들에게서 2005년까지 혈액 샘플 7만 개를 채취했다. 한편, 과거 유고슬라비아 지역에 위치한 연구소 4곳에서는 특수 기계를 이용해 사망자들의 유해를 분주히 갈아 빼고 있었다. 사실 ICMP 측에서 신원을 확인할 때 참고할 단서라고는 타다 만 뼈와 옷 조각이 전부였다. 그러나 다행히 DNA는 뼈와 치아 등에 고스란히 보존되는 경향이 있다. 실

---

105 2007년 5월 23일 판 《E·임스》, '201명에 대한 부당한 선고는 빙산의 일각에 불과하다-DNA 자선기금(201 Wrongful Convictions Are Tip of the Iceberg, says DNA Charity)', 팀 리드 저

제로 콜럼버스가 미 대륙을 발견하기 전 시대의 아메리카 원주민 해골에서도 DNA가 성공적으로 채취된 바 있으며, 그 해골들은 4,000년 전의 것으로 추정되었다.[106]

보스니아의 희생자 유해들을 분석하는 데 적용된 컴퓨터 프로그램과 소프트웨어는 9·11 테러 현장에서도 활용되었다. 그뿐만 아니라 르완다와 동티모르에서 코소보와 아르헨티나에 이르기까지 여러 지역에서 자행된 만행의 희생자들을 대상으로 한 유해 감식 작업에 도움이 될 만한 적절한 모형도 제시한다. 그런가 하면, DNA 감식법은 또 다른 분야에 적용되어 새로운 결과를 도출하기도 한다. 최근에 분자 인류학이라는 새로운 분야의 학문이 개발되었다. 이 부문에서는 DNA를 이용하여 육로와 해로를 통한 수세기 전의 이주 등 인구 통계적 사건의 자취를 규명한다. '제노그래픽 프로젝트'는 내셔널 지오그래픽 사와 IBM이 무려 4,000만 달러의 민간 투자금을 조성해 후원하는 프로젝트이다. 두 회사는 해당 프로젝트를 통해 전 세계에 흩어져 있는 10만 명 이상의 DNA 샘플을 채취할 전망이다. 연구진은 이러한 과정을 통해 식민지화가 진행된 방식을 도해하는 동시에 알렉산더 대왕의 군대가 유전적 단서를 남겼는지 여부 혹은 인도 대륙의 최초 점령자는 누구인지 등을 밝혀내고자 한다. 영국 레스터셔 마을의 끔찍한 연쇄 살인 사건을 해결하기 위해 1986년에 최초로 시도된 대중 선별 검사는 이제 전 세계적으로 널리 통용되고 있다.

---

106 1996년 판 101호 《미 형질 인류학 저널(American Journal of Physical Anthropology)》, '콜럼버스 이전 시대 아마존 원주민과 미토콘드리아 DNA 해플로 타입 이종(Heterogeneity of Mitochrondrial DNA Haplotypes in pre-Columbian Natives of the Amazon Region)', A. 리베이로 외. 스레브레니차 희생자에 대한 내용은 2001년 판 제10호 《보건 의료 윤리 케임브리지 쿼털리(Cambridge Quarterly of Healthcare Ethics)》, '우리에게 남은 것: 스레브레니차 대학살의 희생자들(All That Remains: Identifying the Victims of the Srebrenica Massacre)', 로리 볼런 저 참조.

죽음의 재발견

신기술, 대안을 제시하다

　죽음이 시작되고 마침내 생명이 사그라지는 시점을 어떻게 구분할 수 있을까? 법학계와 의학계는 어떤 식으로 죽음의 순간을 확정할까? 1768년 발행된 『브리태니커 백과사전』 초판에는 '영혼과 육신의 분리'로 죽음을 정의한다고 한다. 1768년을 기점으로 의학은 눈부시게 발전을 거듭했다. 그러나 죽음의 정의에 관한 한 항시 문제점이 도사리고 있으며, 종종 죽음을 섣불리 단정했던 18세기 사전 편찬자들은 논란의 중심에 서기도 했다. 한편, 2007년 판 『브리태니커 백과사전』은 "모든 생물이 종국에 경험하게 되는 생명이 완전히 중단되는 현상"으로 죽음을 정의하는 등 과거보다 좀더 신중한 견해를 보였다. 그렇다 하더라도 각종 교의와 미신이 죽음이라는 상태를 모호하게 규정하는 가운데 죽음에 대한 정확한 정의는 문화권과 법률 체계별로 다른 양상을 보이며 논란을 불러일으킨다.

　혹자는 신기술의 진보와 더불어 사망 진단이 수월해졌을 것이라 짐작할 수 있겠다. 실제로, 현대에는 죽음을 판명하기 위해 18~19세기처럼 니플 핀처나 항문으로 담배 연기를 불어넣는 방법 따위의 가학적인 장치를 사용하지 않아도 된다. 그뿐만 아니라 사망 확진을 위해 시체 대기 안치소에서 시신의 부패 여부를 지켜볼 필요도 없어졌다. 사실, 죽음에 이르는 과정이나 사망 시점을 완전히 명확히 설명하기란 불가능하다. 그럼 인간의 생명이란 단지 인체의 호흡 및 소화 능력이나 혈액 순환 기능과 결부된 것인가? 아니면 삶과 죽음의 기준을 결정할 때 사고나 주변 환경과의 의식적 상호 작용 등 고차원적인 인지 능력도 고려되어야 할 요소인가? 인간의 목숨이 끊어지는 정확한 순간은 어떻게 정의하는가? 그것은 뇌가 죽는 순간인가, 아니면 생명 유지 기계 장치가 작동을 멈추는 순간인가?

사망 진단에 관한 논란은 한때 생매장에 대한 공포를 조장하는가 하면 망자가 살아 있을 가능성을 염두에 둔 안전장치를 장착한 '안전관'의 개발을 부추기기도 했다. 그러나 신기술과 정교한 생명 유지 장치가 눈에 띄게 발전한 오늘날에는 사망 진단이 과거보다 한층 복잡한 문제로 인식된다. 더욱이 심폐 소생술과 제세동 등의 구명 기술은 죽음에 이르는 과정과 시점에 대한 재평가를 이끌어냈다. 특히 사망 선고 후 몇 분 안에 기증자의 장기를 적출해야 하는 이식술 분야에서는 죽음을 정의하는 문제와 관련해 많은 이해관계가 얽혀 있다. 유전학과 나노 약학, 로봇학 같은 다른 기술 분야에서도 훨씬 심오한 죽음의 재정의가 이루어질 전망이다. 이에 따라 마침내 죽음의 최종적인 정의가 도출될지도 모를 일이다.

정말 사망하긴 한 건가요?

런던의 한 유명병원 중환자실에서 34세의 사라는 꼼짝도 않고 누워 있었다. 눈을 감은 그녀는 언뜻 보기에 평화로운 잠에 빠진 듯했다. 사라의 부모는 딸의 팔에 꽂힌 튜브가 빠지지 않도록 주의하며 여전히 온기가 도는 그녀의 손을 놓지 않았다. 이 튜브는 심장 박동을 돕고 수분을 공급하며 감염 억제 항생 물질을 주입하는 기계와 사라를 잇는 중요한 장치이기 때문이었다. 인공호흡기가 여전히 작동했고, 심장 모니터링 기기는 아직 그녀의 생명이 꺼지지 않았음을 표시했다. 그러나 같은 시각, 신경과 전문의는 사라가 사실상 사망했다는 사실을 전달하기 위해 중환자실로 발걸음을 옮겼다. 그는 사라의 부모에게 생명 유지 장치를 떼어내는 것을 권할 작정이었다. 한편, 사라의 부모는 교통사고로 딸의 뇌간이 돌이킬 수 없게 훼손되어 버렸으며, 그녀의 생명을 유지해주는 장치 역시 72시간 이상 가동될 수 없다는 사실을 알고 있었지만 의사의 권고를 받아들이지 않을 생각이었다. 유대인인 사라의 가족은 아무리 인공적인 수단이 부가되었다고 할지라도 심장이 뛰는 한 사망으로 규정하지 않는 유대교의 율법에 따라야 했기 때문이다.

　같은 층의 다른 병실에는 51세의 조너선이 베개를 받친 채 누워 있었다. 그는 두 아이의 아버지로, 또 다른 교통사고의 생존자였다. 조너선은 심한 부상을 당했지만 자력으로 호흡하고 삼키고 눈을 깜빡이고 수면을 취할 수 있었으며 가끔 웅얼거리기도 했다. 사라와 달리 그는 뇌간이 손상되지 않았기 때문이다. 그러나 CT 스캔 결과 인지 기능을 담당하는 대뇌는 회복할 수 없을 정도로 손상된 것으로 판명되었다. 자연히 조너선은 주변을 전혀 인식할 수 없었고 아무도 알아보지 못했다. 지속적인 관찰과 검사가 이어진 끝에 입원 30일째 되는 날, 조너선은 결국 영구적 식물인간 상태로 진단되었다. 그로부터 현재까지 약 2년 동안 조너선은 같은 상태를 유지하고 있다. 이제 사고가 발생하기 전 조너선의 모습은 온데간데 없고, 일주일에 두 번씩 병실을 찾는 그의 아내도 조너선이 사실상 사망한 것으로 여긴다. 그녀는 삶을 전혀 누리지 못하는 남편이 하루빨리 공식적으로 존엄사를 맞이할 수 있기를 희망한다. 그렇게 할 수 있으려면 조너선의 아내는 우선 법원을 방문해 존엄사가 남편을 위한 최선책이라는 것을 입증해야 한다. 그래서 법원 측이 조너선의 존엄사에 동의하면, 각종 영양 물질을 공급하던 튜브가 제거되고 이후 매우 서서히 기아와 탈수가 진행되면서 조너선은 생을 마감하게 된다.

사라는 인공적인 수단에 의존해서나마 여전히 심장이 뛰고 부모 역시 사망을 인정하지 않지만, 의료진은 그녀의 사망을 확신한다. 반면에 조너선은 뇌 주사 결과 성격과 인간으로서의 자질을 부여하는 뇌 일부가 손상되었음이 판명되었는데도 법조계에서 조너선의 사망을 인정하지 않는다. 한편 누구보다 남편을 잘 파악하고 있는 조너선의 아내는 그가 사망한 것으로 간주한다.

『브리태니커 백과사전』에 명시된 바와 같이, 죽음에 이르는 과정에 대한 개념은 문화적 배경과 해당 지역의 법률에 따라 다각화된다. 그런가 하면 사망 진단 부문은 사회 전반을 지배하는 철학적, 문화적 사고에 좌우될 수밖에 없다. 정통파 유대인과 기독교 근본주의자, 아메리카 원주민, 불교 신자 중 일부는 생명 보조 장치의 이용 여부와 관계없이 심박이 멈춰야만 사망을 인정한다. 사실 오롯이 생물학적 견지에서 보더라도 정확한 죽음의 순간을 판별하기란 몹시 까다로운 일이다. 엄밀한 사망 시점이란 심장이 멈추는 순간인가, 아니면 뇌가 죽는 순간인가, 혹은 이 두 현상 중 하나만 관찰되면 되는가? 그도 아니면 두 현상이 동시에 발생해야 하는지, 혹은 세포를 비롯한 생물 자체의 수명이 다하는 순간이라 해야 할 것인가?

1960년대까지만 해도 사망이란 영역은 비교적 단순한 개념으로 간주되었다. 당시에는 국가를 막론하고 심박과 호흡이 모두 중단되는 순간으로 죽음을 정의했다. 그러나 인공호흡법과 생명 유지 기술의 발전과 더불어 심박을 되살리고 죽어가는 장기의 기능을 유지시키는 일이 가능해지면서 과거에 단순하기만 했던 사망의 정의는 도전에 직면했다. 한편, 죽음의 벼랑 끝에서 환자를 소생시키는 일은 의학 자체의 기원만큼이나 오랜 역사를 자랑한다. 고대 이집트인들은 환자를 거꾸로 매달아두고 가슴 부위를 압박함으로써 심폐 소생술의 초기 형태를 시도하기도 했다. 또 구약 성서(열왕기하 4:34~35)에는 선지자 엘리사가 죽어가는 아이의 입에 숨을 불어넣어 아이를 살려낸 일화가 기록되어 있다(아이의 위에 올라 엎드려 자기 입을 그 입에, 자기 눈을 그 눈에, 자기 손을 그 손에 대고 그 몸에 엎드리니 아이의 살이 차차 따뜻하더라). 18세기 네덜란드에서는 익사한 것으로 추정되는 희생자에게 구강 대 구강 인공호흡을 하고, 직장에 타들어가는 담배 연기를 불어넣기도 했다.[107] 19세기 초에는 '소금 냄새 맡게 하기'를 비롯해 풀무나 전기 자극이 가미된 인공호흡에 이르기까지 다양한 조치가 소생술 범주에 포함되었다. 실제로 시인 퍼시 비시 셸리Percy Bysshe Shelley와 별거 중이던 그의 아내 해리엇 웨스트브룩Harriet Westbrook에게 이 모든 소생술이 적용된 바 있다. 그녀는 1816년 12월 하이드 파크의 서펜타인 연못에 몸을 던졌다. 그녀를 발견하고 연못에서 건져낸 다음, 사람들이 온갖 소생술을 시도해보았지만 별다른 효과는 없었다. 이때 셸리의 두 번째 부인 메리는 남편의 전 부인에게 시행된 여러 소생술에 큰 영감을 받고, 2년 후 『프랑켄슈타인』을 저술했다(이 작품에서 소생술은 더 효과적인 수단으로 묘사되었다).

한 세기가 지나자 소생술은 한층 개선된 국면을 맞이했다. 20세기 초기 에드거 A. 포의 사촌이자 화학자인 조지 포George Poe가 일종의 인공호흡 장치를 개발해냈다. 거듭 이어진 공개 시연으로 이 장치는 죽은 생명체를 소생시키는 것으로 널리 알려졌다. 포가 도입한 실험법은 우선 토끼를 가스에 노출시키거나 개를 질식시킨 다음 흡입관으로 작동되는 장치를 이용해 이 동물들을 '소생'하게 하는 방식이었다.[108] 조지 포 이후 또 수십 년이 흘렀을 때, 소비에트 연방의 실험 생리학 치료 연구소에 재직하던 S.

---

107 2004년 5월 7일 판 117호 《뉴질랜드 의학 저널(New Zealand Medical Journal)》, '간략히 보는 소생술의 역사(A Brief History of Resuscitation)', 마이클 아다 저
108 2007년 1월 13일 판 《뉴 사이언티스트》, '조지 포의 소생법(George Poe's Cure for Death)', 폴 콜린 저

S. 브뤽혼코Bryukhoneko 박사는 개를 이용하여 포와 유사한 실험을 전개했다. 다행히 포와 브뤽혼코 두 사람 모두 인간을 대상으로 실험하지는 않았다.

이처럼 활발하게 실험과 시도가 진행되었지만 소생술은 20세기 중반에 이르러서야 실제적인 진전과 결실을 이루었다. 보스턴 출신의 심장학자 폴 졸Paul Zoll은 1956년 제세동에 관한 보고서를 썼고, 2년 후 그가 저술한 흉부 압박에 대한 논문이 《미국 의학 협회 저널》에 소개되었다. 이러한 성과를 통해 고조된 분위기의 여세를 몰아 1960년대 초 존 F. 케네디가 진보한 심폐 소생술 덕분에 이후 10년 동안 '죽기에는 아직 때 이른 수천의 생명이 소생할 수 있을 것'이라고 단언하기도 했다.[109]

한편, 심폐 소생술 시대가 도래하면서 죽음이란 필연적으로 심장과 폐의 활동 중단과 연계된다는 기존의 개념은 심각한 도전에 직면했다. 심폐 소생술을 통해 되살아나는 환자들이 심심치 않게 발생함에 따라 '순환 및 호흡 기능의 정지'라는 죽음의 정의는 전문의들 사이에서 석연치 않은 개념으로 인식되기 시작했다. 더불어 사망으로 진단된 환자들이 애초에 실제 사망에 이르렀는지도 의문점으로 제기되었다. 이에 하버드 의과대학은 1968년 사망의 재정의에 대한 논의를 시작했다. 해당 논의의 결과는 1968년 8월 5일 《미국 의학 협회 저널》을 통해 「재생 불능 혼수상태에 대한 정의: 뇌사 상태 심의를 위한 하버드 의대 특별 위원회 보고서」라는 논문으로 발표되었다. 이 획기적인 논문은 반사 행동과 인지, 고통이나 외부 자극에 대한 반응이 완전히 결여된 상태(오늘날의 뇌사 상태)를 일컫는 '재생 불능 혼수상태'를 사망의 새로운 척도로 정의했다. 이 논문이 발표되고 나서는 사망 판별 시 심장이나 폐보다 뇌에 집중하게 되었고, 특히 '뇌간'이 주목 대상이 되었다. 즉 대뇌와 척추를 잇는 줄기 격인 뇌간

---

109 같은 잡지

이 기능을 멈추면 뇌 전체가 죽은 것으로 간주되었다. 이는 호흡과 심박을 조절하는 뇌간의 도움 없이는 어떤 생물도 단 며칠밖에 생존하지 못하기 때문이다. 한편, 조녀선의 사례와 같이 뇌간은 정상적으로 기능하지만 인지와 추론, 성격을 좌우하는 뇌의 일부분, 즉 대뇌가 손상된 경우는 상급 뇌사로 진단했다.

따라서 현대 의학에서는 심폐 기능보다는 신경학적 기능을 기준으로 사망을 판정하며, 이 새로운 기준은 전 세계적으로 다양하게 변용되어 채택되고 있다. 1976년 영국의 왕립 의대 협의회 임직원들이 뇌사의 정의를 발표했고, 미국에서는 1981년에 의학, 생물 의학, 행동학 연구의 윤리적 문제점에 관한 대통령 자문 위원회가 「사망의 정의Defining Death」라는 보고서를 공개했다. 이 보고서는 뇌 전 영역의 각종 기능이 전체적으로 중단되어 회복 불가능한 상태에 이르렀을 때에 한해서 사망을 선고할 수 있다는 견해를 고수한다.

여러 신경과 전문의도 뇌간이 영구 손상되었을 때에만 사망이 선고되어야 한다는 관점에 동의하는 추세이다. 뇌간이 기능을 멈추면 호흡은 물론 무언가를 씹거나 삼킬 수조차 없으며 각종 장기도 제 기능을 하지 못하기 때문이다. 일단 뇌간이 회복 불가능한 상태로 손상되면 뇌의 전 영역이 단 며칠을 넘기지 못하고 죽어버린다. 코넬 의과대학 신경과 학장이자 교수로 재직하는 프레드 플럼Fred Plum 박사는 뇌간 사망으로 진단받은 환자가 훗날 뇌간 기능을 회복하거나 자극에 대한 반응 또는 의식 회복의 기미를 보인 사례는 전혀 없다고 언급했다.[110]

뇌사 진단은 여러 단계를 거치는 정밀한 과정으로, 첨단 기술은 물론 고전적 니플 핀처 진단법만큼이나 단순한 검사까지 적용될 수 있다. 뇌사 진단의 첫 단계는 혼수상태의 명확한 진단이다. 혼수상태로 판명되려면

---

110 「사망의 정의: 쟁점의 부상(The Definition of Death: Contemporary Controversies)」, S. J. 영그너 저, p. 53

영구적 뇌 구조 손상이 증명되어야 한다. 이 단계에서 뇌 혈전이 확진되면 응혈을 제거한다. 또 저혈압이나 혈중 산소량 감소가 관찰될 경우 그에 상응하는 조치를 하게 된다. 다음으로는 저체온증이나 약물 혹은 알코올의 과다 복용, 대사 장애 등 특정 질환의 치료를 수행해야 하는데, 이러한 질환을 방치할 경우 뇌간 기능의 저하가 초래될 수 있기 때문이다.

마지막으로, 모든 감각 인지 능력이 완전히 상실되었는지 확인하는 일련의 검사를 진행한다. 동공에 직접 불빛을 비추는 것으로 시작되는 이 검사 과정은 18세기적 방식이라 해도 좋을 만한 절차까지 수반한다. 즉 안구에 탈지면을 대고 문질러 보는 것이다. 비록 혼수상태에 빠져 있을지라도 뇌가 정상적으로 기능을 수행하는 환자라면 이러한 자극에 불편함을 느끼게 마련이다. 따라서 무의식적으로나마 움찔하는 반응을 보이게 된다. 다음으로는 찬물 50밀리리터를 귓속에 주사해 뇌신경 반응을 살핀다. 이 절차 역시 매우 극심한 고통을 수반하므로 뇌간 기능이 정상적으로 유지되는 환자라면 어쩔 수 없이 반응을 보이게 된다. 그다음 단계로는 눈 주변에 압력을 가해 고통에 대한 반응을 검사한다. 그뿐만 아니라 목에 연결된 인공호흡기 튜브를 흔들어 기침과 구토 반응까지 유도하고 살펴본다. 구역질을 하면 정상적인 반응인 셈이다. 이후에는 폐에 연결된 인공호흡기 튜브에 흡입관을 삽입해보는데, 뇌간이 활동한다면 이때 기침 반응을 보인다.

이 모든 검사를 마치고 마지막 단계로 수면 중 무호흡 검사를 한다. 이 과정에서는 환자에게 고농축 산소를 5분가량 주입한 다음 인공호흡기를 떼어내고 최대 10분까지 환자의 반응을 살핀다. 정상인이라면 이 상태에서도 자동으로 숨을 쉴 뿐만 아니라 혈액 검사를 하면 뇌간에서 이산화탄소가 확인될 것이다. 일부 국가에서는 ECG[Electrocardiograph](심전계. 심전도 측정기)로 뇌파 정지 여부를 진단하기도 한다. 어쨌거나 앞서 언급한 수면 중 무호흡 검사는 전 세계적으로 통용되며 관찰 시간은 10분에서 24

시간까지 다양하게 적용될 수 있다. 이 검사가 완료된 후 사망으로 판명되면 사망 시간을 기록한다.

이처럼 면밀한 검사가 수반되지만, 장기 이식술이 나날이 발전하면서 많은 사람이 뇌사 진단이라는 개념에 불편함을 느낀다. 이식술은 각종 소생술이 진보를 거듭하며 사망에 대한 기존의 법적, 의학적 정의에 변혁을 일으킨 수십 년 동안 어깨를 나란히 하며 발전해왔다. 1955년에 최초로 심장 판막이 이식되었고, 1963년에 최초로 폐 이식이 이루어졌으며, 1967년에는 최초로 심장과 간 이식이 모두 성공적으로 실현되었다. 여기에 그치지 않고 1981년에 심폐 이식이 최초로 시도되었고, 우연히도 같은 해에 「사망의 정의」가 발표되었다. 이 보고서는 장기 이식 문제와 관련하여 뚜렷한 반향을 불러일으켰다. 여전히 혈액 순환이 이루어지는 기증자의 신체에서 장기를 적출해 수혜자에게 이식하면 장기가 소생할 가능성이 커진다. 따라서 뇌사 판정을 받았으나 인공호흡기나 기타 소생술의 도움을 빌려서라도 장기가 살아 있다면 그러한 환자에게서 장기를 적출하는 편이 이상적인 것으로 간주되었다.

그러나 생명 유지 장치에 의지해 목숨을 이어가는 뇌사 상태의 환자에게서 장기를 적출해낸다는 개념은 한편으로 새로운 차원의 우려, 즉 생매장에 대한 현대판 공포를 양산했다. 의사가 수행하는 각종 검사가 정확하지 않다면? 뇌사로 판정된 환자가 장기 적출 시의 고통을 그대로 느끼면서도 소리쳐 고통을 호소하지 못한다면? 실제로 한 전문의는 뇌경색 등 뇌교腦橋의 기저 손상으로 발생하는 '폐쇄 증후군'이 관찰될 경우 뇌사로 오진할 수 있다고 지적했다.[111] 2센티미터 크기의 마디처럼 생긴 뇌교는 뇌간의 일부로, 소뇌와 대뇌에 메시지와 감각 정보를 전달하는 역할을 한다. 뇌교가 손상되면 말을 하지 못하는 것은 물론 사지를 움직일 수

111 2001년 판 16호 《뉴잉글랜드 의학 저널》 '뇌사의 진단(The Diagnosis of Brain Death)', 엘코 F. M. 위딕 저

없고 표정도 짓지 못하게 된다. 그러나 인식과 주의력을 관장하는 중뇌
의 일부, 즉 피개被蓋에 문제가 없다면 의식만큼은 지속될 수 있다. 따라서
환자는 돌턴 트럼보Dalton Trumbo의 1939년 작 반전 소설『자니 갓 히스 건
Johnny Got His Gun』에 등장하는 주인공처럼 곤혹스러운 상황을 경험하게 된
다. 즉 주변을 인식할 수는 있으나 외부와 소통하지 못하는 상태에 이르
는 것이다.

　뇌사 진단을 비판하는 사람들은 관련 검사가 아무리 철저하게 진행된
다고 해도 오판의 가능성을 아예 배제할 수는 없다고 주장한다. 환자가
모든 종류의 뇌사 검진을 꼼꼼히 받았다고 해서 반드시 '뇌 전체 기능의
영구 중단'으로 직결되지는 않는다는 점은 사실 우리의 우려를 증폭시킨
다. 예를 들어 여러 검사에서 환자가 전혀 반응을 보이지 않았을지라도
신경 호르몬 기능은 멀쩡하게 유지되고 있을 수 있다.[112] 연구 결과에 의
하면 뇌사 기준에 부합하는 환자의 20%가 뇌파를 측정했을 때 전기 활성
반응을 보인 것으로 드러났다.[113] 그뿐만 아니라 뇌사로 판정된 환자 일
부는 수술 중 절개에 반응하여 장기 적출 시 혈압과 심박 상승이 동반되
는 현상이 관찰된 바 있다.[114] 만일 여전히 살아 있는 환자를 대상으로 수
술을 진행하는 도중에 이러한 반응이 일어났다면 더 많은 마취제를 투여
해야 한다는 신호로 해석될 수 있다. 한편, 케임브리지에 소재한 영국 최

112　1992년 판 54호 《트랜스플렌테이션(Transplantation)》 '뇌사에 따른 내분비 장애(Acute endocrine Failure After Brain Death)' H. J. 그램 외, pp. 851-7

113　1987년 판 44호 《신경학 아카이브(Archives of Neurology)》, '뇌사 후 뇌파 측정 반응(Electroencephalographic Activity After Brain Death)', 매들린 J. 그리그 외, pp. 948-54. 『대뇌사(Cerebral Death)』 제2판 (Baltimore: Urban & Schwarzenberg, 1981) A. 얼 워커 저, pp. 89-90. 1983년 판 286호 《영국 의학 저널》 '뇌간 사망의 기초: EEG(Electroencephalogram, 뇌파. 뇌의 전기적 활동을 머리 표면에 부착한 전극에 의해 측정한 전기 신호)에 관한 토론(ABC of Brain Stem Death: The Arguments about the EEG)', 크리스토퍼 캘리스 저, pp. 284-7

114　1985년 판 64호 《마취와 무통(Anaesthesia and Analgesia)》, '뇌사 장기 기증 환자에 대한 시술 시 혈류 역학 반응(Haemodynamic Responses to Surgery in Brain Dead Organ Donor Patients)', 랜달 C. 배첼 외, pp. 125-8. 1993년 판 48호 《마취(Anaesthesia)》, '뇌사 장기 기증 환자에 대한 시술 시 혈류 역학 반응(Haemodynamic Responses to Surgery in Brain Dead Organ Donor Patients)', S. H. 펜파더 외, pp. 1034-8. 1994년 판 49호 《마취(Anaesthesia)》, '뇌사 장기 기증 환자에 대한 시술 시 혈류 역학 반응(Haemodynamic Responses to Surgery in Brain Dead Organ Donor Patients)', D. J. 힐 외, pp. 835-6

고의 심폐 이식 전문 팝워스 병원에서 퇴사한 데이비드 웨인라이트 에번스David Wainwright-Evans는 퇴사에 앞서 '사망의 재발견reinvention of death'으로 간주되는 뇌간이라는 개념이 단지 장기 적출을 명분으로 고안된 것일 뿐이라고 주장했다.[115] 또 상파울루 대학에 재직하는 전문의 C. G. 코임브라Coimbra는 수면 중 무호흡증 검사로 오히려 영구적 뇌 손상이 유발될 수 있으므로 이 검사를 폐지해야 한다고 주장한 바 있다.[116] 게다가 오하이오주 클리블랜드에 소재한 케이스 웨스턴 리저브 대학에서 생명윤리학과 교수로 재직하는 스튜어트 영그너Stuart Youngner 박사가 조사한 바로는 장기 적출에 참여한 전문의와 간호사 가운데 단 35%만이 사망 여부 판별에 관한 법적, 의학적 기준을 정확히 파악하고 있었다고 한다.[117]

장기 이식 실패나 불법 시술에 대한 불안은 오랫동안 할리우드 영화의 소재로 등장했다. 이러한 사실을 생각하면 일각에서 빅터 프랑켄슈타인 박사를 세계 최초의 이식 전문의로 본다고 해도 무리는 아닐 것이다. 이식을 주제로 한 영화를 살펴보면 우선 1911년에 상영된 저예산 공포 영화 〈바디 파트Body Parts〉를 들 수 있다. 이 영화에서 주연을 맡은 제프 파헤이Jeff Fahey는 절단 수술 후 처형된 죄수의 팔을 이식받고 행동이 과격해진 인물로 등장한다. 그런가 하면 마이클 크라이튼이 감독한 〈코마Coma〉(1978)라는 작품에서는 비교적 건강하던 환자들이 혼수상태에 빠진 후 악명 높은 제퍼슨 연구소로 보내져 장기를 적출당한다는 내용이 전개된다.[118] 이러한 영화가 실제로 장기 기증 비율에 영향을 미쳤는지는 알 수

115 1986년 7월 판 《영국 병원 의학 저널(British Journal of Hospital Medicine)》, '심장 이식 윤리(The Ethics of Cardiac Transplantation)', 웨인라이트 에번스 저, pp. 68-9

116 《브라질 의생물학 연구 저널(Brazilian Journal of Medical Biological Research)》, '뇌사 진단과 허혈 반영부(Implications of Ischemic Penumbra for the Diagnosis of Brain Death)', C. G. 코임브라 저, pp. 1479-87

117 1989년 판 261호 《자마(JAMA)》, '의료 전문가적 지식 및 개념에 대한 횡단 조사(A Cross-Sectional Survey of Knowledge and Concepts among Health Professionals)', 스튜어트 영그너 외, pp. 2205-10

118 대중문화 속 장기 이식술의 모습은 다음을 참고할 것. 2006년 10월 판 20(4)호 《이식 논평(Transplantation Reviews)》, '"프랑켄슈타인에서 미래파까지": 대중문화 속 장기 기증과 이식("Frankenstein to Futurism": Representations of Organ Donation and Transplantation in Popular Culture)', 로버트 D. 오닐 저, pp. 222-30

없다. 그러나 1980년대에 제작된 BBC 파노라마 에피소드가 장기 기증자들이 실제로 사망했는지 의문을 제기한 후, 영국 내에서는 거의 십 년간 장기 기증자 수가 지속적으로 감소했다.[119]

뇌, 잠에 빠지다

1981년에 발행된 보고서 「사망의 정의」의 저자들은 뇌간은 물론 '뇌의 전 영역'이 기능을 멈춘 경우에만 사망을 선고할 수 있다고 거듭 강조했다. 그리고 이러한 맥락에서 뇌 전체가 죽은 경우와 상급 뇌사를 분명하게 구분 지었다. 상급 뇌사란 뇌간 기능은 유지되나 인식 능력이 마비된 상태를 일컫는다. 이러한 정의에 비추어볼 때 조녀선과 같은 환자는 법률적으로나 의학적으로 사망으로 단정하기에는 무리가 있다.

스코틀랜드 출신 신경외과 전문의 브라이언 제넷[Bryan Jennet]과 동료 신경학자 프레드 플럼은 현대적 의학 장치 덕분에 생명을 유지하는 환자의 상태를 설명하고자 PVS(식물인간)라는 용어를 고안해냈다. PVS 환자들은 신피질 기능이 손상됨에 따라 만성적 각성 상태를 보이면서도 의식은 회복하지 못한다. 이 경우 뇌간의 전체 혹은 일부가 여전히 기능하면서 호흡과 소화, 순환 기능은 물론 반사 반응, 항상성 메커니즘을 조절한다. 따라서 영양분과 수분이 공급되는 한 해당 환자는 잠재적 생존 상태를 유지할 수 있다.

한편, PVS 환자는 장기 법정 공방의 표적이 될 수 있다. 일례로 수년간 재판에 여러 차례 회부된 미국의 유명 사례를 들어보자. 테리 시아보[Terri Schiavo]는 26세 때 심장 발작을 일으키고 바로 PVS 상태가 되었다. 남편은

---

119 2002년 6월 판 324호 《영국 의학 저널》, '두 번의 죽음: 장기 이식과 마거릿 록의 사망의 재창조(리뷰)(Twice Dead: Organ Transplants and the Reinvention of Death by Margaret Lock(review))', 칼 그레이 저, p. 1401

그녀의 곁을 꿋꿋이 지켰지만, 종국에는 법원에 급식 튜브 분리를 청원했다. 그는 아내가 튜브에 의지하면서까지 살기를 원하지 않을 것이라고 주장했다. 반면에 시아보의 부모는 법적 보호자 자격은 없었으나 사위의 주장에 이의를 제기하며 15년 동안 공방을 벌였다. 이와 관련해 의학계는 각종 검사 결과 시아보에게서 '의식이 있다'는 증거가 전혀 포착되지 않았음을 강경히 표명했다. 그러나 시아보의 부모는 그녀의 움직임에서 희미하게나마 주변을 인식하는 반응이 관찰되었다고 주장했다. 이 와중에도 몇 번이나 급식 튜브 분리가 시도되었으나 법원 심리 후 다시 튜브가 삽입되었다. 이 사건은 결국 대법원에 넘겨졌으나 대법원 측은 부모의 입장을 지지하지 않았다. 2005년 3월 18일, 플로리다 주 법원 측은 시아보에게 연결된 급식 튜브의 영구 제거를 승인했다. 마침내 시아보라는 '인간 유기체'에 대한 모든 영양 공급이 중단된 것이다. 시아보는 그로부터 13일 후 숨을 거두었다. 요즘처럼 온갖 생명 연장 기계와 장치가 넘쳐나는 진보 기술의 시대에 PVS 환자의 생명을 합법적으로 중단시킬 방법이 급식 튜브를 제거해 서서히 굶어 죽게 하는 방식뿐이라는 사실은 다소 섬뜩한 아이러니이다. 만일 영국과 미국에서 동물을 그런 식으로 학대했다면 곧장 처벌 대상 범죄로 분류되었을 것이 분명하다.

시아보의 일화 외에 영국에서도 대법원까지 넘겨진 사례가 있다. 언론을 통해 '제시카'로 알려진 53세 여성은 2003년 8월 남편과 요크셔에서 휴가를 즐기다가 돌연 쓰러졌다. 그녀가 뇌출혈에 시달려 왔을 것으로 판단한 의료진은 결국 PVS 진단을 내리고 말기 환자용 병동으로 그녀를 옮겼다. 한편, 매주 제시카를 방문하는 남편과 가족은 그녀가 식물인간 상태로 살기를 원치 않을 것이라고 여겼다. 그래서 시아보의 남편이 그랬던 것처럼 이들도 제시카의 생명 유지 장치를 제거하는 존엄사를 희망했다.

1993년에 영국의 앤서니 블랜드 판결(평소 연명 치료 중단 여부에 대해 명시적 의사를 밝힌 바 없는 앤서니 블랜드Anthony Bland라는 영국 청년이 사망한 후 부모가 연명 치료 중단을 구한 사건. 상원 대법관 다수가 그에 대한 연명 치료는 당사자의 최선의 이익에 어긋난다고 판단함)을 기점으로 영국 상원은 환자가 자신과 주변을 영구히 인식하지 못하는 상황에서 치료를 중단하는 것이 합법임을 인정했다. 다만 치료 중단을 요청할 때는 먼저 대법원의 승인을 받아야 했고, 법원은 쌍방의 주장을 모두 고려하여 판결을 내렸다. 또 환자 측에는 치료의 지속을 주장해줄 변호사가 배정되었다. 2006년에 제시카의 남편은 법원에 치료 중단을 청원했다. 그러나 제시카의 지정 변호사 로렌스 오츠Laurence Oates는 우선 실험 약물을 투여하여 제시카의 의식 회복 여부를 확인해야 한다고 주장하며 남편의 청원에 이의를 제기했다. 이에 당시 런던 왕립 신경 장애 전문 병원에 재직하던 키스 앤드류스Keith Andrews 교수는 과거에 자신이 담당했던 환자 가운데 실험 약물에 반응한 사례가 전혀 없었으며, 이를 고려하면 약물 투여와 관련한 변호사의 주장은 실효성이 없다고 BBC 측에 알렸다. 이러한 전문가의 견해가 제기되었음에도, 대법원은 제시카에게 먼저 실험 약물을 투여하라는 판결을 내렸다. 사실 제시카의 가족은 처음부터 병원의 처우에 반대 의견을 표시해 왔다. 그도 그럴 것이 PVS 상태가 지속될수록 환자의 장애도 심각해진다는 사실이 입증된 바 있는데 제시카는 이미 3년 동안이나 PVS 상태에 빠져 있었기 때문이다. 어찌 되었든 실험 약물 투여는 아무런 성과를 거두지 못했고, 이에 따라 제시카의 가족은 인공적인 생명 유지를 중단시킬수 있었다. 제시카는 결국 12일 후 죽음을 맞이했다.

제시카에게 투여된 실험 약물은 '졸피뎀Zolpidem'이라는 수면제였다. 1999년에 우연히 밝혀진 바로는 일부 환자는 이 약물에 역반응을 보이는 것으로 드러났다. 어느 날 남아프리카공화국의 한 전문의가 혼수상태인 리언 볼턴Riaan Bolton이라는 환자에게 불수의연축(자신의 의도와 관계없이 경련을 일으키는 증상) 억제 효과를 기대하고 이 약물을 처방했다. 그런데 볼턴은 수면에 빠지는 대신 오히려 깨어나 버렸다. 이 사례를 통해서 해당 약물이 혼수상태 환자의 표면상 죽은 뇌 세포를 재활성화한다는 이론이 도출된 것이다. 뇌가 심한 외상을 겪으면 에너지 보존과 세포 유지를 위해 감마 아미노 부티르산Gaba이라는 화학 물질이 작용해서 뇌 기능을 중단시킨다. 이때 혼수상태가 길어지면 뇌 세포 수용체가 감마 아미노 부티르산에 과민 반응을 보여 PVS가 유발되는 것이다. 한편, 환자가 이 상태를 유지하는 동안 수많은 수용체는 수면제에 각기 다른 반응을 보인다.

그렇다 하더라도 신비의 약물 졸피뎀이 모든 이에게 효과를 발휘하지는 않는다. 의료 회의론자들은 환자가 PVS로 오진된 경우에만 이 약물이 효능을 발휘한다고 주장한다. 더욱이 일부 의사들조차 PVS 오진이 드물지 않게 발생한다는 점을 언급한 바 있다.[120] 이와 관련하여 부각되는 문제점 하나는 의료계에 정확한 PVS 진단을 이끌어낼 만한 임상 실험 방법이 없다는 것이다. 뇌간이 죽으면 육신은 곧장 무용지물이 되지만, PVS 진단은 이보다 훨씬 까다로운 문제에 속한다. PVS 진단을 할 때는 주로 관찰에 의존해 환자의 의식 결여를 입증해야 하기 때문이다. 이와 관련해 신경 장애 분야 전문의 데릭 웨이드Derick Wade는 다음과 같이 언급했다. "의사는 전문 지식과 경험을 토대로 환자의 상태를 신중하게 평가해야 합니다. 진단 시 의심되는 점이 있거나 다양한 증상이 상충할 때는 나중에 재검사하거나 시간을 두고 관찰을 지속하는 편이 바람직합니다. 혹은 이 두 가지 조치를 모두 취할 수도 있습니다."[121]

졸피뎀에 대한 과학자들의 낙관은 어쩌면 용인될 수 있는 문제인지도 모르겠다. 사실 오래도록 잠에 빠져들었다가 기적적으로 깨어난 사람들의 사례는 주변에 넘쳐난다. 이중 근래에 가장 근접한 예는 기독교인 사이에 전해내려 오는 이야기로 '에베소의 일곱 영웅'에 관한 일화이다. 이일화의 배경은 3세기경으로, 로마 황제 데시우스가 어느 날 젊은 기독교인들을 안칠로스 산속 동굴에 가둬버렸다. 그로부터 수십 년이 흐르고 이 동굴 무덤이 발굴되었을 때, 그 안에 갇혔던 이들은 모두 수면 상태에 빠져 있었다. 발굴된 후 곧 잠에서 깨어난 이들은 자신들이 갇히고 나서 하루 정도밖에 지나지 않은 것으로 여겼다. 초기 기독교에서는 에베소의 일곱 영웅에 관한 전설을 부활의 증거로 삼았다. 그런가 하면 워싱턴 어빙Washington Irving의 소설『립 밴 윙클Rip Van Winkle』(1819)[122]에서 우디 앨런Woody Allen의 영화 〈슬리퍼Sleeper〉[123]에 이르기까지 훗날 등장한 여러 이야기는 전생과 잠에서 깨어난 사람이 체험하게 되는 새롭고 신기한 세계 사이의 차이에 초점을 맞춘다. 기나긴 잠에서 깨어난 일곱 영웅이 기독교가 번창한 더 나은 시대를 맞이한 한편, 이후의 현대적 이야기들에서 소개된 사례의 시대적 배경은 그다지 낙관적이지 않다. H. G. 웰스H. G. Wells의 소설『더 슬리퍼 어웨이크The Sleeper Awakes』(1910)만 보더라도, 열혈 사회주의자였던 주인공은 203년 동안의 잠에서 깨어난 후 자본주의라는 공포와 기괴함을 겪는다. 우디 앨런의 영화 속에서는 '오르가스마트론 부스(성욕을 관장하는 뇌신경을 전기적으로 자극하여 원하면 언제든 오르가슴을 느낄 수 있게 하는 장치)'가 등장하는가 하면 지방성 식품이 사실상 신체에 이롭게 작용한다는 혁명적 발견 등이 소개되지만, 어쨌거나 미래의 모습은 현재보다 악화된 쪽으로 그려진다.

사실 현실 세계에서는 여태껏 PVS 환자가 회복되거나 완전히 의식을

---

122 소설에서 주인공 립은 사냥을 갔다 이상한 모습의 낯선 사람을 만나 그들의 술을 훔쳐 마시고 취해 잠들었다. 깨어나 마을로 돌아오니 그는 20년간 잠들어 있었다는 이야기다.

123 주인공이 궤양 수술을 받다 실패하자 의사는 그를 재빨리 냉동 상태로 보관시킨다. 200년 후 두 의사가 주인공을 깨워서 벌어지는 이야기로 슬랩스틱 코미디의 걸작이다.

되찾은 사례가 전혀 없다. 그러나 2007년 6월 폴란드의 한 TV 프로그램은 19년이라는 긴 세월 동안 혼수상태에 빠져 있다가 돌연 깨어난 얀 그르제브스키^{Jan Grzebski}의 놀라운 사연을 소개했다. 웰스의 작품 속 주인공과 달리 그르제브스키는 의식을 회복하고 나서 자본주의 시대라는 멋진 신세계와 대면했다. 그르제브스키가 열차 사고로 혼수상태에 빠진 1988년 당시는 공산당이 폴란드를 지배하던 시기로 베를린 장벽이 건재하고 식량은 배급을 통해 분배되었으며 상점에서 살 수 있는 물품이라고는 차 종류와 식초가 전부였다. 후일 그르제브스키는 폴란드 TV 측과의 인터뷰에서 다음과 같이 진술했다. "깨어나 보니 거리는 온통 휴대전화를 들고 다니는 사람들로 넘쳐나고 상점에는 온갖 물건이 그득하더군요. 머리가 빙빙 돌 지경이었어요."[124] 적어도 그에게 미래란 그다지 끔찍한 공간이 아니었나 보다.

도움이 필요한 순간

　PVS 환자의 가족들이 간혹 환자의 죽을 권리를 주장하는 한편 일부에서는 스스로 고통 없는 존엄사를 택하고자 투쟁해왔다. '선의의 죽음'을 의미하는 안락사는 환자의 고통에 마침표를 찍어주고자 통증 없이 사망에 이르게 하는 처치법이다. 사실 안락사라는 개념은 수천 년 전부터 전해내려 왔으며, 고대 그리스와 로마에서는 대개 내과 의사가 이 시술을 담당했다. 한편, 오늘날 안락사에 가담하는 의료진은 법적 난관에 봉착할 수도 있다. 예를 들어 2007년을 기준으로 영국 법이 규정하는 바로는 자살법 제2조 1항에 의거하여 타인의 자살을 돕는 행위는 위법으로 분류된다. 즉 타인의 생명을 중단시킬 목적으로 치사 주사를 투여한다면 정황에

124　2007년 6월 2일 방영분 《BBC 뉴스》, '19년 잠에서 깨어난 사람(Pole Wakes up from 19-Year Coma)',

관계없이 살인을 저지른 것으로 간주한다. 또 다소 역설적으로 들릴 수 있겠으나 생명 유지 장치나 급식 튜브를 제거하는 것은 살인으로 간주되지 않으며, 오히려 당연하고 불가피한 생의 마감 행위로 구분된다. 이러한 유형의 소극적 안락사는 일체의 영양분 공급을 중단함으로써 환자가 열흘에서 2주에 걸쳐 서서히 아사하게 하는 방식이다. 현재로서는 이 방식이 합법으로 인정된 유일한 안락사이다. 이러한 안락사 방식은 생명 유지 장치의 제거와 더불어 모든 치료의 중단을 의미한다. 즉 영양분과 수분 공급이 중단됨은 물론 심폐 소생술도 시행하지 않는다. 따라서 환자는 서서히, 그러나 확실하게 생을 마감하게 된다. 이러한 처치는 환자가 PVS 상태이거나 뇌사로 판정된 경우 합법으로 인정된다.

　운동 신경원성 질환을 앓던 43세 영국 여성 다이앤 프리티^{Diane Pretty}에게 희망은 없어 보였다. 그녀에게 남은 것이라고는 고통에 시달리다가 죽는 일뿐이었고, 어느 날 갑자기 질식해 숨질지도 몰랐다. 사태가 이 지경에 이르자 그녀는 스스로 목숨을 끊기로 마음을 먹었다. 만일 상황이 여의치 않을 때는 남편에게 도움을 청하면 될 듯했다. 마침내 2001년 그녀는 검찰 당국에 요청하여 행여 남편이 자신의 자살을 돕더라도 그를 기소하지 않겠다는 다짐을 받아내려 했다. 결과적으로 검찰은 이에 동의하지 않았고, 설상가상으로 영국 상원까지 검찰의 손을 들어주었다. 다급해진 프리티는 유럽 인권 위원회에 호소했고, 위원회에서는 자살 방조와 관련한 영국 법안이 그녀의 인권을 침해한다는 사실을 인정했다. 그러나 스트라스부르 법원은 끝내 그녀의 자살 방조 요청을 승인하지 않았다. 법원 측의 주장은 법이 국민의 삶을 보호하기 위한 장치이지 삶을 앗아가는 주체가 될 수 없다는 것이었다.

　1931년에는 레스터 시 검역관을 지낸 C. 킬릭 밀러드^{C. Killick Millard} 박사가 최초의 '자발적 안락사 법안' 초안을 마련했다. 이 초안이 규정하는 바로는 전문의 두 명이 위독한 상태의 환자를 검진해 불치로 판정했을 때 해당 환자는 비로소 안락사를 신청할 수 있다. 이처럼 밀러드 박사의 초안은 면밀하고도 신중하게 작성되었으나 1936년에 영국 상원에 상정된 이 법안은 투표 수 35 대 14로 무효 처리되고 말았다. 첫 심리를 통과하지 못한 해당 법안은 1950년과 1969년, 1985년, 1991년, 1994년, 그리고 최근인 2005년에 잇따라 의회에 제출되었다. 사실 영국 상원은 1969년에 자발적인 안락사 법안을 승인했으나 같은 해에 이 법안을 다시 기각했다. 그로부터 30년이 지나 이 문제는 다시 대중 앞에 고개를 내밀었다. 2005년에 마지막으로 자발적 안락사 법안의 상정을 시도한 요프[Joffe] 의원은 불치병을 앓는 말기 환자들의 '조력 자살'과 '자발적 안락사'를 합법화하고자 했다. 이 법안의 적용 대상은 정신적으로는 온전하나 견딜 수 없는 고통에 시달리는 환자들로 제한되었다. 당시 이 법안은 바로 기각되지는 않았으나 영국 상원 측은 해당 법안에 대한 심의를 요청했다.

 2007년을 기준으로 안락사를 허용하는 국가는 단 세 곳에 지나지 않으며, 미국에서는 1개 주가 이를 허용한다. 1941년부터 조력 자살이 합법화된 스위스는 오늘날 비영주권자의 조력 자살을 허용하는 유일한 국가이다. 네덜란드에서는 1970년대 이래 조력 자살이 묵인되어 왔으며, 2002년도에 이르러 '요청 및 조력 자살(해당 절차 참조)에 의한 삶의 종결 법안'에 근거하여 최종적으로 합법화되었다. 2002년 벨기에에서도 안락사가 합법화되었으나 과거에 밀러드 박사가 제안한 자발적 안락사 법안과 마찬가지로 전문의 두 명의 진단이 수반되어야 한다는 단서 조항이 붙었다. 미국 내에서 의사의 조력 자살을 허용하는 유일한 지역은 오리건 주다. 오리건 주에서 1997년 비준된 해당 법안에는 벨기에의 법률과 마찬가지로 전문의 두 명의 개입이 명시되어 있다. 이 밖에 영국과 웨일스, 아일랜드, 캐나다, 뉴질랜드, 오스트레일리아 등 국가에서는 조력 자살을 불법으로 간주한다. 흥미롭게도 오스트레일리아 북부는 거의 2년 동안 안락사가 법적으로 허용되었으나 1997년에 이르러 해당 법률이 폐지되었다. 프랑스와 스코틀랜드에서는 조력 자살이 불법이 아니지만 법적 기소 대상에 포함될 수 있다.

따라서 프리티는 법원의 판결을 기다리는 수밖에 없었다. 만일 자의 대로 행동하면 그녀의 남편에게 살인죄가 적용되어 최고 14년 형까지 선 고받을 수 있기 때문이었다. 유사한 법률이 적용되는 미국에서는 이런 사 례에 25년 형이 선고될 수 있다. 프리티는 결국 2002년에 말기 환자용 병 동에서 생을 마감했으며, 훗날 그녀의 남편은 기자에게 다음과 같은 말을 남겼다. "프리티는 자신에게 닥칠 일을 미리 알고 두려워했습니다. 하지 만 제가 도울 수 있는 건 아무것도 없었습니다."[125]

'자발적 안락사 협회'에서 조사한 바로는 안락사에 대한 유럽 재판소의 법적 구속성에도 전문의 56%가 어느 정도 규제된 형태의 의사 조력 자살 을 지지하는 것으로 드러났다. 나머지 45%는 일부 동료가 불치병 환자의 죽음을 지원한 사례가 있다고 답했다. 《너싱 타임스Nursing Times》가 주관한 또 다른 조사에서는 응답한 간호사 2,709명의 3분의 2가 자발적 안락사 의 합법화를 지지했다. 반면에 응답자 3분의 1만이 실제 안락사 시술에 참여할 의사가 있다고 답했다.

대영 제국의 킹 조지 5세를 대상으로 실행한 안락사 시술은 역사상 가 장 유명한 의사 조력 안락사의 하나로 꼽힌다. 평소 애연가로 과거 병력 까지 있던 조지 5세는 시름시름 앓았다. 그러다 1936년 1월 20일 샌드링 엄의 왕실 침상에서 의식을 잃고 되찾기를 반복하다가 결국 혼수상태에 빠졌다. 이에 왕실 의사 도슨Dawson of Penn 경은 "왕은 이제 서서히 조용하 게 생을 마감하려 한다."라고 발표했다. 그의 말은 틀리지 않았으나 도슨 경은 스스로 70세 군주의 죽음을 재촉하고 있었다. 즉, 그는 왕의 경정맥 에 '위즈볼'이라는 코카인과 모르핀 치사량을 주사하여 왕이 재빨리 고요

125 2002년 5월 12일 방영분 《BBC 뉴스》, '다이앤 프리티의 죽음(Diane Pretty Dies)',

한 죽음의 세계로 빠져들 수 있게 했던 것이다. 안락사의 단계별 시술에 관해 의사에게 직접 설명을 들은 왕의 가족은 그의 고통을 줄여주고자 시술에 동의했다. 한편, 이처럼 조지 5세의 안락사를 서둘러 진행한 배경에는 품위가 떨어지는 석간 신문이 아닌 조간 신문 《타임스》를 통해 왕의 서거 소식을 알리려는 의도도 깔려 있었다. 또 런던 시내에서 분주히 영업 중이던 개인 진료소로 빠르게 복귀하려는 도슨 경의 바람도 반영되었다고 볼 수 있다.[126]

어쨌거나 도슨 경은 살인 혐의로 기소되거나 재판에 넘겨지지 않았다. (사실 그가 취한 조치의 세부 내용은 1945년 그가 사망하고 수년이 흐르고 나서 개인 일기장이 발견됨에 따라 공개되었다.) 이 밖에 다소 불운했던 의사들의 사례도 여러 건 전해진다. 류머티즘 전문의 나이절 콕스Nigel Cox 박사는 70세의 불치병 환자 릴리언 보이스Lillian Boyes에게 치사 약물을 주사하여 1992년 살인 미수죄로 유죄 선고를 받았다. 생전에 보이스는 자신이 죽을 수 있게 도와달라고 담당 의사에게 요청했고 콕스 박사는 이에 응했다. 콕스 박사의 이러한 행위는 그가 직접 기록한 진료 차트를 통해 밝혀졌다. 차트에는 콕스 박사가 투여한 약물인 염화칼륨이 기록되어 있었다. 이 약물은 애초에 고통 경감을 목적으로 생산된 물질이 아니었으므로 해당 기록을 발견한 간호사가 곧장 당국에 이 사실을 알렸던 것이다. 이후 콕스 박사에게 정직 처분이 내려졌으나 영국 의학 위원회는 그를 견책하는 선에서 사건을 마무리했다. 이는 보이스의 시신이 화장되어 그녀가 실제로 치사 약물 주사가 원인이 되어 사망했는지를 입증할 수 없었기 때문이다. 한편, 생전에 보이스가 목숨을 끊고자 스스로 의사의 도움을 구한 사실을 알고 있던 보이스의 가족은 논쟁 과정 내내 콕스 박사의 편에 섰다.

---

126 1986년 판 36호 《히스토리 투데이(History Today)》, '조지 5세의 죽음(The Death of George V)', 프랜시스 왓슨 저, pp. 21–30. 1994년 5월 28일 판 308호 《영국 의학 저널》, J. H. R. 람지 저, p. 1445

그런가 하면 지구 반대편에서는 조력 안락사를 집행한 혐의로 2급 살인죄를 선고받은 한 의사가 10년의 복역을 마치고 2007년 6월 미시간 주콜드워터 교도소에서 출소했다. '죽음의 의사'라는 불명예 딱지가 붙기도 한 잭 케보키언Jack Kevorkian은 안락사를 적극적으로 지지한 인물로, 과거에 범죄 공판을 통해 몇 번의 무죄 선고를 받은 바 있다. 그는 번번이 가루가 뿌려진 가발을 쓰거나 자신을 고발하라는 대범한 내용을 쓴 플래카드를 목에 걸고 등장해 다분한 쇼맨십을 보이기도 했다. 그러던 중 1998년 9월 17일 CBS의 유명 시사 방송 〈60분〉이 사전에 케보키언의 승인을 받고, 그가 토머스 유크Thomas Youk라는 루게릭병 환자에게 치사 약물을 투여하는 모습을 방영했다. 이로써 케보키언의 운은 다하고 말았으며, 해당 프로그램이 방송된 지 6개월 후 2급 살인 혐의로 기소되었다.

그러나 안락사에 대한 주변 시선이 항상 부정적인 것은 아니다. 고대 그리스와 로마 제국에서는 환자들이 종종 자신의 죽음을 앞당기려 스스로 의사들에게 독극물을 요청하기도 했으며, 의사들은 환자의 그러한 요청에 응했다.[127] (그리스 신화의 각 장면은 자살에 관한 일화로 가득하며 또한 자살에 이르는 방식이 꽤 창의적이기까지 하다. 오비디우스의 『변신 이야기』에 소개된 이야기를 살펴보면 코로니데스[그리스 신화에서 오리온과 시데 사이에 난 두 딸 메티오케와 메니페] 중 한 명은 스스로 베틀 북으로 자신이 죽을 때까지 때렸다. 그런가 하면 에리시크톤은 여신의 분노를 사 굶주림의 고통을 겪다가 자신의 신체를 뜯어 먹는 기이한 방식으로 자살을 저질렀다.) 로마 시대 스토아학파 작가 세네카Seneca는 다음과 같이 기술한 바 있다. "생명을 연장하는 행위와 죽음을 연장하는 것은 큰 차이가 있다. 하지만 만일 신체가 그 기능을 다하지 못하게 된다면 고통받는 영혼을 놓아주지 못할 이유는 무엇

---

127 1969년 판 43호 《의학사 보고(Bulletin of the History of Medicine)》, '고전 고대 병자들의 자살(Suicide Among the Sick in Classical Antiquity)', 다니엘 그루비치 저, pp. 501–18

이란 말인가? 또 그리하기로 마음을 정했다면 궁극의 마지막 순간이 다가오기 전에 실행에 옮겨야 마땅할 것이다. 마지막 순간이 도래하면 이를 이행할 수 없게 된다." 로마의 작가 리바니오스Libanios는 아테네 시의 사정을 염두에 두고 안락사에 대해 다음과 같이 언급했다. "더 이상 삶을 지속하고 싶지 않은 자는 원로원에 사유를 고하고 허가를 받은 다음 생을 저버릴 수 있다. 자신의 존재가 저주스러운 자여, 죽음을 택하라. 운명과 술, 독이 당신을 압도한다면. 비탄에 잠식당한 자여, 생을 포기하라. 불행한 이는 그의 불운을 털어놓고 재판관은 구제책을 내놓을지니, 그의 비참한 삶은 종국을 맞이하리라."[128] 한편 에피쿠로스 학파와 피타고라스 학파는 안락사에 이의를 제기하기도 했다. 기원전 5~3세기경에 기록된 것으로 추정되는 '히포크라테스의 선서'에는 다음과 같은 대목이 포함되어 있다. "의사는 환자가 요청하더라도 치사 약물을 처방하지 말아야 할 것이며 그러한 약물을 권해서도 안 된다."

　이처럼 반대 여론이 일었지만 그리스 로마의 대다수 의사는 개의치 않았고, 안락사와 자살 행위는 초기 유대 기독교 시대가 도래하기 전까지 아무런 제지를 받지 않고 지속되었다. 훗날 등장한 유대 기독교는 강령을 통해 삶의 신성함을 지향하고, 자살과 안락사를 신성 모독으로 간주하며 비난했다. 전도서 8장 8절에서 다음과 같이 단호한 어조의 메시지를 확인할 수 있다. "죽는 날을 주장할 자도 없고……." 성 어거스틴 역시 스스로 삶을 앗는 행위의 사악함에 대해 훈계한 바 있다. 자살을 혐오한 그의 가르침은 오늘날까지도 대다수 기독교인에게 추앙된다. 중세에 이르러 자살과 안락사는 끔찍한 죄악으로 여겨졌다. 아벨라르Abelard를 비롯해 던스 스코터스Duns Scotus, 솔즈베리의 존John of Salisbury, 장 뷔리당Jean Buridan, 토마스 아퀴나스Thomas Aquinas 역시 모두 자살과 안락사의 반대편에 섰다. 단

---

128 『자살: 사회학적 연구(Suicide: A Study in Sociology)』(New York: Free Press, 1997), 에밀 뒤르켐 저

테와 같은 작가는 자신의 작품 『신곡』을 통해 자살한 사람들의 공간을 그려내기도 했다. 그가 묘사한 자살자들의 장소에는 온몸이 검게 변한 사람들이 사지가 뒤틀린 채 여기저기 나무에 매달려 있고, 지옥의 일곱 번째 층(단테의 『신곡』에 묘사된 폭군과 살인자를 위한 지옥)에 빠진 사람들은 온몸에서 피를 흘리며 고통의 나날을 보내야 했다.

안락사는 종종 햄릿이 자신의 송곳을 바라보며 '자멸'이라고 중얼댄 장면에 비유되기도 하는데, 이에 대한 부정적 시각은 간혹 예외적인 사례를 동반하기도 했다. 토머스 무어Sir Thomas Moore는 자신의 작품 『유토피아』(1516)에 다음과 같이 기술했다. "치료 불가능할 뿐만 아니라 극심한 통증이 지속적으로 유발되는 질환을 앓는 경우 성직자와 정부 관계자가 해당 환자를 방문하여 다음과 같이 말할 수 있다. 당신의 생은 자신에게 고통만 안겨줄 뿐이니 죽음을 망설일 이유가 없지 않은가? 당신은 고통의 방에 갇힌 꼴, 왜 박차고 나와 더 나은 세상을 맞이하려 하지 않는가…… 우리가 당신의 해방을 도울 것이니…… 만일 환자가 이러한 권고를 받아들이기로 했다면 죽음에 이를 때까지 급식을 중단하거나 최면제를 처방받아 평화로이 고통에서 벗어날 수 있게 한다. 그러나 이러한 용단은 철저히 자발적이어야 한다."

그런가 하면 프랜시스 베이컨의 『뉴 아틀란티스The New Atlantis』(1626)에는 죽어가는 환자들이 순조롭고 편안히 생을 마감하도록 도움을 제공하는 여러 의사의 모습이 묘사되어 있다. 그러나 사실상 이러한 일부 작가의 작품을 제외하면, 자살을 비난한 유대 기독교의 가르침을 크게 거스를 만한 움직임은 관찰되지 않았다. 이후 1819년에 독일 철학자 아르투르 쇼펜하우어Arthur Schopenhauer가 자신의 저서 『의지와 표상으로서의 세계』에서 자발적 안락사를 지지한다는 의견을 표명하여 변화의 바람을 한 차례 몰고 왔다. 개인주의와 자율성을 강조한 쇼펜하우어는 "인간이라면 자신의 삶에 대해 그 누구도 침해할 수 없는 권리를 보유하며…… 생에 대한 두려움이 죽음의 공포를 압도할 때 우리는 자신의 의지로 생을 마감할 수 있다."라고 언급했다.

오늘날 안락사를 지지하는 이들은 오직 개인만이 자신이 느끼는 고통의 정도와 범주를 결정할 수 있는 주체이며 따라서 본인만이 자신의 사망 시기를 정할 수 있다고 주장한다. 버지니아 대학 의료 윤리 교수이자 전 미국 안락사 협회 대표 조셉 플레처Joseph Fletcher는 안락사를 사랑의 표현으로 간주했으며, 상황 윤리 모델을 적용하여 자신의 이러한 관점을 뒷받침했다. 이 모델에서는 지정된 법률보다 특정 상황의 여건에 기초하여 의사 결정이 이루어진다. 플레처는 유일하게 절대적인 요소는 사랑뿐이라고 재차 강조하며 안락사를 비롯한 모든 결정의 배후에는 사랑이라는 동인이 작용해야 한다고 역설했다.

프린스턴 대학에서 인간 가치 센터 교수로 재직 중이며 항상 논란을 몰고 다니는 피터 싱어Peter Singer도 안락사를 지지하는 인물이다. 실용주의적 견지에서 안락사를 조망하는 싱어는 모든 결정이 최고의 선을 지향하는 가운데 이루어져야 하며, 이 경우 슬픔에 잠긴 유족의 고통을 줄여주는 과정도 수반되어야 한다고 주장했다. 흥미로운 사실 한 가지는 정작 심각한 알츠하이머 환자를 어머니로 둔 싱어 자신은 모친의 안락사에 동의하지 않는다는 점이다. 이처럼 모순된 태도에 대해 기자 피터 J. 콜로시Peter J. Colosi가 질문을 던지자 싱어는 그 대상이 사랑하는 모친일 경우 그러한 결정을 내리는 것이 얼마나 어려운 일인지를 시인했다.[129]

주로 도덕적 이유를 들어 이의를 제기하는 안락사 반대자들은 안락사를 금전적 여건에 떠밀려 생사 여부를 결정해버리게 되는 위험한 비탈길에 빗대기도 한다. 이들은 진통제와 고통 완화 조치의 활용을 적극적으로

---

129 〈사랑이 무슨 상관? 피터 싱어의 윤리적 모순(What's Love Got to Do with it? The Ethical Contradictions of Peter Singer)〉, 피터 J. 콜로시

지지한다. 그리고 오늘날에는 이러한 조치들이 매우 발달했으므로 안락사는 더 이상 필요하지 않다고 주장한다. 그러나 은퇴한 일반의이자 영국 자발적 안락사 협회 전 의장을 지낸 마이클 어윈Michael Irwin은 안락사 반대자들의 이러한 주장에 동의하지 않는다. 그는 강력 진통제 대부분이 달갑지 않은 부작용을 수반한다는 점을 역설한다.[130] 예를 들어 모르핀은 메스꺼움과 구토, 심한 변비와 의식을 잃을 정도의 진정 작용을 유발할 수 있다.

그렇다 하더라도, 경제적 비용 절감 차원에서 안락사가 적용되고 있다는 주장이 아주 터무니없는 논리는 아닌 듯하다. 2005년 5월 영국의 각종 신문 매체는 환자의 수명 연장 조치 요청권을 인정한 법원 판결과 관련하여 국민 건강 보험 공단이 깊이 연루되어 있다고 일제히 보도했다. 2004년 7월 소뇌 운동 실조증과 퇴행성 뇌 질환을 앓던 45세 레슬리 버크Leslie Burke가 법정 공방에서 승소한 사건을 계기로 환자가 자연사할 때까지 인공적인 영양과 수분 공급 조치를 중단하는 의료 행위는 제지를 받게 되었다. 한편, 영국 의사 협회의 지침에는 "환자의 상태가 너무도 악화된 나머지 예후가 좋지 않고 더 이상의 치료가 환자에게 고통만 초래할 경우 급식과 수분 공급을 비롯한 모든 치료를 중단하여 환자가 사망에 이를 수 있게 할 것"이라고 명시되어 있다. 이러한 협회의 입장을 지지한 보건부에서는 법원 판결을 뒤집으려 했다. 협회 지침은 표면적으로 환자의 '고통' 경감을 지향했다. 그러나 당시 노동당 보건복지부 장관 존 리드John Reid가 버크의 승소는 NHS 측 자본과 연계된 문제임을 지적하고 나서자 석연치 않은 또 다른 요인이 수면으로 떠올랐다. 즉 보건부 측이 비용을 절감하고자 버크에 대한 영양 공급을 중단하여 사망을 유도하기로 했다는 것이다. 〈선데이 타임스Sunday Times〉와의 인터뷰에서 리드는 다음과

---

130 2005년 4월 23일 판 《뉴 사이언티스트》, '마지막 권리(Last Rights)', 로라 스피니 저, p. 48

같이 언급했다.

"나 자신이 심각한 상태로 병상에 누워 있다고 가정할 때, 의사소통은 거의 불가능할지 모르나 의식만은 또렷할 것입니다. 그런 상황에서 급식과 수분 공급이 끊어진다면 길어야 2주 후면 생을 마감하게 되겠지요. 의식이 분명한 채 누워 있는 저로서는 매 순간을 인식하면서도 아무런 조치를 할 수 없을 것입니다. 이보다 처참한 죽음이 또 있을까요?"[131] 삶의 신성함과 죽음의 존엄성에 대한 정부와 전문의 측 입장이란 으레 복잡한 성향을 띠는 듯하다. 버크는 자신의 의사와 관계없이 안락사가 시도되었다. 반면에 다이앤 프리티와 제시카의 가족들은 모두 대법원 공방을 불사해서라도 정반대의 결과를 도출하려 했다. 이러한 사례들은 현대식 죽음에 수반되는 모호성과 복잡성, 케케묵은 위선을 시사한다.

새 세상을 기다리며

인생에서 유일하게 확신할 수 있는 것은 죽음과 세금뿐이라는 말이 있다. 그러나 모든 이가 이 말에 동의하지는 않을 듯하다. 뉴욕의 '골칫덩이 여왕'으로 불리기도 한 리오나 헴슬리Leona Helmsley는 한때 (탈세 혐의로 투옥되기 전에) 세금을 내는 것은 '약자의 몫'이라고 발언해 유명해진 바 있다. 이처럼 어떤 이들은 죽음도 불가피한 것만은 아니며 얼마간의 자금과 적절한 장치, 그리고 질소 용액만 있으면 충분히 피해갈 수 있다고 믿는다.

그리스어 'kryos'에서 유래한 표현으로 '차가운'을 뜻하는 '냉동 보존술cryonics'은 매우 낮은 온도로 인체를 보존시켜 향후 소생이 가능하도록 하는 시술법이다. 냉동 보존술 지지자들은 저온 보존된 인체가 적어도

---

131 2005년 5월 14일 판 《선데이 타임스(Sunday Times)》, '뇌질환 환자, 급식의 권리를 주장하다(Brain Disease Man in Fight for Right to be Fed)', 사라-케이트 템플리톤

3,000년 동안 그대로 유지될 수 있다는 점을 강조한다. 냉동 보존술의 이러한 특성은 과학과 나노 기술 부문에 접목되어 인간이 죽음을 정복하는 데 한 발 다가서는 기회를 부여하기도 한다. 냉동 보존 연구소의 설립자 로버트 에팅거Robert Ettinger가 1962년에 『영생에 대한 조망』을 발표하고 나서 냉동 보존술은 대중의 상상력을 자극하기 시작했다. 그로부터 5년 후 에팅거는 자신의 첫 고객 제임스 베드포드James Bedford를 냉동 보존했다. 말기 암에 시달리던 73세 심리학 교수 베드포드는 3,000년쯤 세월이 흐르고 나서 소생한다면 치유될 수 있으리라는 희망을 품고 사후 냉동 보존 시술을 받기로 했던 것이다.

냉동 보존술은 심박과 폐 기능이 중단되고 나서도 피부에서 뇌 세포에 이르기까지 인체 내 대다수 조직은 단시간 생존한다는 이론을 토대로 한다. 냉동 보존술 지지자들은 사망 후 한 시간에서 최대 6시간 안에 바로 인체 기능을 일시 중지시키면 사체의 영구 훼손을 막을 수 있다고 믿는다. 게다가 인체가 이 상태로 유지될 수 있다면 훗날 완전히 소생하거나 미래의 어느 시점에서 되살아날 가능성도 충분하다고 여겨진다. 미시간 주에 있는 냉동 보존 연구소 홈페이지에 접속하면 다음과 같은 문구를 만나게 된다. "마침내 미래의 의료 기술이 허락하는 날 회원님들은 치유와 회춘, 소생을 거쳐 질병과 노화에 개의치 않고 청년처럼 건강하게 오랜 삶을 영위하게 될 것입니다."

사실 인체의 냉동 보존 과정은 꽤 단순하다(다소 난해한 부분인 소생 과정은 수백 혹은 수천 년이 흐른 미래의 기술이 담당할 사항이다). 일단 환자에게 사망 선고가 내려지면 즉시 얼음 형성을 방지하는 물질이 사체에 주입된다. 그리고 나서 사체는 얼음 목욕을 거쳐 질소 용액에 담긴 채 저온 유지 상태로 무기한 보존된다. 금액 면도 무시할 수 없겠지만 의뢰 환자의 저온 유지 보존을 실현하려면 무엇보다 시간이 관건이다. 따라서 냉동 보존 연구소 고객이 임종을 맞이하면 플로리다에 있는 냉동 보존 연구 업체 '서스펜디드 애니메이션 사'에서 파견된 최고의 냉동 보존 전문가팀이 장기 보존 용액과 다량의 얼음을 갖추고 침상 옆에 대기한다. 마침내 사망 진단서가 발행되면 파견된 전문가들이 사체를 냉각시키고 심폐 보조술을 시행하여 뇌 손상을 최소화한다. 이들이 사용하는 장비 중에는 나일론 운반 케이스와 '비닐 프라이버시 커버'가 갖춰진 휴대용 얼음 목욕 세트도 포함되어 있다. 냉동 보존 연구소에서 사용하는 '텀퍼Thumper'라는 도구는 의뢰 환자의 사체를 목욕시킬 때 흉부 압박 정도를 조절한다. 산소 포화도 측정기는 혈액 내 산소 레벨을 확인할 때 사용한다. 그 후 사체를 질소 용액에 담그면(1주일 이상 소요되는 과정) 이때부터 끝없는 기다림이 시작된다.

한편, 냉동 보존술 비평가들은 사체 냉동 과정에 심각한 결함이 있다고 주장한다. 바로 사체를 냉동시킬 때 냉동상冷凍傷이 유발될 수 있다는 점이다. 이러한 현상은 냉동고 밑바닥에서 끄집어낸 햄버거 패티나 피시 스틱의 상태와 유사한 것으로, 훗날 사체를 해동할 때 자칫 복구할 수 없게 될 수도 있다는 것이 그들의 주장이다. 캘리포니아 저온 생물학 연구소 트웬티 퍼스트 센츄리 사 소속 그레그 패히Greg Fahy와 브라이언 우크Brian Wowk는 냉동상과 관련한 이 같은 우려를 불식시키고자 새로운 항냉동제를 개발해냈다. 이들은 이 냉동제를 이용해 냉동상을 방지함과 동시에 인체를 냉동 상태가 아니라 일종의 유리와 같은 상태로 보존하는 유리화를 시도했다. 그러나 안타깝게도 유리화는 여전히 초기 단계에 있으며, 현재로서는 전신이 아닌 뇌를 냉동 처리하는 데만 적용할 수 있다.

유리화 기술이 개발되기 전인 1980년대에는 이미 냉동 보존술의 무게 중심이 뇌만 보존시키는 신경 보존술로 기울어지고 있었다. 뇌 보존술을 지지하는 이들은 뇌 구조 속에 저장된 기억과 개인 정체성 등의 정보가 신체 구성 요소 가운데 가장 중요한 부분이라고 주장했다. 더욱이 신경 보존술 지지자들의 주장에 따르면 DNA 복제와 배아 줄기세포 기술의 개발은 결국 새로운 인체의 성장이 가능함을 의미한다고 한다. 그뿐만 아니라 이들은 냉동 과정에서 발생한 손상은 향후 분자 수준의 물질 조작도 가능한 나노 기술을 적용하여 복구될 수 있다고 주장한다.

　냉동 보존된 환자를 대상으로 한 '머리 이식'이라는 개념은 한편으로 황당무계한 공상 과학 소설에서나 튀어나올 법한 소재인 듯하다. 그런데 1970년대에 이르러 실제로 케이스 웨스턴 리저브 대학 의과대학의 신경외과 교수 로버트 J. 화이트Robert J White 박사가 붉은 털 원숭이의 머리를 다른 원숭이의 몸통에 이식했다. 화이트 박사는 체외 관류 분야의 선구자이기도 하다. 이 기술은 순환이 이루어지지 않는 상태에서 뇌 기능에 손상을 주지 않고 뇌를 분리, 냉각시켜두었다가 최대 1시간 후에 소생시키는 방식이었다. 따라서 화이트 박사는 체외 관류 기술을 적용해 원숭이의 머리를 다른 원숭이의 몸통에 외과적으로 접합한 것이다(이후 그는 어쩔 수 없이 매체에 의해 빅터 프랑켄슈타인 박사로 알려지게 되었다). 이러한 화이트 박사의 연구 성과는 확실히 놀라웠다. 머리를 이식받은 원숭이가 눈을 뜨자마자 근처에 있던 의사의 손을 물려고 했던 것이다. 이처럼 이식은 성공적이었지만 해당 원숭이는 이후 곧 죽음을 맞이했다. 1998년에 은퇴한 화이트 박사는 십 년 정도만 지나면 인간을 대상으로 한 머리 이식도 가능할 것으로 내다보았다.[132]

　이 모든 내용이 꽤 희망적으로 다가온다 하더라도, 머리를 이식받게 되는 수혜자의 신체에서 적절한 크기로 자란 머리를 제거하고 다른 개체의 '기존' 머리를 접합하는 것이 과연 윤리적으로 타당한가에 대해 의문이 제기되고 있다. 사실 냉동 보존술 업계의 관계자들은 각종 논쟁이나 윤리적 문제에 좀처럼 동요하지 않는다. 냉동 보존술이 시행된 초기에 업

132　1998년 5월 5일 판 《뉴욕 타임스》, '전신 이식(The Whole Body Transplant)', 맬컴 W. 브라운. 2001년 4월 6일 방영분 《BBC 뉴스》, '프랑켄슈타인, 머리 이식 후의 두려움(Frankenstein Fears after Head Transplant)'.

체 두 군데가 도산했을 당시 냉동 보존되었던 시신 여러 구가 해동된 바 있다. 그런데 해동된 (이른바) '환자'들의 세포 손상이 너무도 심각했던 탓에 향후 훨씬 많은 연구가 필요할 것이라는 처참한 현실이 부각되었다. 이후 1988년에는 최대 냉동 보존 업체 중 하나인 알코르 생명 연장 재단이 83세의 도라 켄트에게 바르비투르산염barbiturate을 투여해 살해한 혐의로 기소되었다. 업체 측은 빈약한 조직 관류 때문에 증가하는 뇌 대사율을 떨어뜨리고자 켄트가 사망하고 나서 바르비투르산염을 투여했다는 입장을 고수했다. 결과적으로 알코르 생명 연장 재단 측에는 형이 선고되지 않았다. 그러나 캘리포니아 경찰이 가택 수색을 진행하는 동안 업체 측이 환자들을 해동하지 못하도록 접근 금지 명령이 떨어졌다.

냉동 보존 문제와 관련하여 최근에 진행된 법정 소송은 '스플렌디드 스플린터The Splendid Splinter'라는 별명으로 잘 알려진 테드 윌리엄스Ted Williams에 관한 사건이다. 그는 2002년 7월에 83세를 일기로 사망했다. 역사상 가장 위대한 야구 선수의 한 명으로 꼽히는 그는 1939년에서 1960년 사이에 보스턴 레드삭스에서 19시즌 경기를 뛰었다(2차 세계 대전 중에는 미 해병대 소속으로 3년간 복무하기도 했다). 윌리엄스가 사망하자 그와 세 번째 부인과의 사이에서 태어난 아들 존 헨리 윌리엄스John Henry Williams는 전용 비행기로 비밀리에 부친의 시신을 알코르 재단으로 옮겼다. 그런데 때마침 배다른 누이 보비-조 퍼렐Bobby-Jo Ferrell이 나서서 생전에 부친이 화장을 희망했다고 주장하며 존 헨리를 대상으로 소송을 걸었다. 그녀는 이복동생이 행여나 부친 윌리엄스의 DNA를 팔아 돈벌이를 할지도 모른다는 생각에 사로잡혀 있었다.[133] 이후 윌리엄스 본인과 존 헨리, 그리고 윌리엄스의 또 다른 딸 클라우디아Claudia가 모두 서명한 비공식 계약서가 발견

---

133 2003년 7월 9일 방영분 《ABC 뉴스》, '테드 윌리엄스는 냉동 처리될 수 있을까?(Would Freezing Ted Williams Really Work?)', 맷 도넬리.

되면서 해당 사건은 기각되었다. 드러난 계약서에는 윌리엄스 스스로 냉동 보존을 희망한다는 내용이 기술되어 있었다. 한편, 2003년 여름에《스포츠 일러스트레이티드Sports Illustrated》라는 한 주간지는 알코르 생명 연장 재단 스콧데일 지점에 보관된 윌리엄스의 시신이 처한 상황을 기사화했다. 해당 기사에 따르면 머리카락이 다 밀린 윌리엄스의 머리는 여기저기 구멍이 뚫린 채 몸통에서 떨어져 나와(완곡한 표현으로 일명 '신경 분리'로 알려진 시술 과정을 거침) 질소 용액으로 채워진 철제 드럼통에 담겨 있어 마치 '바닷가재잡이 통발'처럼 보였다고 한다. 그런가 하면 그의 몸통은 머리와 마찬가지로 질소 용액이 가득한 부근의 9피트짜리 원통형 탱크에 보관되었다.[134]

현재 알코르 재단과 냉동 보존 연구소 외에 인체 냉동 보존을 시행하는 업체는 세 곳으로, 모두 미국에 있다. 냉동 보존 시술 비용은 보존 대상이 전신인지 머리 부위에 국한하는지에 따라 2만 8,000달러에서 15만 달러까지 각기 다르게 책정된다(윌리엄스의 유가족 측에는 13만 6,000달러가 부과되었다). 현재까지 천여 명이 냉동 보존 처리되었다. 이들은 모두 훗날 언젠가 정점에 이른 신기술을 통해 미래에 소생해서 삶을 되찾을 수 있다고 믿었다.

그러나 냉동 보존된 개체들이 무사히 소생할 수 있음이 확실히 증명되지 않는 한 이 기술에 대해 어느 정도의 의심과 논란은 항상 따라붙을 것이다. 사실상 질소 용액에 거꾸로 잠겨 충분한 기술 진보가 이루어질 때까지 수천 년을 기다려야 한다거나 행여 성공적으로 소생한다 하더라도 지금과 완전히 다른 세계에 어쩔 수 없이 적응해야 할 것으로 전망되기 때문에 냉동 보존술은 지극히 소수층의 관심만 끌 따름이다. 어떤 사람들

---

134 2003년 8월 12일 판《스포츠 일러스트레이티드(Sports Illustrated)》, '테드에게 무슨 일이? (What Happened to Ted?)'

에게는 최신 휴대전화나 DVD 녹화 장치조차 조작이 까다로운 대상으로 인식되는 것이 현실이다. 따라서 어떻게 보면 수백 혹은 수천 년이 지나서야 후손들이 발명해낼 지독히도 난해한 신기술 따위에 관한 논의는 접어두어도 좋을 법하다. 한편, 오트가스마트론이나 기름지면서도 건강에 좋은 식품뿐 아니라 그르제브스키가 그토록 신기하게 여겼던 휴대전화와 같이 진보된 장치가 반드시 보장도는 미래라면 언젠가 해동될 냉동 보존 환자들도 그럭저럭 신세계에 적응해나갈 수 있을 듯하다.

영생을 좇다

냉동 보존술 지지자들은 사망하고 나서 오랜 세월이 흐른 다음에 소생하기를 희망한다. 그러나 죽음의 궁극적 대안은 아예 처음부터 죽지 않는 일일 것이다. 또 죽음을 따돌린 채 영원히 살 수 있다면 누구나 귀가 솔깃해질 것이다. 실제로 일각에서는 노화에 따른 질병이나 혹은 죽음 그 자체조차 언젠가는 옛 이야기로 남을 것이라고 전망한다.

미국 기업가 존 스펄링John Sperling 역시 영생의 이상향을 좇던 중 79세가 된 2000년에 크로노스 장수 연구소를 설립했다. 세계 512번째 부자로 〈포브스Forbes〉 지에 이름을 올리기도 한 억만장자 스펄링은 단순히 젊음의 샘을 찾는 데 눈이 먼 80세 노인이 아니다. 케임브리지에서 경제사 박사 과정을 수료한 그는 산호세 주립 대학에서 수년간 교수직을 지낸 후 성인들을 대상으로 하는 영리 교육 기관 피닉스 대학을 설립해 재산을 축적했다. 1990년대 들어 스펄링은 생명 연장 및 복제 프로젝트에 지원금을 대기 시작했다(그가 소유한 업체 한 곳에는 '유전자 보관과 복제'라는 별명이 붙기도 했다). 몇 년 후 그는 자신의 애견 미시Missy를 복제하려고 1,900만 달러를 투자해 '미시플리시티 프로젝트Missyplicity Project'를 추진했으나 실패하면서 각종 언론의 헤드라인을 장식했다. 그 후 다시 고양이(당시 상황에 꽤 잘 어울렸을 법한 카피캣이라는 이름이 붙여졌다)를 대상으로 실험해 더 성공적인 성과를 거두면서 다시 한 번 언론 매체에 등장했다.

그러나 무엇보다 스펄링의 진정한 역작은 피닉스에 있는 크로노스 장수 연구소일 것이다. 이 연구소는 자비로 설립된 비영리 기관으로 노화에 따른 질병의 조기 발견과 예방에 관한 임상 시험을 수행한다. 이러한 시험 과정에는 여성 호르몬 대체 요법과 에이마스^AMAS^라는 암 발견 검진법의 효과, 테스토스테론이 노인에게서 발견되는 아테롬성 동맥경화의 진행에 미치는 영향 등에 대한 검사가 수반된다. 사실 이 모든 과정을 통해 연구소가 지향하는 바는 노화를 늦추거나 심지어 더 젊어지게 함으로써 이른바 '최상의 건강'을 제공하는 것이다. 스펄링은 자신이 투자한 각종 임상 시험을 통해 어떠한 즉각적인 보상이 도출되기를 기대하지는 않는다. 2004년에 스펄링은 "내 나이 82세에 크게 바라는 건 없습니다."라는 말을 했다. 사실 스펄링 역시 죽음을 완전히 정복하려면 또 다른 한 세기 동안의 부단한 연구와 어마어마한 자금이 필요하다는 점을 시사했다. 그리고 보면 우리 세대에서도 큰 성과를 기대하기는 어려울 법하다.[135]

스펄링이 연구소를 설립할 즈음, 또 다른 기업가도 죽음 정복의 길을 모색하고 있었다. 1974년에 출생한 브루스 클레인^Bruce Klein^은 스펄링보다 반세기 정도 젊은 셈이지만 노화에 관해서는 스펄링과 같은 견지를 고수했다. 클레인은 "죽어서 잊히는 것을 피해야 한다."라는 강박에 시달렸다고 언급하기도 했다. 그는 결국 인터넷 포럼을 열어 냉동 보존술과 생명 연장에 대한 토론을 이어갔다. 뜻을 같이하는 '영생 주의자'들의 네트워크가 형성되자 클레인은 2002년에 영생 연구소를 설립했다. 그뿐만 아니

---

135 2004년 2월 판 《와이어드(Wired)》, '존 스펄링, 영생과 30억 달러를 약속하다(John Sperling Wants You to Live Forever, and He's promising $3 Billion to Make it So)', 브라이언 알렉산더. 203년 5월 판 38호 《실험 장수학(Experimental Geronotology)》, '크로노스 장수 견구소(The Kronos Longevity Research Institute)', S. M. 하먼, pp. 483–7. 크로노스 장수 연구소 홈페이지

라 2년 후에는 『과학적 죽음 정복: 영생에 관한 에세이』라는 책을 발행했다. 이 책에는 저명한 과학자들이 '치료용 복제', '사이버 영생', '나노 의학' 등을 주제로 작성한 에세이가 여러 편 수록되어 있다. 이 가운데 나노의학 관련 논문의 저자이자 캘리포니아 팔로 알토Palo Alto에 위치한 분자제조 연구소에서 수석 연구 교수로 재직하는 로버트 A. 프레이타스Robert A. Freitas는 매년 수백만 명에 달하는 사람이 '자연사(사고나 전쟁, 살인, 자살과 반대되는 개념)'의 형태로 숨지고 있다는 점을 지적한다. 전 세계적으로 2001년 한 해에만 총 5,200만 명이 자연사로 목숨을 잃었다. 이에 프레이타스는 자연사를 '인류가 직면한 최악의 재앙'으로 묘사했다. 또 많은이의 죽음으로 초래되는 인류의 막대한 정보 손실을 개탄하면서 이러한정보 손실을 막을 수 있다면 그 방법이 무엇이 되었든 간에 빨리 도입해야 한다고 주장했다. 예를 들면 분자학을 활용하여 인류의 건강을 보존하고 개선하는 나노 의학도 그 대안이 될 수 있을 것이다. 한편 이 책의 또다른 저자이자 하버드 대학 박사로 국립 과학 재단 정보 전략 시스템 부서의 부국장인 윌리엄 심스 베인브리지 박사는 이 모든 정보를 보존할 수있는 색다른 방법을 제시했다. 즉 고급 정보 기술을 도입하여 '기존의 뇌에 저장되어 있던 정신적 산물을 이제 막 복제되어 나온 뇌 혹은 로봇이나 정보 데이터베이스로 전달'할 수 있게 해야 한다고 주장한다.[136]

유전 공학과 나노 기술, 로봇 공학의 기적을 이용하여 수명 연장과 인간의 잠재력 확장을 꾀하는 기관은 단지 클레인의 영생 연구소에 국한되지 않는다. 사실 클레인의 연구소는 이러한 성격의 수많은 기관 중 한 곳에 불과하다. 다른 기관을 예로 들어보면 옥스퍼드 인류 미래 연구소 소장이자 옥스퍼드 대학에 재직하는 철학자 닉 보스트롬Nick Bostrom이 1998

---

136 『과학적 죽음 정복: 영생에 관한 에세이(The Scientific Conquest of Death: Essays on Infinite Lifespans)』(영생 연구소, 2004), 브루스 J. 클레인 외 – '나노 의학(Nanomedicine)', 로버트 A. 프레이타스, p.77–92. 동서 – '사이버 영생으로의 진보(Progres towards Cyberimmortality)', 윌리엄 심스 베인브리지, pp. 107–22.

년에 공동 창설한 세계 초인 협회가 있다. 지부 50여 군데와 회원 4,000
여 명을 자랑하는 세계 초인 협회는 생물 공학을 활용해 인간의 생물학적
조건을 초월함으로써 '포스트 휴먼'의 경지로 나아가는 데 주안점을 둔
다. 2002년에 전 회원이 채택한 세계 초인 협회 '초인 선언'에 따르면, 미
래에는 급진적인 기술 발달과 더불어 '인간의 생물학적 조건에 대한 재설
계'가 가능해진다. 따라서 '불가피했던 노화뿐만 아니라 인간과 인공 지
능의 한계, 타고난 인간 심리와 고통, 지구로 한정된 인간의 생활공간 등
의 변수'를 극복할 수 있게 된다고 한다. 2006년 말에 세계 초인 협회 홈
페이지에 기재된 한 보고 내용을 살펴보면 포스트 휴먼을 지향하는 이 기
관의 목표를 이끌어나가는 주체는 (뜻밖에) 미술가와 음악가들이 설립한
세계 최초의 우주국 격인 자치 우주 비행사 협회이다. 바르셀로나를 기지
로 하는 자치 우주 비행사 협회는 마레 노스트룸Mare Nostrum으로 불리는
우주선(현재로서는 미개발 상태)에 사람들을 태우고 성간星間을 비행한다는
계획을 구상하고 있다. 그러면서 자신들이 과학자나 엔지니어처럼 특수
훈련을 거치지는 않는다고 거리낌 없이 터놓은 이곳 회원들은 "초인의
시대를 이끌어낼 복잡다단한 과학 기술적 개념을 소화할 수 있도록 노력
중"이라고 언급했다.[137]

이제껏 살펴본 이론은 모두 기술에 대한 확고한 믿음을 바탕으로 인간
의 최선을 보존하고 최악은 폐기 처분함으로써 죽음을 피해갈 뿐만 아니
라 인류를 구원하고 개량하는 데 목표를 둔다. 그러나 이러한 생각은 죽
음에 대한 오랜 두려움과 영생에 대한 염원을 동인으로 삼기도 한다. 한
때 독실한 기독교인들은 자신들에게 영생이 부여된다고 믿었으며, 이러
한 개념은 최후의 심판이 도래할 때 육신의 재결집과 부활이 이루어진다

137 아마도 가장 주목받는 초인주의 옹호자는 저명한 엔지니어이자 발명가인 레이 커즈와일(Ray Kurzweil)일 것이다. 초인주의와 관련한 그의 견해는 (테리 그로스먼과 함께) 『영적 힘의 시대, 환상 여행(The Age of Spiritual Machines; Fantastic Voyage)』과 『신세계의 도래(The Singularity Is Near)』를 통해 확인할 수 있다.

는 굳건한 믿음을 바탕으로 정립되었다. 이제는 급격히 진보한 기술 탓에 어쩌면 죽음과 그에 따른 망각을 피해갈 수 있을지도 모를 일이다. 또 훗날 종국에는 섬유 광학 척추를 가진 소프트웨어 기반의 인간이 탄생할 것이라는 설도 있다. 이러한 형태의 소프트웨어 인간은 극소형 로봇^{nanobot}에 의해 관리되며 뇌는 슈퍼 컴퓨터로 업로드된다.

사실 천국으로의 부활이라는 기독교식 개념에도 기술이 적용되어 있다. 이러한 내용은 프랭크 J. 티플러^{Frank J. Tipler}의 『영생 물리: 현대 우주론, 신과 죽은 자의 부활』(1994)에서 확인된다. 수리 물리학 교수였던 티플러는 신학이 아예 터무니없는 허튼소리거나 물리학의 한 분파라고 언급했다. 그는 후자의 두 번째 가능성에 무게를 두고 '현대 물리 과학의 명백한 산물'을 '먼 미래의 어느 날 우리를 모두 부활시켜 유대 기독교에서 천국으로 그려낸 세상에서 영원히 살도록 할 전지전능한 보편적 신'이라는 개념에 적용하고자 했다.[138] 다음으로 소개되는 내용은 엄청난 제작비가 투자된 공상 과학 스릴러물의 한 장면을 연상케 한다. 즉 태양이 팽창하면 인간들은 죽음을 피하기 위해 반물질 엔진으로 가동되는 우주선을 타고 지구를 떠나서 10,000,000,000,000,000,000년(천경 년) 후 전 우주에 인간이 거주할 수 있게 될 때까지 다른 행성들을 개척해나가게 된다는 것이다. 만일 이처럼 성간 공간에 사람들이 넘쳐난다면 아마도 이는 바람직한 현상일 것이다. 우주가 수축(빅 크런치로 알려진 빅뱅과 반대되는 개념)할 때쯤이면 충분히 발달한 계산력과 기술적 노하우를 바탕으로 보편적인 숙명을 조절하고 과거에 생존했던 모든 이를 소생시킬 수 있을 것이기 때문이다(비록 컴퓨터 안에서의 부활이라 하더라도). 이러한 맥락에서 티플러 박사는 자신의 독자들에게 솔깃한 약속을 한 가지 한다. 즉, 그가 저서에 기술한 내용으로는 사랑하는 이를 저승으로 떠나보냈다고 해서 낙

---

138 『영생 물리(The Physics of Immortality)』, 티플러 저, p. 1

담할 필요가 없다. "동요할 필요 없습니다. 당신은 물론 그들도 또 한 번의 삶을 살게 될 것입니다."[139] 다만, 사이버 천국에서 모두 다시 만날 때까지는 앞으로 천경 년을 더 기다려야 할 따름이다.

한편, 이 모든 포스트 휴먼 지향 활동은 죽음과의 사투가 과연 애초부터 충분히 가치 있는 시도였는지를 돌아보게 한다. 노화와 관련된 질병 연구와 '최상의 건강' 상태 도출을 지향해온 크로노스 장수 연구소의 활동은 지난 150년 사이에 40대 중반에서 70대 중반으로 연장된 인간의 평균 수명 개선에 분명히 기여한 바가 있을 것이다(적어도 산업화 사회에서라면). 그러나 70 고개를 겨우 넘어서는 것과 '초고도 장수' 혹은 물리적 영생을 누리는 것은 완전히 다른 문제이다. 이러한 영생주의자들과 입장을 달리하는 이른바 '죽음 신봉자'들은 죽음에 대한 두려움과 죽는 현상 자체가 인간의 삶에 큰 의미를 부여한다고 주장한다. 물론 육신의 영생이 실현된 상황에 대한 고찰도 나름의 의미는 있다. 그렇다 하더라도 영생에 대한 갈망으로만 이 세상을 살아간다면 사랑을 갈구하고 여태껏 일궈온 삶을 유지해나갈 만한 원동력이 우리 안에 남아 있을까? 영생의 안락함을 꿈꾸는 동안 우리 안에 내재한 이러한 동인이 모두 시들어버리지는 않을까?

그런가 하면 문학 작품은 언제나 신중을 기하여 희망 사항을 택해야 한다는 점을 시사했다. 이러한 맥락에서 시빌Cumaean Sibyl만큼 좋은 예는 없을 것이다. 오비디우스의 『변신 이야기』에서 시빌은 자신이 움켜쥔 모래알만큼의 생일을 맞게 해달라고 아폴론 신에게 요청했다. "아폴론이 내게 영생을 허락했다/그리고 나를 바치면 영원한 젊음을 주리라 다짐했다/그러나 나는 아폴론을 거부한다." 이에 아폴론은 그녀에게 영원한 젊음을 주지 않기로 했다. 결국 초고도 장수를 누리게 된 시빌은 병들고 추

---

139 같은 책

하게 늙어버린 노파의 모습으로 여생을 살아야 했다(전해지는 바로는 그녀는 천 년을 살았다고 한다). 페트로니우스^{Petronius}의 『사티리콘^{Satyricon}』에서 묘사된 시빌은 쿠마에 지방에서 조롱 속에 매달려 있다가 마을 아이들에게 놀림을 당했다. 아이들이 그녀에게 원하는 것이 무엇인지 묻자 그녀는 죽음을 원한다고 답한다.[140]

호르헤 루이스 보르헤스^{Jorge Luis Eorges}의 단편 『불사신』에 등장하는 주인공 마르쿠스 플라미니우스 루퍼스^{Marcus Flaminius Rufus} 역시 초고도 장수로 달갑지 않은 결말에 봉착한 인물이다. 3세기 후반 디오클레티아누스^{Diocletian} 황제 통치 시절에 태어난 루퍼스는 거금을 들여 고된 탐험에 나섰다가 죽어가는 사람을 정화하고 영원의 도시로 안내하는 전설의 강을 발견한다. 그러나 훗날 그 신비의 강이 '모래 섞인 개울물'에 불과하다는 사실을 깨달은 루퍼스는 동굴에 거주하는 원시인 무리에 가담해버린다. 혈거인^{troglodyte}으로 불리기도 한 이 원시인들은 '벌거벗은 채 회색 피부를 드러내고 덥수룩하게 수염을 길렀으며' 언어와 지성, 동정심이 결여된 무리였다. 얼마 지나지 않아 루퍼스는 이 고약한 생명체가 사실은 자신과 동시대를 공유하는 불사신이며, 영원의 도시 역시 신비의 유토피아와는 거리가 멀 뿐만 아니라 무늬만 있는 창문과 뒤집힌 계단으로 둘러싸인 무모한 혼동의 종착역임을 깨닫는다. 혈거인은 결국 영생을 잃는다. 한때 도스토옙스키는 이 혈거인을 '세상의 삶을 지속시키는 동력'으로 표현한 바 있다. 이제 루퍼스의 유일한 희망은 영생의 저주를 씻어줄 강을 찾아내는 것인데, 그의 희망은 거의 2,000년이 흐르고 나서야 이루어진다. 1929년에 난파로 죽음을 맞은 루퍼스는 그제야 여행 초기에 로마 철학자들이 일러준 지혜를 터득할 수 있었다. 즉 "삶의 연장이란 곧 고통의 연장이자

140 『변신(Metamorphoses)』(Bloomington: Indiana University Press, 1955), 롤프 험프리 역, 14권 140–2줄. 『사티리콘(Satyricon)』(New York: Panurge Press, 1930), 알프레드 R. 알린슨 역, 7장 48절

죽음의 배가를 의미한다."라는 가르침이었다.[141]

언제라도 우리를 덮칠 수 있는 죽음에 대한 이해는 한편으로 이승에서의 삶에 더 큰 미와 통찰을 부여하기도 한다. 죽음이 삶에 대한 예리한 통찰을 제시한 구체적 예로 영국의 극작가 데니스 포터Dennis Potter의 일화를 들 수 있다. 1994년 2월 포터는 말기 간암과 췌장암을 선고받았다. 몇 주 후 채널 4의 프로그램 〈위드아웃 월스Without Walls〉의 담당자 멜빈 브래그Melvyn Bragg가 포터를 인터뷰할 당시 그는 고도의 용기와 품위, 유머, 통찰을 보여주었다. 담배를 피우고 므르핀을 흡수하던 포터는 앞으로 남은 시간이 얼마 남지 않았기 때문에 창밖으로 보이는 자두나무 꽃봉오리조차 눈물겹도록 아름답게 다가온다고 말했다. 동시에 그는 "그 무엇보다 하얗고 거품 같은 봉오리"라는 찬사의 표현까지 남겼다(포터는 3개월 후 숨을 거두었다). 포터는 '현재 시제'로 관찰되는 '모든 존재의 현재성'은 너무도 아름답지만 죽음에 직면한 사람이 아니고는 이러한 사실을 좀처럼 깨닫지 못한다고 역설했다.[142] 보르헤스의 작품에 등장하는 혈거인들과 같은 초인 지향주의자들이 이러한 현재성의 미학을 간과하고 이를 부인해버린다면 영생의 대가 역시 절대 만만치 않을 것이다.

죽음의 정복은 인간의 내면과 실체를 구성하는 많은 부분의 포기를 의미하기도 한다. 영생주의자들의 즈장처럼 매년 자연사로 5,000만 명의 소중한 인적 자원이 소멸되는 것도 사실이다. 반면 죽음이 인류에 기여한 바도 없지 않다. 즉 죽음이라는 개념은 종교적 믿음과 예술, 건축 양식, 철학 체계, 과학적 진보의 근간이 되었을 뿐만 아니라 인류에게 명절과 각종 풍습, 미신 문화를 선사하기도 했다. 예나 지금이나 변함없이 죽음

---

141 『라비린토스: 각종 일화와 기타 선집(Labyrinth: Selected Stories and Other Writings)』(Harmondsworth, Middlesex: Penguin, 1970), '불사신(The Immortal)', 도널드 A. 예이츠, 제임스 E. 얼비 편저, pp. 135–49
142 『꽃봉오리와 함께 한 시간: 두 번의 인터뷰와 한 번의 강의(Seeing the Blossom: Two Interviews and a Lecture)』(London: Faber & Faber, 1994) 데니스 포터 저, p. 5

의 영역은 인류의 근원적인 공포와 집착의 대상이 되어왔다. 이처럼 다채
로운 의미를 선사하는 죽음이라는 미지의 땅에서 아예 벗어나 이를 무시
해버린다면 인생의 의미도 그만큼 퇴색되고 말 것이다.

참고문헌

Appleyard, Bryan, 『영생과 죽음의 비밀(How to Live Forever or Die Trying)』, Bath: Simon & Schuster, 2007

Aries, Philippe, 『서양의 장례, 중세-현대(Western Attitudes Toward Death from the Middle Ages to the Present)』, London: Maron Boyards Publishers Ltd, 1994

Bailey, James Blake, 『부활자의 일기, 1811-1812 (The Diary of a Resurrectionist, 1811-1812)』, London: Swan Sonnerschein & Co, 1896

Barber, Paul, 『뱀파이어와 매장, 그리고 죽음: 민속과 생활(Vampire, Burial, and Death: Folklore and Reality)』, New York: Vail Ballou Press, 1988

Barley, Nigel, 『죽음에 관하여: 생생한 세계 장례의 역사(Grave Matters: A Lively History of Death Around the World)』, York: Henry Holt & Company, Inc, 1997

Bass, Bill, Jon Jefferson, 『죽은 자들의 땅: 전설의 '시체 농장' 조명(Death's Acre: Inside the Legendary 'Body Farm')』, London: Time Warner, 2003

Berridge, Kate, 『Vigor Mortis』, London: Profile Books, 2002

Binski, Paul, 『중세의 죽음(Medieval Death)』, London: The British Museum Press, 1996

Bondeson, Jan, 『생매장, 근원적 공포에 대한 충격 역사(Buried Alive: The Terrifying History of Our Most Primal Fear』, New York: W.W. Norton & Co, 2002

Brown, Elizabeth A.R., 1981년 판 《Viator 12》, '중세 후기의 죽음과 사체: 사체 구분에 관한 보니파티우스 8세 법령(Death and the Human Body in the Later Middle Ages: The Legislation of Boniface VIII on the Division of the Corpse)', pp. 221-70

Bryson, Bill, 『세상 모든 것에 관한 짧은 역사(A Short History of Nearly Everything)』, London: Black Swan, 2004

Cole, H., 『외과의 지침: 부활의 역사(Things for a Surgeon: A History of the Resurrection Men)』, London: William Heinemann, 1964

Conklin, Beth A., 『슬픔을 삼키며: 아마존 식인 문화에 어린 배려(Consuming Grief: Compassionate Cannibalism in an Amazonian Society)』, Austin: University of Texas Press, 2001

Cooper, Diana, Norman Battershill, 『빅토리아 시대의 서정적 장신구(Victorian Sentimental Jewellery)』, Newton Abbot: David and Chales Publishers, 1972

Cooper, Peter, 2004년 12월 판 《약학 저널(Pharmaceutical Journal)》 273호, '인체 부위별 약효(Medicinal Properties of Body Parts)', pp. 900-2

Curl, James Stevens, 『빅토리아 시대의 축제, 고인을 기리며(The Victorian Celebration of Death)』, Gloucestershire: Sutton Publishing Ltd, 2001

Dalai Lama, 『더 나은 삶과 죽음을 위한 조언(Advice on Dying and Living a Better Life)』, London: Rider, 2002

Davies, Rodney, 『생매장: 아직 죽지 않은(Buried Alive: Horrors of the Undead)』, London: Robert Hale, 1999

Dixon Mann, J., 『법의학과 독물학(Forensic Medicine and Toxicology)』, London: Charles Griffin & Company, Limited, 1893

Dowbiggen, Ian, 『안락사에 대한 간략 역사: 삶과 죽음, 신 그리고 치료(A Concise History of Euthanasia: Life, Death, God and Medicine)』, Maryland: Rowan & Littlefield Publishers, Inc, 2005

Enright, D.J., 『옥스퍼드 장례서(The Oxford Book of Death)』, Oxford: Oxford University Press, 1983

『영국의 민속과 미신, 그리고 전설(Folklore, Myths and Legends of Britain)』, London:

Reader's Digest Association Limited, 1973

Garrett, Geoffrey, Andrew Nott, 『사인: 병리학자 회고록(Cause of Death: Memoirs of a Home Office Pathologist)』, London: Constable Publishers, 2001

Harding, Vanessa, 『파리와 런던의 장례 및 생활 풍속, 1500~1670(The Dead and the Living in Paris and London, 1500−1670)』, Cambridge: Cambridge University Press, 2002

Harner, Michael J., 『히바로, 신성한 폭포수의 후예(The Kivaro: People of the Sacred Waterfalls)』, Berkeley: University of California Press, 1984

Hastier, Richard, 『죽은 자가 말하는 것들: 태고부터 현재까지 발굴에 대한 연구(Dead Men Tell Tales: A Survey of Exhumations from Earliest Antiquity to the Present Day)』, London: John Long Ltd, 1935

Jallard, Patricia, 『왕가의 죽음(Death in the Victorian Family)』, Oxford: Oxford University Press, 1999

Jone, Stacy V., 『발명의 필요는 터무니없는 특허의 어머니가 아닙니다(Inventions Necessity is not the Mother of Patents Ridiculous and sublime)』, New York: Quandrangle/The New York Times Book Co., 1973

Jupp, Peter C., Glennys Howarth, 편저, 『변화하는 장례 풍속: 죽음과 장례에 대한 역사적 고찰(The Changing Face of Death: Historical Accounts of Death and Disposal)』, London: Macmillan Press Ltd, 1997

Kurzweil, Ray, 『지능적 기계의 시대: 컴퓨터가 인간을 능가할 때(The Age of Spiritual Machines: When Computers Exceed Human Intelligence)』, New York: Penguin, 2000

− 《신세계의 도래: 생물학적 영역을 벗어난 인류(Singularity Is Near: When Humans Transcend Biology)》, New York: Penguin, 2006

− Terry Grossman, 《환상 여행: 영생을 위한 장수(Fantastic Voyage: Live Long Enough to Live Forever)》, New York: Rodale, 2004

Lassk, A.M, 『인체 해부, 고군분투의 현장(Human Dissection: Its Drama and Struggle)』, Springfield: Charles C. Thomas Company, 1958

Lerner, Jeffrey C., 『장례 문화의 변화: 20세기 초 대영 제국의 미망인(Changes in

Attitudes Towards Death: The Widow in Great Britain in the Early Twentieth Century)』, 『사별: 사회심리학적 측면에 대한 고찰(Bereavement: Its Psychosocial Aspect)』, Bernard Schoenberg 편저, New York: Columbia University Press, 1975

Lewis, C.S., 『슬픔의 조망(A Grief Observed)』, New York: HarperCollins, 2001

Litten, Julian, 『영국의 장례: 1450년 이후의 장례(The English Way of Death: The Common Funeral Since 1450)』, London: Robert Hale, 2002

Lutz, Tom, 『울다: 눈물의 자연 문화적 역사(Crying: The Natural and Cultural History of Tears)』, London: W.W. Norton & Company, 1999

Mackay, Charles, 『대중 망상과 광기의 실례(Extraordinary Popular Delusions and the Madness of Crowds)』, Hertfordshire: Wordsworth Editions, 1995

Maugham, Robin, 『서머싯에 대하여(Somerset and all the Maughams)』, London: Longmans, 1966

Mitford, Jessica, 『죽음에 대한 미국식 고찰(The American Way of Death Revisited))』, London: Virago Press, 2000

Moores Ball, James, 『자루 속으로: 현대판 시체 도굴의 동향(The Sack-'Em-Up Men: An Account of the Rise and Fall of the Modern Resurrectionists)』, Edinburgh: Oliver and Boyd, 1928

Morely, John, 『죽음과 천국, 그리고 빅토리아 시대(Death, Heaven and the Victorians)』, London: Studio Vista, 1971

Morris, Sir Peter, 『이식: 윤리적 잣대(Transplants: Ethical Eye)』, Germany: Council of Europe Publishing, 2003

Murphy, Edwin, 『장례 후에 일어나는 일들: 유명인들의 사후 행보(After the Funeral: the Posthumous Adventures of Famous Corpses)』, New York: Barnes & Noble Books, 1995

Nass, Herbert E., 『거부와 유명인의 소망(Wills of the Rich & Famous)』, New York: Gramercy Books, 2000

Oeh, Karen, 『원주민의 얼굴: 아메리카 원주민 두개골 2구의 안면 재건(Putting a Face on Prehistory: The Facial Reconstruction of Two Native American Crania)』

(http://traumwerk.stanford.edu:3455/31/347)

Palmer, Greg, 『죽음: 영원한 탐구(Death: The Trip of a Lifetime)』, New York: HarperCollins Publishers, 1993

Pan American Health Organization(범 미주 보건 기구), '재해 시 사체의 처리: 재해 대비 매뉴얼 및 안내 시리즈(Management of Dead Bodies in Disaster Situations: Disaster Manuals and Guidelines Series)' 제5판, Washington, DC: PAHO, 2004

Pepper, Ian K., 『범죄 현장 수사: 방법론과 절차(Crime Scene Investigation: Methods and Procedures)』, Berkshire: Open University Press, 2005

Peron-Autret, Jean-Yves, 『생매장(Buried Alive)』, London: Corgi Books, 1983

Poe, Edgar Allen, 『신비와 상상 이야기(Tales of Mystery and Imagination)』, London: Orion Publishing Group, 1993

Pringle, Heather, 『미라 집합소: 과학과 집념, 그리고 죽음의 영속(The Mummy Congress: Science, Obsession and the Everlasting Dead)』, London: Fourth Estate, 2002

Quigley, Christine, 『현대판 미라: 20세기의 사체 보존(Modern Mummies: The Preservation of the Human Body in the Twentieth Century)』, Jefferson, North Carolina: McFarland & Co, 1998

Richardson, Ruth, 『죽음과 해부, 그리고 빈민들(Death, Dissection and the Destitute)』, London: Routledge & Kegan Paul, 1987

Sachs, Jessica Snyder, 『사체: 자연과 과학 수사, 사망 시간 추정(Corpse: Nature, Forensics and the Struggle to Pinpoint Time of Death)』, Cambridge, MA: Perseus Publishing, 2001

Simpson, Jacqueline, Steve Roud, 『영국 민속 사전(A Dictionary of English Folklore)』, Oxford University Press, 2000

Smith, G. Elliot 외, 『이집트 미라(Egyptian Mummies)』, London: George Allen & Unwin, 1924

Steinbock, Bonnie 편저, 『자살과 방치(Killing and Letting Die)』, New York: Fordham University Press, 1994

Sugg, Richard, 《의료 사회사(Social History of Medicine)》 19호 (2006), 「"좋은 약, 불

량 식품": 치유를 위한 근대 식인과 약제의 공급처'("Good Physic but Bad Food": Early Modern Attitudes to Medicinal Cannibalism and Its Suppliers)', pp. 225-40

Tebb, William, Colonel Edward Perry Vollum, 『조기 매장과 예방(Premature Burial and How It Can Be Prevented)』, London: Swan Sonnenschein & Co, 1897

Timmerans, Stephan, 『검시: 의문사를 대하는 검시관의 자세(Post-Mortem: How Medical Examiners Explain Suspicious Deaths)』, Chicago: University of Chicago Press, 2006

Tipler, Frank J., 『영생 물리: 현대 우주론, 신, 그리고 부활(The Physics of Immortality: Modern Cosmology, God and the Resurrection of the Dead)』, New York: Doubleday, 1994

Turner, R.C., R.G. Scaife, 『습지 미라: 새로운 발견과 조망(Bog Bodies: New Discoveries and New Perspectives.)』, London: British Museum Press, 1995

Twain, Mark, 『마크 트웨인의 편지(Mark Twain's Letters)』, 제6권, Edgar Marquess Branch 외 편저, Berkeley, Calif: University of California Press, 1988-2002

Tz'u Sung, 『현장 유실: 13세기 중국의 법의학(The Washing Away of Wrongs: Forensic Medicine in Thirteenth Century China)』, Brian McKnight 역, Ann Arbor: 미시간 대학 중국학 센터, 1981, 재판인쇄 Southern Material Centre, Inc. Taipei, 1982

Vulliamy, C.E., 『영생: 장례 의식과 풍속(Immortality: Funerary Rites & Customs)』, London: Senate, 1997

Walker, A. Earl, 『대뇌사(Cerebral Death)』, 제2판, Baltimore: Urban & Schwarzenberg, 1981

Waugh, Evelyn, 1947년 10월 18일 판 《타블릿(Tablet)》, '안락사에 빠지다(Half in Love with Easeful Death)'

- 『추모: 영미권의 비극(The Loved One: An Anglo-American Tragedy)』, London: Penguin Books, 1951

Wilkinson, Alan, 『1차 세계 대전과 영국 장례 풍습의 변화(Changing English Attitudes to Death in the First World War)』, 『변화하는 장례 풍속: 죽음과 장례에 대한 역사적 고찰(The Changing Face of Death: Historical Accounts of Death and

Disposal)』, Peter C. Jupp, Glennys Howarth 편저, London: Macmillan Perss, 1997

Woodcock, Sally, 1996년 9월 20일 판 《컨저베이터(The Conservator)》, '피부색: 미라의 오용(Body Colour: The Misuse of Mummy)', pp. 1-18

Youngner, Stuart 외, 『사망의 정의: 쟁점의 부상(The Definition of Death: Contemporary Controversies)』, Baltimore: John Hopkins University Press, 1999

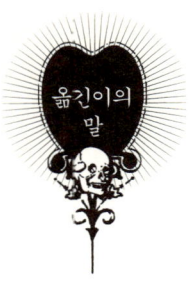

옮긴이의
말

　죽음이라는 개념이 우리에게 친숙하게 다가온 적이 있었던가? 가슴 먹
먹한 임종의 순간, 을씨년스런 수의, 눈물과 통곡 섞인 매장 혹은 화장의
순간, 언제 보아도 유쾌할 수 없는 비석, 무채색의 상복, 분주하지만 생
동감이라곤 자취를 감춘 장례식장…… 살아가는 동안 누구나 한두 번씩
마주하는 장면이지만, 결코 가까이하고 싶지 않은 죽음에 관한 흔한 이미
지들이다.

　이처럼 죽음은 딱히 유쾌하다고 볼 수는 없지만, 그렇다고 해서 우리
가 죽음이라는 미지의 카테고리를 완전히 벗어나거나 배척만 해온 것은
아니다. 오히려 죽음은 우리 생활 속 곳곳에 생각보다 훨씬 가까이 자리
하고 있다. 제사를 비롯해서 조상을 숭배하는 문화 역시 죽음의 개념과
잇닿아 있다. 사실 장례나 추모도 죽음에서 비롯된 문화이지 않은가.

　『거의 모든 죽음의 역사』는 사망 진단에서부터 매장과 장례, 추모 문
화, 시신 보존 방식에 이르기까지 죽음이라는 개념에서 파생된 다소 무거
울 수 있는 각각의 주제를 생동감 있게 풀어나가고 있다. 이제는 영화에
나 등장하는 미라가 한때 특효 약제로 활용되었다는 사실이 선뜻 이해가
되는가? 시신을 먹는 풍습이 단순한 식인 행위가 아니라 고인에 대한 일

종의 애틋함과 존경의 표시인 종족이 있다면 믿기는가? 사후 섣불리 입관 및 매장된 탓에 관 속에서 혹시나 숨이 붙어 있을 가능성에 대해 조금이라도 생각해보았는가? 그런 가능성 때문에 행여 고인이 관 속에서 깨어날까 무덤이나 시체 안치소를 지키던 관리인이 있었다는 말을 들어본 적이 있는가? 또 과학 수사나 시신 보존에 관한 문제는 우리에게 여전히 낯선 영역인가?

이처럼 이 책에서는 죽음이라는 평범한 개념과 연관되어 있지만, 한편으로 꽤 새롭게 다가오는 주제들을 넓은 시선으로 꼼꼼히 다루고 있다. 칙칙한 잿빛을 띠던 죽음의 영역이 오색 빛깔로 재탄생하는 순간이다.

흔히 그때 같이 음식을 먹는 사람이 누구냐에 따라 음식 맛이 확연히 다르게 느껴진 경험이 있을 것이다. 이처럼 지루하기만 한 장거리 여행길이 소중한 친구 덕분에 더없이 소중한 시간이 될 수도 있다. 이제 이 책을 손에 든 당신은 아주 씩씩하고 유쾌한, 그러면서도 박식한 동반자를 얻은 셈이다.

이제 죽음이라는 세계를 향해 던져왔던 무거운 눈초리와 마음일랑 잠시 접어두고, 유쾌한 입담꾼이 풀어 내는 죽음의 또 다른 이면에 주목해보자. 지루했던 역사 시간보다 훨씬 재미있고 터무니없는 공상 과학 소설보다 한결 친숙하게 다가올 여정이 곧 시작될 참이다.

누구나 한 번씩 겪는 과정, 죽음. 처음부터 두려워할 필요는 없었던 건지도 모르겠다. 죽음은 단지 또 다른 세계로의 통로일 뿐이다.

"삶의 연장이란
곧 고통의 연장이자
죽음의 배?를 의미한다."

거의 모든 죽음의 역사

초판 1쇄 인쇄 2011년 8월 5일
초판 2쇄 발행 2011년 8월 12일

지 은 이	멜라니 킹
옮 긴 이	이민정
펴 낸 이	김준영
펴 낸 곳	성균관대학교 출판부
출 판 부 장	박광민
편 집	신철호 · 현상철 · 구남희
디 자 인	김숙희
외주디자인	초록바나나
마 케 팅	유인근 · 송지혜
관 리	이승재 · 김지현
등 록	1975년 5월 21일 제 1975-9호
주 소	110-745 서울특별시 종로구 명륜동 3가 53
대 표 전 화	02) 760-1252~4
팩 시 밀 리	02) 760-7452
홈 페 이 지	press.skkup.edu

ISBN 978-89-7986-883-8 03900